미디어 플랫폼 제국의 도전과 대응

이 도서의 국립중앙도서관 출판예정도서목록(CIP)은 서지정보유통지원시스템 홈페이지(http://seoji.nl.go.kr)와 국가자료종합목록 구축시스템(http://kolis-net.nl.go.kr)에서 이용하실 수 있습니다.
CIP제어번호 : CIP2020041908(양장), CIP2020041906(무선)

미디어 플랫폼 제국의 도전과 대응

한국언론학회 엮음
김성해 · 김아미 · 박성순 · 송해엽 · 윤현정 · 이강형 · 이규탁 · 이설희 · 한선 지음

The Empire of Media Platforms:
Challenge and Future Prospects

한울
아카데미

차례

제3부 개인 미디어 플랫폼의 정치사회적 기회

서장

개인 미디어 플랫폼의 분화와 커뮤니케이션 정경 변화

| 이강형(경북대학교)

지구상에 살아남은 종(種)은 가장 강한 종도,

가장 지능이 높은 종도 아니다.

변화에 가장 빠르게 적응한 종일 뿐이다.

— 찰스 다윈(Charles Darwin), 『종의 기원(Origin of Species)』 중에서

1. 미디어 생태계와 개인 미디어 플랫폼

다윈의 생물진화론처럼 미디어를 진화론의 관점에서 보는 일련의 학자들은 미디어가 생물 개체종과 마찬가지로 생태계 내에서 단순히 독립적으로 존재하는 것이 아니라 기존 미디어와 새롭게 등장하는 미디어, 이를 이용하는 행위자, 그리고 사회문화적 환경, 경제적 구조 등이 결합된 생태학적 순환고리 속에 놓여 있다고 본다(김병선, 2012 참조). 즉, 로저 피들러(Roger Fidler)의 주장처럼 개별 미디어 종(種)은 서로 다른 미디어와 상호 밀접한 관계 속에서 자신의 상대적 위치와 성격을 변형시키면서 발전하는 양상을 보인다는 것이다(피들러, 1999).[1] 최근 빠르게 확산·분화되고 있는 개인 미디어 플랫폼(1인 미디어, SNS, 포털 등을 포함하는)에 대한 관찰 또한 바로 이러한 생태학적 순환고리의

틀 내에서 진행될 필요가 있다. 미디어 생태계 내에서 개별 미디어는 우선적으로 자신의 고유한 기술적 속성에 따라 이용자들에게 다르게 다가간다. 예를 들면, 우리가 흔히 소셜미디어라 부르는 플랫폼은 전통적인 종이신문이나 텔레비전과 달리 정보의 공유와 참여를 촉진시킬 수 있는 기술적 속성을 가지고 있고, 이용자들이 생산하는 콘텐츠를 손쉽게 허용하는 어포던스(affordance)[2]를 지니고 있으며(Hutchby, 2001), 이용자들과 다른 이용자들의 네트워크 연결성이 강하다는 특징이 있다.

개인 미디어 플랫폼 또한 이러한 특성으로 인해 기존 미디어와 다른 차별적인 커뮤니케이션 양식을 만들어내고 있다. 개인 미디어 플랫폼에서 이루어지는 커뮤니케이션 형태는 '매스 커뮤니케이션'과 '대인 커뮤니케이션'이라는 전통적인 구분의 틀로써 쉽게 설명할 수 없는 것이 사실이다. 개인 미디어 플랫폼에서 이용자들이 만들고 유통시키는 콘텐츠는 '전달자 대 수신자(senders and receivers)'의 틀에서 벗어나 있고, 일대일(one-to-one) 또는 일대다(one-to-many)의 기반에서 이루어지는 것도 아니다. 특히 알고리즘을 통해 이용자들에게 맞춤형 콘텐츠를 제공하는 방식 또한 전통적인 게이트키퍼들의 방식과 전혀 다른 새로운 게이트키핑 메커니즘이라고 할 수 있다(Schroeder, 2018). 이러한 속성들로 인해 개인 미디어가 미디어 생태계 내에서 다른 미디어들과 공존하면서 진화하는 방식은 그동안 매스미디어가 보여주었던 모습과 사뭇 다를 수 있을 것이다.

일반적으로 미디어의 진화는 출현, 지배, 생존 또는 소멸의 세 단계를 거치

---

1 피들러는 미디어 변형의 여섯 가지 기본 원칙으로 공진화와 공존(coevolution and coexistence), 변형(metamorphosis), 확장(propagation), 생존(survival), 기회와 필요(opportunity and need), 채택의 지연(delayed adoption)을 제시했다(피들러, 1999).

2 허치비는 어포던스를 대상과 관련한 개체의 행동 가능성으로 정의한다. 행동 가능성이란 행동을 결정하지는 않지만 행동할 가능성을 틀 짓는다.

게 되는데, 이는 출현에서 소멸에 이르기까지 단계적으로 발생하는 연속적인 과정이 아니라 전체 미디어 생태계 내에서 다른 미디어와 관계하는 수용자, 콘텐츠, 구조 또는 제도 등이 변형되는 불연속적인 과정이다. 예를 들어, 라디오는 처음 출현했을 당시 드라마(soap opera)를 주된 콘텐츠로 내보내면서 가정 내에서 가족이 함께 청취하는 중심적인 미디어였지만, 텔레비전의 등장 이후 가정 내에서의 중심적인 위치가 바뀌자 음악을 주된 콘텐츠로 삼으면서 미디어 생태계 내에서 다른 미디어와 공존하고 있다.

진화의 단계론적 관점에서 볼 때, 개인 미디어는 현재 '출현' 단계를 지나가고 있는 것처럼 보인다. 뉴미디어의 진화에서 나타나는 자연적 생애주기 과정을 보다 세밀하게 여섯 단계로 구분한 레만윌지그와 코헨아비그도르(Lehman-Wilzig and Cohen-Avigdor, 2004)의 관점에서 보면, 개인 미디어 플랫폼은 현재 탄생(birth), 시장 침투(market penetration), 성장(growth) 단계를 거치고 있다고 생각된다(〈표〉 참조). KT 그룹의 디지털 미디어랩인 나스미디어가 발표한 '2020 인터넷 이용자 조사(Netizen Profile Research: NPR)' 결과에 따르면 국내 온라인 동영상의 하루 평균 시청 시간은 1시간 38분이었는데, 특히 10대의 경우 2시간 35분, 20대는 2시간 6분으로 다른 연령대에 비해 시청 시간이 압도적으로 길었다. 그리고 온라인 동영상 시청 시 유튜브(YouTube)를 이용한다는 응답이 93.7%로 유튜브의 이용률은 매년 지속적으로 확대되고 있다(이한승, 2020). 유튜브와 같은 개인 미디어 플랫폼은 10대나 20대와 같은 특정 연령층에서 이미 '성숙' 또는 '지배'의 단계에 들어섰다고 해도 과언이 아니다.

이러한 상황을 감안해 볼 때 개인 미디어 플랫폼에 대한 보다 심층적인 분석 작업은 매우 중요하다. 사실 개인 미디어 플랫폼은 이용자들 사이의 네트워크만으로 설명될 수 없고, 개인 미디어 사업자와 콘텐츠 이용자들의 경제적 관계만으로도 설명될 수 없는 기술문화적(techno-cultural) 개념이자 사회경제

〈표〉 뉴미디어 진화의 자연적 생애주기

단계		설명
대분류	소분류	
출현	탄생	- '생애주기'의 시작 - 기존 기술이나 미디어에 의지 - 실제적으로 미디어의 궁극적인 이용 목적이나 가치가 무엇인지 불명확
	시장 침투	- 시장 진입: 새로운 이용 가치 개발, 이용자 유인 - 미디어 전체 시장 내 정기적 이용자 비율: 0~16%(혁신·조기 도입자), 16% 통과 시 다음 단계 진입(실패 시 소멸)
	성장	- 전체 시장 내 정기적 이용자 비율: 16~50% - 미디어 사업자와 이용자들이 미디어의 독특한 수용력을 활용, 응용, 확장
지배	성숙	- 역동적 미디어 환경 내에서 자신의 위치를 차지 - 전체 시장 내 정기적 이용자 비율: 50~90% - 수용 능력의 응용
	방어적 저항	- 치열한 경쟁으로 기존 미디어가 자신의 전통적인 이용자들을 지키기 위해 방향 전환을 모색 - 기존 미디어의 시장 내 정기적 이용자들이 90%에서 50%로 감소
생존 또는 소멸	적응, 융합, 또는 노화·소멸	- 적응: 기존 미디어가 기능 변환 및 새로운 수용자 창출(또는 기존 수용자 유지)을 통해 새로운 상황에 적응 - 융합: 기존 미디어가 자체적으로 생존이 불가하여 뉴미디어와의 융합 또는 통합을 통해 자신의 기능을 유지 - 노화·소멸: 변화에 대한 부적응으로 쇠퇴 또는 소멸

자료: Lehman-Wilzig and Cohen-Avigdor(2004).

적 구조로서 인식될 필요가 있다. 즉, 우리가 개인 미디어 플랫폼을 이해하고자 할 때에는 그것의 기술적 특성과 더불어 이용자, 콘텐츠, 소유권, 이용자와 사업자 간의 거버넌스, 비즈니스 모델 등을 고려해야 함과 동시에 이 시스템 내에서 작동하는 사회적·문화적 규범들에 대해서도 고찰해야 한다는 것이다(Van Dijck, 2013). 이 책은 이러한 관점에서 개인 미디어 플랫폼에 대해 산업적 측면, 문화적 측면, 정치사회적 측면에서 분석하고 있다.

2. 책의 구성

이 책의 중심적인 내용은 1, 2, 3부로 구성되어 있다. 먼저 제1부에서는 개인 미디어 생태계에 대한 미디어 플랫폼의 산업적 도전에 대해 고찰하고 있다. 제1장에서는 유튜브, 아프리카TV(AfreecaTV) 등과 같은 인터넷 개인방송의 성장 역사와 현재의 이용 현황을 살펴보면서, 인터넷 개인방송이 미디어 산업 생태계에 미치는 영향력에 대해 분석한다. 제2장은 레거시 미디어인 지역 지상파에 종사하는 생산자(기자, 피디, 작가)와의 인터뷰를 통해 지역방송이 유튜브 등 각종 모바일 플랫폼을 어떻게 경험하고 변화에 조응하는지 탐색한다. 특히 지역방송의 존립 근거로 여겨졌던 지역주의(localism)에 집중하여 변화 가능성을 모색해 보고 있다.

다음으로 제2부에서는 개인 미디어 플랫폼의 문화적 이용과 확장에 대해 다룬다. 제3장에서는 게임 크리에이터가 되고 싶은 젊은 대학생들과의 인터뷰를 통해 이들이 어떤 생각과 경험을 하고 있는지, 그리고 이것이 우리 사회의 변화와 어떠한 관계가 있는지를 살펴본다. 이 과정에서 게임 크리에이터에 대한 사고 유형을 '문화매개자형', '대안적 선택형', '자기 브랜드형' 등 세 가지로 도출해 낸다. 제4장은 유튜브 콘텐츠와 유튜버(Youtuber)들의 미학적 특성에 대한 탐색적 논의로서 유튜브 콘텐츠의 장르와 유형을 살펴보고, 그 기저에 깔린 유튜브 콘텐츠의 차별적 특징을 파악하고 있다. 특히 게이밍 콘텐츠를 중심으로 그 세부 유형과 스토리텔링의 특성을 고찰하면서 발터 벤야민(Walter Benjamin)의 '이야기' 개념을 적용하여 게이밍 콘텐츠가 시간, 공간, 주체의 차원에서 어떻게 서로 관계 맺음하며 스토리텔링 해나가고 있는지 분석한다. 제5장에서는 2000년대 후반 이후 벌어진 케이팝의 급격한 세계화가 스마트폰 보급 및 3G·4G 데이터 서비스를 기반으로 하는 인터넷 개인 미디어 플랫폼의 확산과 불가분의 관계에 있음을 논의한다. 이 과정에서 케이팝이 글로벌 인터넷 개인 미디어 플랫폼과 결합할 수 있었던 이유는 다른 음악 장르와 차별화되는 케이팝만의 특징인 시각 이미지 중심의 트랜스미디어적 요소나 이국적인 감성, 팬들과의 독특한 관계 맺음 방식이 인터넷 개인 미디어 플랫폼의 특성과 잘 맞았기 때문이라고 분석한다.

마지막으로 제3부에서는 개인 미디어 플랫폼의 정치사회적 이슈에 대해 고찰한다. 제6장은 뉴스 생태계에서 유튜브가 차지하는 위상과 역할에 대해 고찰한다. 유튜브의 성장 요인을 장기간에 걸쳐 진행되면서 쉽게 추세선을 바꿀 수 없는 구조적인 요인과 역사의 특정한 시점과 장소에 제약을 받는 상황 변수로 구분하여 분석하고 있다. 또한 유튜브에서의 '가짜 뉴스' 유통과 같은 폐해를 방지하기 위한 다양한 전략도 제시하고 있다. 제7장에서는 개인 미디어의 활성화와 개인 미디어 플랫폼의 확장에 따른 미디어 리터러시(Media literacy)의 필요성에 대해 다룬다. 디지털 미디어 플랫폼 환경에서 새롭게 요구되는 미디어 리터러시의 영역에 대하여 논의하고 이와 관련된 여러 이슈를 되짚어 보면서, 디지털 시민성을 지향하고 미디어 이용자의 디지털 권리를 담보하는 미디어 리터러시의 방향성에 대하여 제시하고 있다. 제8장에서는 미디어 플랫폼의 위상 변화에 따른 정책 및 제도의 변화의 필요성에 대해 논의한다. 미디어 환경 변화에 따른, 기존 미디어 사업자와 새로운 미디어 사업자, 개인 미디어 영역에 필요한 정책적 사항을 세부적으로 살펴보고 있다.

이 책은 급격하게 성장하고 있는 개인 미디어 플랫폼을 어떻게 바라보아야 할지에 대해 고민하는 언론학자들의 결과물을 담아낸 것이다. 학자 각자의 분야에서 개인 미디어 플랫폼이 만들어낸 현상들과 관련한 핵심 쟁점들을 이해하기 쉬운 언어로 풀어내고자 했다. 따라서 언론학에 대한 전문 지식이 없는 일반 사람들에게도 책의 내용이 그다지 어렵게 다가가지 않을 것으로 생각된다. 비록 이 책이 저자 한 사람의 일관된 이론적 시각을 토대로 저술된 것이 아니라 각자의 관점에서 바라보는 개인 미디어 플랫폼의 중요한 쟁점들을 기술한 모자이크적인 편집 형태를 띠고 있지만 앞으로 개인 미디어 플랫폼 현상에 대한 보다 심도 있는 연구를 유발시키는 기회를 제공하기를 기대해 본다.

▸ 참고문헌

김병선. 2012. 「진화론의 관점에서 본 미디어 변이에 관한 연구: 매클루언의 미디어 이론과의 연관성을 중심으로」. ≪커뮤니케이션 이론≫, 8권 1호.

이한승. 2020.4.6. "온라인 동영상 이용자 93% 유튜브 시청." 연합뉴스, https://www.yna.co.kr/view/AKR20200406043100017

피들러, 로저(Roger Fidler). 1999. 『미디어모포시스(Mediamorphosis: Understanding new media)』. 조용철 옮김. 커뮤니케이션북스.

Hutchby, I. 2001. "Technologies, texts and affordances." *Sociology*, 35(2), pp.441~456.

Lehman-Wilzig, S. and N. Cohen-Avigdor. 2004. "The natural life cycle of new media evolution: Intermedia struggle for survival in the Internet age." *New Media & Society*, 6, pp.707~730.

Schroeder, R. 2018. "Towards a theory of digital media." *Information, Communication & Society*, 21(3), pp.323~339.

Van Dijck, Jose. 2013. *The Culture of Connectivity: A Critical History of Social Media*. New York: Oxford University.

제1부 개인 미디어 플랫폼의 산업적 도전

제1장

개인 미디어 플랫폼과 미디어 산업 생태계

| 송해엽(군산대학교)

1. 들어가며

"돈을 벌기 위해서는 개인방송을 해야 하는 걸까?" 진로를 고민하는 학생부터 직장에 다니는 회사원에 이르기까지 한 번쯤은 농담처럼 하는 말이다. 주변에서 흔히 볼 수 있을 것 같은 평범한 사람이 인터넷 개인방송을 통해 엄청난 돈을 벌었다는 소식은 사람들에게 '나도 한번 방송해 볼까?'라는 생각을 가지게 하기에 충분하다. 어린이 대상 유튜브 채널을 운영하는 보람패밀리가 강남에 95억짜리 빌딩을 구매한 사실이 알려지면서 지상파 방송사보다 홀로 하는 개인방송이 낫다는 식의 자극적인 이야기가 보도되기도 했다. 물론 예외적인 사례라고 생각하는 사람들도 존재한다. 하지만 유사하게 성공한 인터넷 개인방송 진행자의 사례는 생각보다 쉽게 찾아볼 수 있다.

아프리카TV는 개인방송 분야에서 국내 플랫폼으로는 가장 널리 알려진 서비스이다. 아프리카TV를 이야기할 때 가장 먼저 떠오르는 것은 '별풍선'을 활용한 후원 시스템이다. '별풍선'은 아프리카에서 사용하는 가상화폐의 이름이다. 시청자는 부가세를 포함하여 개당 110원에 구매하고 자신이 후원하고 싶은 진행자에게 선물할 수 있다. 해당 플랫폼을 2019년 10월 기준으로 일주일 간 살펴본 결과에 따르면, 시청자로부터 가장 많은 후원을 받은 인터넷 개인방송 진행자는 64만 개의 '별풍선' 수익을 올렸다. 아프리카TV가 '별풍선' 거래에서 일정 수준의 수수료를 가져가지만 개당 100원으로 계산했을 때 개인방송 진행자는 일주일 사이에 6400만 원의 매출을 올린 것이라고 볼 수 있다.

인터넷 개인방송은 사람들에게 자극적인 이야기와 함께 소비되지만, 이는 특정 산업 분야가 성장할 때 여러 사람의 입에 오르내리는 성공한 사람에 관한 이야기 중 하나로 볼 수 있다. 그렇다면 우리가 이러한 이야기를 통해 생각해 보아야 할 점은 무엇일까? 인터넷 개인방송은 인터넷 문화에 심취한 소수가 즐기는 현상을 넘어 하나의 산업으로 자리 잡고 있으며, 기존 미디어 산업의 다양한 부분에서 변화를 불러일으키고 있다. 전통적인 미디어 산업을 대체하지는 않을지라도 성장하는 개인방송 시장과 그 영향력은 전통 미디어 종사자에게 콘텐츠를 생산하고 유통하는 방식에 대해 새롭게 생각할 것을 요구하고 있다.

다양한 영역의 다양한 사례를 떠올려 볼 수 있다. 뉴스 보도에서 실시간 스트리밍(streaming)[1]을 활용하여 현장의 모습을 영상으로 전달하는 것은 이미 새로운 일이 아니다. 예를 들면, 촛불집회는 다양한 플랫폼을 통해 온라인으로 전송되었다. 현장 중계뿐만 아니라 유명 정치인이나 시사평론가도 개인방송 채널을 개설하고 자신의 목소리를 가감 없이 들어줄 대중을 향해 메시지를 던지고 있다. 전통 언론사는 어떤 뉴스가 중요하고 어떤 주제를 다루어야 하는지를 결정하고 정교하게 만들어진 이야기를 독자에게 전달했다. 하지만 개인방송을 통해 직접 대중에게 전달되는 이야기는 전통 언론사가 힘을 잃었다는 사실을 보여주는 하나의 사례다.

---

1 음악 파일이나 동영상 파일을 휴대용 단말기나 컴퓨터에 내려 받거나 저장한 후에 재생하지 않고 인터넷에 연결된 상태에서 실시간으로 재생하는 기술이나 기법을 말한다.

방송 콘텐츠가 제작되고 유통되는 방식도 변화했다. 방송사를 통해서만 자신을 대중에게 노출할 수 있었던 연예인들은 방송사의 영향력에서 벗어나 스스로 기획하고 제작한 콘텐츠를 인터넷 개인방송 플랫폼을 통해 유통하기도 한다. 코미디언 송은이는 인터뷰에서 "출연할 프로그램이 없다면 직접 채널을 만들어 대중 앞에 서고 싶었다"라는 말을 하기도 했다(이해리, 2018). 스튜디오 룰루랄라는 JTBC가 신설한 크로스 미디어 스튜디오로, 새롭게 떠오르는 콘텐츠에 관심을 기울이며 온라인용 콘텐츠 제작에 매진하고 있다. 전통 방송사의 실험과 변화는 개인 미디어의 성장과 온라인 콘텐츠 시장의 확대가 아니었다면 상상하기 어려운 결과이다.

전통 미디어의 콘텐츠 생산 측면에서도 인터넷 개인방송이 미친 영향력을 발견할 수 있다. MBC의 〈마이리틀 텔레비전〉은 인터넷 개인방송에서 사용하는 실시간 채팅을 지상파 방송 콘텐츠의 제작에 적용했다. 음식을 먹는 모습을 보여주는 '먹방'이라는 단어는 인터넷 개인방송을 보는 시청자를 넘어 일상적으로 사용하는 단어로 자리 잡았고, 카메라를 보고 시청자와 실시간으로 소통하는 방식은 지상파 방송에서도 흔히 찾아볼 수 있는 포맷이 되었다. 이러한 모든 변화는 인터넷 개인방송이 성장하고 다수에게 소비됨에 따라서 전통 미디어 콘텐츠 제작자들이 인터넷 개인방송의 포맷을 빌려왔기 때문이다.

다수의 대중이 인터넷 개인방송을 이용함에 따라 규제에 관한 논의도 활발하게 이루어지고 있다. 인터넷 개인방송에 관한 2018년 조사에 따르면, 인터넷 개인방송에 대해 긍정적으로 인식하고 있다고 답한 응답자가 43.0%로 부정적으로 인식하고 있다고 답한 응답자(9.7%)에 비해 높았다. 하지만 문제가 될 소지가 있는 부분이 있다면 무엇인지에 관한 질문에서는 비속어 사용(73.2%), 과장·허위 광고(63.8%), 선정성(62.7%)에 대한 우려가 큰 것을 확인할 수 있었다(정재민 외, 2018). 실제로 조사 결과에 따르면 규제가 필요하다는 점에는 다수가 공감했다. 그럼에도 인터넷 개인방송은 법적으로 「방송법」의 적용을 받는 '방송'의 범주에 포함되지 않았기에 2019년 발의된 「통합방송법」 개정안은 인터넷 개인방송의 산업 범주를 '인터넷방송콘텐츠제공사업자'로 분류하여 방송의 범주로 포함하는 내용을 논의 중이다.

인터넷 개인방송은 이용자 참여를 강조하는 웹 2.0에 대한 논의가 한창이던 2000년도 중반부터 본격적으로 시작되었다. 우리가 현재 사용하고 있는 유튜브는 당신들(You)의 텔레비전(Tube)이라는 의미로 웹 2.0에서 이야기하는 대중의 참여와 공유라는 의미를 담고 있다. 초기 창업자 중 자베드 카림(Jawed Karim)은 2004년 발생한 자넷 잭슨(Janet Jackson)의 가슴 노출 영상과 인도 대지진 영상을 쉽게 볼 수 없는 것에서 아이디어를 얻어 영상 공유 서비스를 만들었다고 인터뷰했다. 아프리카TV는 2006년 아프리카(Afreeca)라는 이름으로 출시되었으며 누구나 자유롭게 방송할 수 있는 텔레비전(Anybody can Free Casting TV)의 약자라는 의미를 담고 있다. 초기에 누구나 참여하고 공유하는 서비스라는 아이디어에서 시작한 인터넷 개인방송은 이제 점차 규모가 확대되어 하나의 산업으로 자리 잡고 있다. 다음에서는 인터넷 개인방송의 범주를 어떻게 정의할 수 있는지 살펴보고 인터넷 개인방송의 발전과 이용 현황을 알아보고자 한다.

2. 인터넷 개인방송의 성장

1) 인터넷 개인방송의 정의

인터넷 개인방송을 지칭하기 위해 다양한 용어가 사용되고 있다. 1인 방송,

인터넷 방송, 개인방송, 1인 미디어, 라이브 스트리밍(live streaming)과 같은 용어가 그 사례이다. 1인 혹은 개인이라는 용어는 기존 방송사나 제작사와 다르게 혼자 콘텐츠의 기획, 촬영, 편집, 송출에 이르는 과정을 포괄하여 담당한다는 의미다. 하지만 인터넷 개인방송의 규모가 커짐에 따라 콘텐츠 제작 과정도 팀 단위로 이루어지며 업무가 분화하는 모습이 나타났다. 여전히 혼자 모든 과정을 담당하는 사례도 있으나 규모가 성장하며 혼자 모든 것을 하는 일은 과거보다 적어졌다. 오히려 현재는 시청자로만 머물렀던 일반인이 기존 콘텐츠 제작사에서 벗어나 독립된 아마추어 생산자의 역할을 맡게 되었다는 점을 더 강조하는 의미가 있다. 인터넷 방송은 온라인으로 오디오나 동영상을 제공하는 서비스 전반을 이야기하며 전통 방송사에서 제작했으나 인터넷을 통해 배포하는 콘텐츠까지 포함한다. 1인 미디어는 개인이 생산한 콘텐츠를 다른 이용자와 공유할 수 있는 소셜 플랫폼 모두를 포괄한다는 의미에서 개인방송과 약간의 차이가 있다.

방송이라는 용어는 다수의 사람에게 콘텐츠를 전송한다는 뜻이지만 전통적으로 사용하는 방송의 정의와 다른 의미가 담겨 있다. 본래 「방송법」에서는 '방송'을 '방송프로그램을 기획·편성 또는 제작하여 이를 공중에게 전기통신설비에 의하여 송신하는 것'으로 규정한다. 하지만 인터넷 개인방송의 시청자는 전통적인 방송 시청자와 다르게 상호작용이 가능하며, 텔레비전이나 라디오 단말기와 같은 설비도 필요하지 않다. 따라서 현행법상 인터넷 개인방송은 '방송'이 아니라 블로그, 팟캐스트(Podcast)처럼 개인이 제작한 콘텐츠를 인터넷으로 유통하는 온라인 동영상 서비스의 한 가지 유형이다.

해외에서는 개인이 실시간으로 자신의 이야기를 사람들과 공유하는 특성에 초점을 맞추어 라이브 스트리밍이라는 용어를 사용한다. 유사하게 라이브 비디오 스트리밍(live video streaming), 라이브 비디오 방송(live video broadcasting),

소셜 라이브 스트리밍(social live streaming)과 같은 용어를 사용하기도 한다(유은 외, 2019). 이러한 용어는 다양한 소셜미디어 플랫폼이 실시간 방송 기능을 추가함에 따라 발생했다. 예를 들면, 페이스북(Facebook)은 라이브 동영상에 대해 투자를 하며 일반 동영상보다 댓글이 10배 이상 달린다는 사실을 언급했고(NewsWhip, 2016), 다른 플랫폼도 라이브 스트리밍 기능을 본격적으로 도입했다. 따라서 라이브 스트리밍이라는 용어는 스트리밍을 하는 진행자가 실시간으로 영상을 공유하고 다른 시청자와 동시에 상호작용 할 수 있다는 특징을 강조한다.

인터넷 개인방송이 반드시 실시간에만 제한되는 것은 아니다. 실시간으로 방송되는 콘텐츠도 있지만, 유튜브와 같이 편집된 영상을 비실시간으로 공유하는 서비스 플랫폼도 존재한다.

시청자로만 머물렀던 일반인이 기존 콘텐츠 제작사와는 별개로 독립된 아마추어 생산자의 역할을 맡게 되었다는 점에 주목하여 인터넷 개인방송을 정의하면 다음과 같다. 인터넷 개인방송은 "1인 혹은 소수의 제작자가 게임, '먹방', 토크, 음악, 패션, 뷰티, 스포츠, 교육 등 다양한 콘텐츠를 인터넷을 통해 실시간 또는 비실시간 형태로 제공하는 서비스"를 말한다.

2) 인터넷의 역사와 개인방송의 시작

인터넷은 1960년 초 매사추세츠 공과대학교(MIT)의 조지프 릭라이더(Joseph Licklider)로부터 시작한다. 그는 「커뮤니케이션 기기로서 컴퓨터 기기(The computer as a communication device)」라는 논문(Licklider and Taylor, 1968)에서 커뮤니케이션이 가능한 컴퓨터 네트워크의 미래를 그렸다. 조지프 릭라이더의 계획은 미 국방고등연구계획국(U.S. Defense Advanced Research Project

Agency: DARPA)에서 받아들여졌고, 국가의 재정 지원을 통해 국가적 긴급 상황이나 핵 공격에 대비하여 정부 관료 간 커뮤니케이션을 가능하게 하는 분산형 네트워크를 만드는 방향으로 나아갔다. 1960년 후반에는 미국 캘리포니아 대학교(UCLA) - 스탠퍼드 대학교(Stanford University) - 유타 대학교(University of Utah) - 캘리포니아 대학교 샌타바버라캠퍼스(UC Santa Barbara)의 네 개 대학을 잇는 아르파넷(ARPAnet) 프로젝트를 추진했고, 1969년 네트워크 사이에서 최초의 데이터 교환이 이뤄졌다. 1975년까지 50개 이상의 대학과 정부 사이트가 네트워크로 연결되었고, 아르파넷의 통제권은 국방 통신부(Defense Communication Agency: DCA)에 그 업무가 이관되었다. 이후 이용이 급격히 증가함에 따라 군사 목적의 네트워크와 일반을 지원하는 네트워크로 분리되었다.

컴퓨터를 네트워크로 연결하는 프로젝트는 오래전부터 시작되었지만, 일반인의 인터넷 사용이 보편적으로 이루어지기 시작한 것은 웹이 발명된 이후이다. 웹은 인터넷과 동의어로 받아들여지고 있지만 원래는 인터넷에서 동작하는 하나의 서비스로, 1989년 유럽입자물리연구소(Conseil Européen pour la Recherche Nucléaire: CERN)의 연구원인 팀 버너스 리(Tim Berners Lee)의 제안으로 개발되었다. 팀 버너스 리는 인터넷에 연결된 컴퓨터들을 통해 사람들이 정보를 공유할 수 있는 전 세계적인 정보 공간을 기획했다. 이전까지는 서로 다른 방식으로 자료를 저장했기에 필요한 자료를 공유하는 일이 매우 번거롭고 어떤 경우에는 불가능하기도 했다. 이에 팀 버너스 리가 생각했던 모습은 서로 다른 다양한 형태의 자료를 온라인 공간에 올려놓고 누구나 쉽게 자료를 공유할 수 있는 거대한 온라인 문서 시스템이었다.

팀 버너스 리는 2009년 강연(Berners Lee, 2009)에서 시스템은 만들어져 있지만 사람들에게 웹이 무엇인지 설명하는 일이 쉽지 않았다고 언급했다. "클릭 한 번으로 지구상 어떤 문서든 볼 수 있도록 연결할 수 있다고 한번 상상해 보세요. 사람들에게는 이런 상상을 한다는 것 자체가 바로 가장 큰 어려움이었습니다.” 즉, 기술은 만들어져 있었지만 기술을 가지고 실질적으로 어떤 변화를 만들어낼 수 있는지가 문제였다. 웹 2.0이란 이러한 문제를 해결하기 위한 운동이었다. 참여와 공유를 강조한 웹 2.0은 사람들에게 다양한 방식으로 참여하여 자신이 가지고 있는 자료를 다른 사람들과 함께 나눌 것을 요구했다. 기술이 중요하다기보다는 사람들이 자료를 주고받고, 커뮤니티를 만들고, 무엇인가를 함께 고민하는 정신이라고 볼 수 있다.

인터넷 개인방송이라는 용어가 생기기 이전부터 사람들은 온라인 커뮤니티 게시판, 개인 홈페이지, 블로그를 통해 직접 만들어낸 콘텐츠를 공유했다. 이는 웹 2.0이라는 구호 아래 2000년도 중반부터 이루어진 거대한 변화 중 하나였다. 블로그를 중심으로 개인이 작성한 글을 올리고, 플리커(Flickr)와 같은 사진 공유 커뮤니티를 통해 각자 촬영한 사진을 공유하고, 팟캐스트를 통해 라디오 프로그램을 제작해서 사람들에게 방송하기도 했다. 영상 공유 서비스가 만들어지기 시작한 것도 2000년도 중반부터이다. 2005년 4월 유튜브의 공동 창업자 자베드 카림은 쉽게 영상을 공유하는 서비스에 대한 고민에서 출발하여 유튜브를 만들었고, 유튜브는 동물원에서 찍은 16초짜리 첫 동영상을 게시한 이래 세상의 거의 모든 동영상이 다 모이는 세계 최대 온라인 동영상 포털로 성장했다.

국내에서는 실시간으로 영상을 공유하기에는 네트워크 환경이나 컴퓨터 성능의 한계가 있었다. 따라서 2000년도 초기에는 라디오 음악방송처럼 개인이 음악을 선곡하고 청취자와 대화를 나누는 방식의 방송이 주를 이루었다. 동영상 서비스가 최초로 시작된 것은 2004년이다. 판도라TV는 국내 최초로 동영상 서비스를 시작하여 국내 최초의 동영상 포털로서 많은 이용자를 보유했다.

이후 아프리카TV와 다음TV팟이 진행자와 시청자 간 실시간 상호작용이 가능한 서비스를 오픈했다. 아프리카TV는 현재 국내 사업자가 운영하는 개인방송 서비스 중 가장 널리 알려져 있으며 게임, '먹방', 스포츠, 토크와 같은 다양한 장르를 포함하는 콘텐츠를 공유하는 플랫폼으로 자리를 잡았다.

해외에서는 2007년 해외 파병 미군들이 가족과 실시간으로 대화할 수 있는 수단을 제공한 유스트림(ustream)과 같은 서비스가 있었으며, 저스틴TV(Justin.tv)는 2007년에 만들어져 누구에게나 온라인 실시간 중계 서비스를 제공했다. 트위치TV(Twitch.tv)는 2011년 저스틴TV에서 시작된 스핀오프 서비스이며, 2014년 9월 아마존(Amazon)에서 9억 9000만 달러에 인수했다. 2015년에는 다양한 소셜미디어 플랫폼과 연계된 라이브 스트리밍 서비스가 출시되었다. 미어캣(Meerkat)은 개인의 영상을 트위터(twitter)로 스트리밍하는 서비스였으나 이후 트위터가 경쟁 서비스인 페리스코프(Periscope)를 인수하며 미어캣 서비스를 차단했다. 2015년 이후로 페이스북을 포함한 다양한 소셜미디어 플랫폼뿐만 아니라 게임 콘솔을 비롯한 다양한 모바일 서비스가 실시간 중계 기능을 포함시키며 누구나 자유롭게 자신의 콘텐츠를 온라인으로 공유할 수 있는 환경이 만들어졌다.

현재는 누구나 특별한 노력 없이도 간단히 자신의 콘텐츠를 공유할 수 있는 환경이 만들어졌다. 사람들이 자신의 일상에서부터 특정한 주제를 다루는 콘텐츠에 이르기까지 직접 만들어낸 무언가를 공유하는 것은 자연스러운 일이 되었다. 하지만 지금과 같은 변화가 발생하기까지는 인터넷의 역사만큼이나 오랜 시간이 걸렸다. 지금처럼 인터넷 개인방송이 성장하게 된 배경으로는 동영상 공유를 중심으로 한 온라인 플랫폼의 등장, 컴퓨터 성능의 발달로 인해 누구나 쉽고 간단하게 영상을 촬영·편집할 수 있는 제작 환경의 성숙, 그리고 언제 어디서나 영상을 시청할 수 있는 모바일 기기의 보급을 꼽을 수 있다. 작은 변화에서부터 시작한 인터넷 개인방송은 이제 사람들의 새로운 미디어 이용을 만들어내고 미디어 산업의 지형을 바꾸어놓고 있다.

3) 인터넷 개인방송 이용 현황

인터넷 개인방송을 보는 것은 이제 새로운 현상이라고 말하기 어렵다. 스마트폰을 비롯한 모바일 기기가 대중화되면서 사람들은 원하는 시간과 장소에서 콘텐츠를 소비할 수 있게 되었기 때문이다. 퓨리서치센터(Pew Research Center)는 27개국을 대상으로 조사한 결과에서 한국의 스마트폰 보급률이 94%라고 밝혔다(Poushter et al., 2018). 전체 조사 대상 국가 중 1위를 차지한 것이다. 2020년 2월을 기준으로 한 국내 통계(ITSTAT, 2020)에서 스마트폰 가입자는 약 5137만 명으로, 모든 개인이 스마트폰을 이용하는 시대라고 말할 수 있게 되었다. 이러한 스마트폰의 확산 추세에 발맞추어 인터넷 개인방송 역시 제작자와 이용자 수가 점점 증가하고 있다.

〈그림 1-1〉 인터넷 개인방송 시청 경험

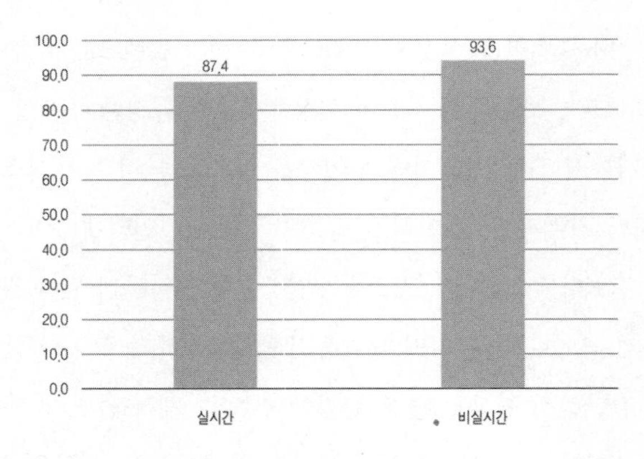

자료: 정재민 외(2018).

〈그림 1-2〉 연령대별 평균 시청 시간(단위: 분)

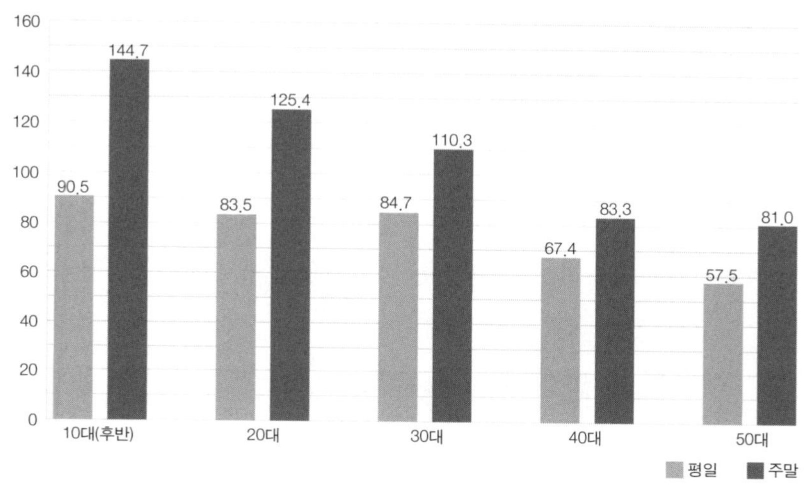

자료: 정재민 외(2018).

실시간 인터넷 개인방송은 동영상을 공유하는 서비스에 비해 비교적 최근에 시작되었지만, 이미 많은 사람이 실시간 인터넷 개인방송을 경험했다. 인터넷 개인방송 시청자에 대한 설문조사(정재민 외, 2018)에서 전체 응답자의 87.4%가 실시간 개인방송을 시청한 경험이 있다고 답했으며, 93.6%는 동영상으로 편집된 개인방송 영상을 시청한 경험이 있다고 밝혔다. 인터넷 개인방송 중 어떤 형태를 주로 시청하는지에 관한 질문에서도 실시간 방송을 시청한다는 응답은 40.4%로 비실시간 방송을 주로 시청한다는 응답 59.6%에 비해 적었으나 이미 실시간 인터넷 개인방송은 주요한 이용 행태 중 하나로 자리 잡고 있다.

인터넷 개인방송 시청 시간을 확인해 보기 위해 시청 경험이 있는 사람들을 대상으로 평균 시청 시간이 얼마나 되는지를 직접 물어보았다. 평일 평균 시청 시간은 74.6분이었고, 주말 평균 시청 시간은 103.7분으로 나타났다. 인터

〈그림 1-3〉 주로 이용하는 인터넷 개인방송 플랫폼

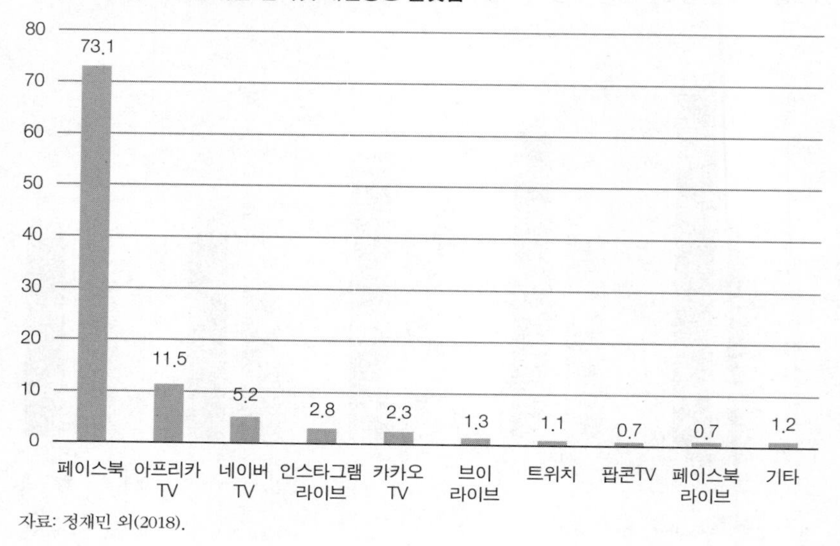

자료: 정재민 외(2018).

넷 개인방송 시청 시간은 나이에 따라 큰 차이를 보였다. 10대 후반의 경우 평일 90.5분, 주말 144.7분으로 나타났다. 반면 50대의 경우는 평일 57.5분, 주말 81분으로 세대별로 평균 시청 시간의 차이가 확연하게 나타났다. 인터넷 개인방송은 주말 시청 시간만 보았을 때 여전히 10대 후반을 중심으로 소비되는 것처럼 보이지만 평일을 기준으로 보면 10대부터 30대까지 고르게 이용하는 모습을 확인할 수 있다.

현재 다양한 인터넷 개인방송 플랫폼이 개인방송 서비스를 제공하고 있다. 2000년도 중반부터 만들어진 서비스부터 실시간 중계 기능이 일반적인 서비스로 자리 잡은 이후에 인터넷 개인방송 기능을 제공하기 시작한 소셜미디어 플랫폼에 이르기까지 이용자가 선택할 수 있는 대안은 많다. 인터넷 개인방송 이용자에게 주로 이용하는 개인방송 플랫폼이 무엇인지를 물었을 때, 가장 많은 응답자가 선택한 플랫폼은 유튜브였다. 유튜브는 전체 응답자의 73.1%가 가장 많이 사용하는 플랫폼이라고 답했다. 유튜브는 2017년 이후 실시간 인터넷 개인방송을 지원하는 다양한 기능을 추가했고 전반적인 동영상뿐만 아니라 인터넷 개인방송까지 포함하는 독점적인 지위로 성장했음을 알 수 있다.

두 번째는 아프리카TV로, 자주 이용한다는 응답자는 11.5%이다. 국내를 대표하는 인터넷 개인방송 플랫폼으로 2000년도 중반부터 서비스를 시작했으며, 현재는 대부분의 플랫폼들이 일반적으로 사용하는 인터넷 개인방송 후원 시스템인 '별풍선'으로 널리 알려져 있다. 네이버TV는 네이버에서 제공하는 동영상 서비스이지만 일반 대중에게 실시간 방송 서비스를 제공한 것은 2017년부터였다. 오히려 전통 방송사에서 운영하는 온라인 동영상 유통이 주를 이루었다. 인스타그램 라이브(Instagram Live)는 인스타그램에서 제공하는 생방송 기능으로 2017년부터 도입되었다. 초반에는 한 시간이라는 시간제한도 있었으나 현재는 사라진 상태이다. 카카오TV는 2017년 다음TV팟과 서비스를 통합했다. 다음TV팟은 2006년부터 제공된 서비스 중 하나로 널리 이용되던 인터넷 개인방송 플랫폼이었으나 카카오와의 서비스 통합 이후 인터넷 개인방송보다는 콘텐츠 사업자 방송 채널이 개인 채널에 비해 늘어난 모습을 보인다. 브이 라이브(V Live)는 네이버에서 서비스하는 연예인의 인터넷 방송 플랫폼이다. 일반인이 참여하지 않고 글로벌 스타만이 방송할 수 있다는 특징이 있다. 트위치는 아마존의 개인방송 서비스로 전 세계 최대 인터넷 개인방송 플랫폼이지만 국내에서의 순위는 상대적으로 높지 않은 것을 알 수 있다.

4) 요약

이 장에서는 인터넷 개인방송을 1인 혹은 소수의 제작자가 게임, '먹방', 토크, 음악, 패션, 뷰티, 스포츠, 교육을 교육 등 다양한 콘텐츠를 인터넷을 통해 실시간 또는 비실시간 형태로 제공하는 서비스로 정의했다. 인터넷 개인방송의 성장은 기술 발전으로 인해 영상 제작과 편집이 간단해졌으며, 동영상을 실시간으로 공유하는 서비스들이 등장했기 때문에 가능했다. 이러한 환경에서 사람들이 자신의 일상을 공유하는 것이 하나의 문화로 자리 잡기 시작했으며, 모바일 기기의 보급으로 인해 더욱 성장했다. 이미 인터넷 개인방송을 이용해 본 경험이 있는 사람은 10명 중 아홉 명에 가깝고, 10대부터 30대를 중심으로 높은 이용률을 확인할 수 있었다. 국내에서 서비스되는 다양한 인터넷 개인방송 플랫폼 중에서는 유튜브와 아프리카TV가 가장 많이 이용되고 있었다.

인터넷 개인방송은 새로운 미디어 이용 방식을 만들어내고 있고 규모가 성장함에 따라 다양한 행위자들이 시장에 참가하고 있다. 다음에서는 인터넷 개인방송 산업에 참여하는 주요 행위자를 살펴볼 것이다.

3. 인터넷 개인방송 산업의 주요 참여자

1) 인터넷 개인방송 플랫폼

비즈니스 모델을 단순하게 정의한다면 결국 어떻게 돈을 벌 것인가에 대한 논의라고 할 수 있다. 전통 미디어의 비즈니스 모델은 대부분 광고에 의존한다. 지상파 방송 프로그램을 무료로 시청할 수 있는 것은 프로그램 제작에 필요한 비용을 광고주가 대신 지불하기 때문이다. 인터넷 개인방송 플랫폼 사업자도 제작된 방송 콘텐츠를 인터넷을 통해 다른 사람에게 전송할 수 있는 서비스를 제공한다. 이러한 서비스에서도 이용자가 영상을 무료로 시청할 수 있는 이유는 전통 미디어와 거의 동일하다. 다른 누군가가 프로그램 제작에 필요한 금액을 지불하기 때문이다. 다만 차이가 있다면 인터넷 개인방송은 전통 미디어가 전적으로 광고 기반 모델에 의존하는 것과 다르게 수익을 위한 다양한 방식을 도입하고 있다는 점이다.

물론 인터넷 개인방송에서도 널리 활용하는 수익 모델은 광고이다. 콘텐츠를 시청하기 전에 나오는 재생 전 광고, 콘텐츠 시청 중간에 재생되는 중간 광고, 동영상을 시청한 이후에 나오는 재생 후 광고가 있다. 이러한 광고 외에도 동영상 안에 배치되는 오버레이 광고가 있다. 동영상 내 특정 위치에 배너 형태의 이미지가 일정 시간 동안 노출되는 형식이다. 광고 수익을 제작자와 분배하는 비율은 플랫폼에 따라 다르다. 유튜브의 경우 플랫폼이 45%의 수익을 가져가고 제작자가 55%의 수익을 갖는 것으로 알려졌으나, 광고 수익 자체는 시청자 수, 동영상 길이, 좋아요 수, 시청 시간과 같은 다양한 요인에 따라 달라진다. 아프리카TV의 경우는 플랫폼이 40%의 수익을 가져가고 제작자가 60%의 수익을 가져가는 것으로 알려져 있다.

전통 미디어의 기본적인 수익 모델인 광고와 다르게 인터넷 개인방송이 가지는 독특한 수익 모델은 후원이다. 인터넷 개인방송 시청자는 플랫폼에서 후원 아이템을 구매한 후 원하는 시간에 원하는 금액만큼 진행자에게 선물할 수 있다. 후원 아이템을 선물하면 채팅창에 선물을 보낸 시청자의 아이디, 후원 금액, 채팅 내용이 나타나며, 이러한 메시지는 이미지, 오디오, 비디오와 함께 강조되어 노출되기도 한다. 후원은 인터넷 개인방송 플랫폼에서 독특한 문화를 만들어내기도 하며, 시청자 사이에 경쟁적으로 후원하는 모습이 나타나기도 한다. 아프리카TV는 '별풍선'이라는 후원 아이템을 2006년부터 도입했으며, 진행자의 등급에 따라 별도의 수수료를 책정한다. 일반 비제이(BJ: Broadcasting Jockey)의 경우 별풍선 아이템 수익의 60%를 가져가지만, 아프리카TV 소속 진행자인 '파트너 비제이'는 별풍선 아이템 수익의 80%를 가져간다.

아프리카TV의 별풍선은 종종 화제가 되기도 한다. 지금까지 한 방송에서 가장 많은 별풍선이 후원된 경우는 120만 개로 알려지고 있다. 과도한 별풍선 후원이 사회적으로 문제가 되는 사례가 발생함에 따라 방송통신위원회의 주도로 이루어진 클린인터넷방송협의회에서 자율규제안을 논의했고, 2018년 하반기부터 개인방송 유료 아이템의 결제 한도를 1일 100만 원 이하로 제한하도록 결의했다. 아프리카TV는 하루에 한 진행자에게 선물할 수 있는 별풍선은 30만 개라고 밝히고 있다. 하지만 해당 플랫폼 외부에서 별풍선이 거래되는 경우도 있고, 자정을 전후로 1인이 60만 개까지 개별 진행자에게 선물할 수 있는 상황이라 규제가 적절하게 작동하는지에 대해서는 회의적인 시각도 있다. 인터넷 개인방송 플랫폼에서 도입하고 있는 후원 아이템이 선정성을 심화하고 사행성을 부추긴다는 우려의 시각이 있으나, 현재는 이러한 수익 모델을 다양한 인터넷 개인방송 플랫폼에서도 도입하여 일반적으로 사용하고 있다. 2017년을 전후하여 트위치는 '도네이션', 유튜브는 '슈퍼챗'이라는 이름으로 후원 아이템 거래를 도입했다.

후원과 광고를 중심으로 운영하던 인터넷 개인방송 플랫폼은 최근 구독이라는 새로운 수익 모델을 도입하고 있다. 구독은 광고에 대한 의존도를 낮추고 이용자가 직접 서비스에 대한 비용을 지불하는 방식으로, 낮은 온라인 광고 단가를 극복하고 안정적인 수익 흐름을 만들기 위한 시도에서 이루어지고 있다. 후원이 1회적으로 직접 금전적인 지원을 받는 형태라고 한다면, 구독은 시청자들에게서 정기적으로 일정 금액을 지원받는 형태이다. 예를 들면, 트위치는 정기구독(subscription)을 통해 개별 진행자를 후원하는 대가로 채팅창에서 사용할 수 있는 특별한 이모티콘, 아이디를 강조할 수 있는 배지를 이용한다. 유튜브는 멤버십 가입을 통해 개별 채널에 대한 구독을 제공한다.

개별 진행자를 구독하는 형태도 있지만 시청자의 광고 피로도를 해결하기

〈표 1-1〉 플랫폼 사업자의 수익 모델

수익 모델	내용
광고	- 동영상 내 진입·중간·마지막 광고 - 동영상 오버레이 광고 및 배너 광고 - 실시간 방송 중 진행자 선택 광고(아프리카TV의 '애드벌룬')
광고 제거	- 아프리카TV의 '퀵뷰', 유튜브의 '유튜브 프리미엄', 트위치의 '트위치 터보' - 오리지널 콘텐츠 등 다른 서비스와 함께 제공하는 경우도 있음
아이템 후원	- 플랫폼에서 거래되는 아이템을 구매한 후 진행자에게 선물하는 방식 예) 아프리카TV '별풍선', 유튜브 '슈퍼챗', 트위치 '도네이션'
구독	- 정기적으로 일정 금액을 후원 예) 아프리카TV '구독', 트위치 '구독', 유튜브 '채널 멤버십'
기타	- 제휴 수수료 모델 - 브랜디드 콘텐츠(branded contents)

위해 광고 없이 동영상을 볼 수 있게 해주는 구독 모델도 등장했다. 플랫폼에 매월 일정 금액을 지불하면 동영상 입장 광고와 중간 광고를 보지 않을 수 있다. 이처럼 광고를 건너뛸 수 있게 해주는 수익 모델은 아프리카TV의 '퀵뷰(Quick View)'처럼 순수하게 광고를 보지 않게 해주는 기능만을 제공하기도 하지만, 유튜브의 '프리미엄(Premium)'처럼 플랫폼에서 자체 제작한 오리지널 콘텐츠를 볼 수 있게 하는 등 다른 기능과 함께 제공하기도 한다.

인터넷 개인방송 플랫폼은 개별 플랫폼의 특성에 따라 각 수익 모델에 대한 의존도가 다르다. 아프리카TV의 경우 비실시간 동영상보다는 실시간 개인방송에 초점을 두고 있으며, 수익의 많은 부분을 후원 아이템에서 얻는다. 유튜브, 네이버TV, 카카오TV는 기존 미디어 제작자가 제작하여 업로드하는 콘텐츠나 이미 방송을 통해 방영했던 영상의 편집 영상 비중도 높다. 다음에서는 인터넷 개인방송 시장에 참여하는 다양한 플랫폼 사업자 중 실시간 인터넷 개인방송 서비스에 초점을 맞추고 이를 제공하는 주요 사업자에 대해 살펴보고자 한다.

(1) 아프리카TV

아프리카TV는 누구나 자유롭게 방송할 수 있는 텔레비전이라는 의미다. 1996년에 '나우콤'으로 시작한 IT 기업이며, 2006년 아프리카라는 이름으로 누구나 쉽게 시청자와 실시간 상호작용이 가능한 서비스를 출시했다. 이후 2013년에 이르러 현재의 아프리카TV로 사명을 변경했다. 국내 사업자가 운영하는 인터넷 개인방송 플랫폼 중 가장 높은 점유율을 차지하는 서비스로, 현재도 실시간 인터넷 개인방송의 대명사로 자리를 잡고 있다. 아프리카TV의 2018년 매출은 1226억 원이며, 2019년은 전년 대비 32.6% 성장한 1679억 원을 기록했다. 당기순이익은 2018년 213억 원에서 2019년 342억으로 전년 대비 60.1% 성장했다.

아프리카TV의 수익 모델은 플랫폼 참여자에게 제공하는 거래에서 발생한 금액의 일정 비율을 수수료로 가져가는 방식을 취한다. 매출의 80% 이상은 아이템 판매에서 발생하고, 광고에 대한 의존도는 상대적으로 낮은 편이다. 아프리카TV는 자사의 플랫폼에서 인터넷 개인방송을 진행하는 제작자를 비제이라고 부른다. 일반 비제이는 후원 아이템 수익의 60%를 가져가고 아프리카TV가 수수료 명목으로 40%를 가져간다. 반면, 아프리카TV에 단독 송출해야 하는 '파트너 비제이'는 아이템 수익의 80%를 가져가고 아프리카TV는 20%를 가져간다. 광고 수익의 경우 2016년부터 60%를 제작자들에게 나누어주고 있으며, 2017년부터 실시간 방송 중 진행자가 송출하는 앱 광고를 시청자가 클릭 후 다운로드하면 진행자에게 수익이 돌아가는 '애드벌룬' 시스템도 운영하고 있다. 시청자가 비제이에게 매달 일정 금액을 후원하는 구독 모델도 지원한다.

아프리카TV는 플랫폼에서 활동하는 인터넷 개인방송 콘텐츠를 바탕으로 다양한 시도를 하고 있다. 트레이더와 투자자들이 정보를 공유하는 소셜 트레이딩 투자 서비스 '프리캡(FreeCap)', 홈쇼핑처럼 실시간으로 물건을 홍보하고 구매할 수 있는 '샵프리카(shopfreeca)', 아프리카TV 비제이 관련 상품을 판매하는 '아프리카TV샵'이 대표적 사례이다. 2018년에는 SBS와 이스포츠(e-sports) 방송을 위한 합작 법인을 설립했고 딜라이브 송출 권역에서 채널을 개설하여 플랫폼 다변화를 위해 노력하기도 했다. 2020년 SBS가 지분을 아프리카TV에 전량 매각함으로써 합작 법인은 사라졌으나, 아프리카TV는 해당 채널은 지속 운영할 예정이라고 밝혔다.

국내 인터넷 개인방송 시장을 만들고 끊임없이 새로운 수익 모델을 제시하며 시장을 성장시킨 아프리카TV는 저작권, 음란 방송, 후원 아이템 관련 이슈들, 광고 수익 분배와 관련해 다양한 비판을 받았다. 아프리카TV는 이러한 문제점을 해결하기 위해 개별 비제이의 홍보·제작을 지원하는 콘텐츠 지원 센터, 비제이 심리상담 프로그램, 건전한 방송 활동을 위해 저작권 정보를 제공하는 비제이 교육 프로그램을 운영하고 있다. 다양한 어려움에도 불구하고 인터넷 개인방송 국내 사업자 중에서 선두의 지위를 지켜오고 있으나 유튜브나 트위치와 같은 글로벌 플랫폼 사업자, 국내 후발 주자들과의 경쟁에서 생존하는 것이 가장 큰 도전으로 남아 있다.

(2) 유튜브

유튜브는 쉽게 영상을 공유하는 서비스에 대한 고민에서 출발했다. 이를 해결하기 위해 "스스로 방송하라(Broadcast Yourself)"라는 슬로건을 가지고 자신의 동영상을 다른 사람과 공유하는 서비스가 시작되었다. 2005년에 만들어진 서비스는 2006년 구글(Google)에 인수되었으나 적절한 수익 모델을 갖추지 못해 2010년까지도 적자를 기록했다. 하지만 현재는 전체 동영상 서비스 중 독점적인 지위를 차지하고 있으며 100개가 넘는 국가에서 서비스되고 있다.

이용자는 20억 명 이상으로 매일 10억 시간의 동영상 시청이 이루어진다(YouTube, 2020). 누구나 자유롭게 자신의 채널을 개설하고 동영상을 공유할 수 있으며, 해외에서 제작되는 동영상 콘텐츠까지 포함하기 때문에 국내 서비스에 비해 콘텐츠가 풍부하다. 또한 2013년부터 제한적으로 도입된 실시간 스트리밍 기능이 2017년 공식 모바일 앱에 포함되면서 동영상 공유뿐만 아니라 실시간 인터넷 개인방송을 위한 플랫폼으로도 자리를 잡았다.

유튜브는 초기부터 제작자와 다양한 파트너 프로그램을 통해 수익을 공유했으며, 이러한 점은 많은 제작자가 유튜브 플랫폼을 이용하도록 하는 요인이 되었다. 유튜브는 동영상을 올리는 제작자를 크리에이터(creator)라고 부른다. 유튜브 파트너 프로그램으로 크리에이터와 광고 수익을 나누는데, 12개월간 공개한 동영상의 시청 시간이 4000시간을 넘고 구독자 수가 1000명을 초과하는 크리에이터의 경우 파트너 프로그램에 참여할 수 있다. 또한 2017년에 실시간 후원 기능인 '슈퍼챗', 2018년 상반기에 '채널 멤버십' 월 구독 서비스를 출시하여 수익 모델을 다변화하고 있다.

적극적인 저작권 보호 프로그램 역시 유튜브 플랫폼에 많은 창작자가 참여하게 하는 요인이 된다. 유튜브는 콘텐츠 아이디(Content ID)를 통해 저작권을 관리한다. 콘텐츠 아이디는 원본 콘텐츠 소유자가 자신의 저작물이 유튜브에서 유통되고 있는지를 확인할 수 있도록 고안된 알고리즘이다. 우선 콘텐츠 소유자가 자신의 저작물임을 확인할 수 있는 시청각 파일을 사이트에 제공한다. 콘텐츠 아이디는 사람이 지문을 가지고 있는 것처럼 파일에 대해 지문 같은 것을 만들어 데이터베이스에 저장한다. 이를 통해 유튜브에서 원본 파일과 일치하는 영상이 있는지를 스캔한다. 유튜브는 음성, 영상뿐만 아니라 멜로디가 유사한지까지 확인할 수 있다고 밝히고 있다.

이와 같은 노력에 힘입어 연간 10만 달러 이상의 수익을 달성하는 채널의 수는 전년 동기 대비 40% 넘게 증가했으며, 연간 만 달러 이상의 수익을 달성하는 채널의 수는 전년 동기 대비 50% 넘게 증가했다. 또한 구독자가 100만 명을 넘어선 채널의 수도 전년 동기 대비 65% 넘게 증가했다. 소유권 주장으로 파트너에게 유튜브가 지급한 비용은 20억 달러를 넘어 저작권 관리 측면에서도 광범위한 규모로 크리에이터의 권리를 보호하고 있음을 알 수 있다(YouTube, 2020). 이와 같은 흐름은 유튜브를 동영상 공유 서비스에서 압도적인 플랫폼으로 만들었고, 주로 보는 인터넷 개인방송 플랫폼에 대한 국내 설문에서도 1위를 차지하는 결과를 가져왔다.

지속적인 성장세에도 불구하고 유튜브를 둘러싼 논란은 끊이지 않는다. 우선 역차별 논란이다. 해외 사업자이기 때문에 인터넷망 사용료, 광고 규제, 청소년 보호, 불법 콘텐츠, 조세 형평성 등의 측면에서 국내 사업자와 동일한 조건에 있지 않다는 것이다. 해외 사업자라는 점으로 인해 구글은 지금까지 명백한 불법 정보가 아닌 한 제재 조치에 소극적인 태도를 보였다. 예를 들면, 2018년에 유튜브에서 유통되고 있는 광주민주화운동과 관련된 허위 정보의 삭제를 요청했으나 삭제 거부 통보를 받은 바 있다. 하지만 최근 구글은 5·18 민주화운동에 대한 역사 왜곡 및 차별·비하 동영상에 대해 자체 커뮤니티 가이드 정책 위반으로 판단했다며 일부 영상을 삭제했다. 유튜브의 경우 점차 독점적인 지위를 공고히 하고 있지만 동시에 이로 인한 다양한 비판과 견제를 극복해야 하는 과제를 안고 있다.

(3) 트위치

저스틴TV는 자신의 삶을 연중무휴로 중계하는 라이프캐스팅(lifecasting)이라는 용어를 만든 저스틴 칸(Justin Kahn)이 출연하는 단일 채널로 2007년에 만들어졌다. 하지만 이후 저스틴 칸은 방송을 중단하고 누구나 채널을 개설하고 실시간 온라인 방송을 할 수 있는 서비스를 제공하기 시작했다. 트위치TV는 2011년 저스틴TV에서 시작된 스핀오프 서비스로, 게임을 중심으로 이루어져 있었다. 시간이 지나 2014년 트위치는 미국에서 가장 트래픽이 많은 사이트 4위에 선정되었고, 트위치TV가 저스틴TV의 영향력을 넘어섰다고 판단한 회사는 명칭을 트위치 인터렉티브(Twitch Interactive)로 변경했다. 다양한 기업에서 트위치의 인수를 고려한다는 소식이 있었으나 결국 2014년 9월 아마존이 9억 9000만 달러에 인수했다. 인수 당시 트위치는 미국의 모든 라이브 스트리밍 트래픽에서 43% 이상을 차지하는 서비스였다(Eadicicco, 2014).

트위치는 이미 자리를 잡은 이스포츠 리그부터 새롭게 주목받는 게임의 이스포츠 리그까지 다양한 분야의 경기를 개최하고 있다. 현재는 게임 중심의 카테고리를 벗어나기 위해 일상방송(In Real Life: IRL)을 포함한 예술, '먹방', 음악, 뷰티, 과학, 여행, 라디오 토크쇼 등 게임 외의 다양한 콘텐츠를 수급하려 하고 있다. 이러한 노력에 힘입어 2019년 트위치를 통해 스트리밍하는 방송은 월평균 364만 개로 증가했으며, 2020년 3월 기준 평균 5만 6000개의 방송을 평균 144만 명이 동시 시청한 것으로 나타났다. 트위치는 코로나 바이러스 격리 기간 동안 더욱 성장했으며, CNN과 같은 전통 미디어보다 더욱 높은 시청자 숫자를 기록했다(Iqbal, 2020).

트위치는 스트리밍 시간에서 2020년 1분기를 기준으로 1위를 기록하고 있지만 수익 측면에서는 기대만큼의 성적을 올리지 못하는 것으로 알려져 있다. 아마존에 인수되었기 때문에 트위치만의 수익을 분리하여 파악하기는 쉽지 않지만, 알려진 내용에 따르면 2019년 광고 수익 총액은 14억 9000만 달러이다(Iqbal, 2020). 트위치가 도입한 구독과 후원도 잠재적인 수익 모델이 되고 있다. 트위치 프라임에 가입하는 것뿐만 아니라 개별 채널을 다양한 형태로 구독할 수 있다. 또한 자체 통화인 '비트'를 통해 만들어진 후원 모델도 향후 지속적인 성장을 이끌 것으로 예상한다.

비디오 게임을 하는 것을 지켜보는 플랫폼은 시장에서 쉽게 받아들여지지 않았지만 이미 트위치는 큰 성장을 기록했다. 트위치에서 중심으로 하는 게임과 이스포츠는 실제 주요한 부분이지만, 진정한 잠재적 가치는 방송을 진행하는 스트리머와 시청자가 일상을 공유함으로써 발생하는 친밀감에서 나온다. 전 세계를 기준으로 가장 많은 스트리밍을 기록하는 플랫폼이지만 국내에서의 영향력은 상대적으로 높지 않다. 하지만 아마존을 모회사로 가지고 있고, 클라우드 기반의 게임 서비스가 성장할수록 트위치의 역할은 점차 커질 수 있다. 또한 다양한 개성을 가진 스트리머의 증가는 트위치 플랫폼이 다른 영역으로 확장할 가능성을 보여준다.

2) 다중채널 네트워크 사업자

인터넷 개인방송 산업은 개인방송 콘텐츠의 창작자, 시청자, 그리고 두 집단을 연결해 주는 인터넷 개인방송 플랫폼을 중심으로 이루어진다. 하지만 온라인 플랫폼과 창작자들이 수익을 나눌 수 있는 구조가 만들어지면서 아마추어 콘텐츠 생산자로 활동하던 창작자가 하나의 전문적인 직업으로 발돋움하기 시작했다. 온라인 플랫폼에서 인기를 얻은 창작자는 인플루언서(Influencer)[2]로 불리며 이들이 기존의 엔터테인먼트 산업에 진출하는 사례도 늘어나고 있다. 예를 들면, 뷰티 유튜브 채널을 운영하는 '이사배'는 백화점 초청으로 메이크업을 시연하고 화장품 업체와 협력해서 이름을 딴 상품을 출시했으며 케이블 채널에서 방영하는 뷰티 프로그램에 고정 패널로 참여했다.

---

2 '영향력을 행사하는 사람'을 뜻하며, 소셜미디어나 인터넷 개인방송에서 수십만 명의 팔로워를 가진 사람을 통칭하는 말이다.

이처럼 인터넷 개인방송 시장의 규모가 커지고 연예인 못지않은 스타 제작자가 나타나면서 이들의 창작 및 수익 활동을 지원하는 일종의 기획사가 등장했다. 다중채널 네트워크(Multi-Channel Network: MCN)는 콘텐츠 기획, 촬영, 유통, 마케팅, 홍보, 광고 영업, 저작권 관리, 시설 및 장비 지원과 같은 다양한 활동을 통해 개인방송 제작자의 창작 활동을 돕는다. 초기에는 개인 창작자를 관리하고 육성하는 비즈니스를 다중채널 네트워크 산업으로 정의했으나, 시장의 성장과 함께 범위가 넓어져 현재는 매니지먼트뿐만 아니라 지적 재산권, 마케팅 및 커머스, 법률 자문 및 해외 진출 관련 활동까지 다중채널 네트워크 산업으로 보고 있다(한국엠씨엔협회, 2020).

해외 유명 미디어 복합 기업은 MCN에 대한 투자나 인수를 통해 산업에 진출하기 시작했다. 월트 디즈니(Walt Disney)는 5억 달러에 메이커 스튜디오스(Maker Studios)를 인수했으며, 드림웍스 애니메이션(Dreamworks Animation)은 어썸니스TV(AwesomenessTV)를 3300만 달러에 인수했었다. 한국에서는 2013년에 CJ E&M이 크리에이터 그룹(Creator Group)이라는 이름으로 국내 최초로 MCN 사업에 뛰어들었고, 그 이후로 트레져헌터(Treasure Hunter), 샌드박스 네트워크(Sandbox Network)와 같이 다양한 MCN이 등장하고 있다. KBS, SBS, JTBC를 비롯한 지상파 방송사들도 스낵 콘텐츠와 웹드라마에 초점을 맞추어 '예띠스튜디오', '모비딕', '스튜디오 룰루랄라' 같은 온라인 유통을 겨냥한 영상 제작부서를 만들었다. 2016년 3월에는 MCN 산업의 발전을 위해 한국엠씨엔협회가 창립되어 60여 개의 회원사가 여기에 참여하고 있다(한국소비자원, 2017).

MCN 사업자의 수익 모델은 다양한 영역으로 확장하고 있다. MCN 사업자의 주요 수익은 계약을 체결한 창작자가 플랫폼으로부터 얻는 수익이나 제품에 대한 홍보를 포함하는 브랜디드 콘텐츠 수익으로부터 나온다. 또한 온라인 동영상 플랫폼에 유료 VOD를 유통하거나 기존 미디어에 IP를 판매하는 사례도 늘어나고 있다. 오프라인에서는 기존 엔터테인먼트 산업처럼 소속 창작자의 스타성과 팬덤을 기반으로 브랜드를 공동 런칭하거나 지상파 프로그램과 협업하거나 행사와 공연을 기획하는 등 다양한 시도를 하고 있다. 주요 MCN 사업자로는 트레져헌터, 다이아TV(Digital Influence & Artist TV: DIA TV), 캐리소프트(CarrieSoft), 샌드박스 네트워크를 꼽을 수 있다.

다이아TV는 2013년 7월 CJ E&M에서 개설한 국내 최초이자 최대 규모의 MCN이다. 초기 이름은 크리에이터 그룹이었으나 2015년에 사명을 다이아TV로 변경했다. 다이아TV는 키즈, 뷰티, 푸드, 음악, 댄스와 같은 다양한 장르의 개인방송 제작자와 파트너십을 맺고 있다. 다이아TV는 2018년 8월에 총구독자 수 2억 명을 돌파했다. 전체적으로 1400여 개 정도인 다이아TV 파트너의 유튜브 채널 중 구독자 10만 명 이상을 보유한 파트너는 363개 채널이며, 이들의 월평균 수익은 약 300만 원 선으로 전업 창작자 활동을 할 수 있는 정도이다. 상위 5%인 70개 채널의 월평균 수익은 1500만 원 정도로 2년 만에 1.7배 증가했다(이정민, 2018). 다이아TV는 사업 확장을 위해 다양한 노력을 기울이고 있다. MCN 산업의 추가 수익 모델을 발굴하고 시청자의 저변을 넓히기 위해 MCN 전문 방송인 '채널 다이아'를 운영하고 있으며, 1인 창작자와 광고주를 이어주는 '에코넥션' 솔루션은 창작자들이 여러 플랫폼에서의 콘텐츠 통계를 확인하고 광고주들은 캠페인을 제안하고 창작자들의 기획안을 확인할 수 있는 시스템을 제공한다.

트레져헌터는 CJ E&M MCN 사업팀 팀장 출신의 송재룡 대표가 세운 MCN 스타트업이다. 송재룡 대표는 2015년 1월 독립하여 트레져헌터를 설립했으며, 2019년 기준 5600명 이상의 크리에이터로부터 7억 5000만 이상의 구독을 기록했고, 유튜브 시청 수는 179억 회 이상에 달한다고 밝히고 있다. 트레져헌터 역시 크리에이터를 기반으로 하여 다양하게 사업 영역을 확장하기 위해 노력하고 있다. 예를 들면, 2015년 2월 업계 최초로 '크리마켓(Cremarket)'이라는 전용 온라인 커머스 서비스를 출시했다. 크리마켓은 트레져헌터 소속 크리에이터들이 본인의 캐릭터를 살려 직접 기획, 제작한 상품을 바탕으로 한 크리에이터 캐릭터 활용 사업이다. 오프라인 행사로 '트레져 아일랜드 페스티벌'도 추진하여 이를 통해 크리에이터와 팬의 관계를 공고히 하고자 노력한다. 또한 한중이 공동으로 제작하는 실시간 아이돌 쇼 〈K.I.S.S.〉를 진행했고, 중국 유쿠(Youku)와 콘텐츠 공급 계약을 체결하여 아시아·글로벌 시장을 공략하고자 노력했다.

캐리소프트는 2014년에 창업한 유튜브 콘텐츠 '캐리와 장난감 친구들'의 제작에서 시작해서 현재는 애니메이션, 라이선싱, 게임, 공연, 키즈카페 등 키즈 관련 산업 전반에서 성장 중이다. 샌드박스 네트워크는 개인방송 창작자 '도티'인 나희선이 창업했으며 현재 100명이 넘는 창작자를 지원하고 있다. 이 외에도 소규모 MCN 사업자가 활약 중이지만 영세한 규모를 벗어나지 못하는 실정이다. 대형 MCN 사업자의 경우에도 설립한 지 오랜 시간이 지났으나 적절한 수익을 내지 못한다는 우려에 직면해 있다. MCN 사업자의 등장은 인터넷 개인방송 시장의 확대를 보여주는 하나의 증거이지만 과연 지속 가능한 성장성을 가지고 있는지 지켜볼 필요가 있을 것이다.

3) 요약

인터넷 개인방송은 산업적으로 점차 성장하고 있다. 인터넷 개인방송 시장에 참여하는 행위자는 크게 창작자, 시청자, 플랫폼, MCN 사업자로 나누어볼 수 있다. 인터넷 개인방송 플랫폼은 창작자와 시청자를 연결해 주는 양면 시

〈표 1-2〉 인터넷 개인방송 시장의 주요 행위자

주요 행위자		내용
창작자		- 인터넷 개인방송 콘텐츠를 창작하는 개인 혹은 집단
시청자		- 실시간 혹은 비실시간 형태로 인터넷 개인방송 콘텐츠를 시청
플랫폼	아프리카TV	- 국내 최대 인터넷 개인방송 플랫폼 - 플랫폼 내 아이템 판매가 매출의 80% 이상 차지
	유튜브	- 세계 최대 동영상 플랫폼 - 실시간 중계를 위한 다양한 기능 도입
	트위치	- 미국 내 라이브 스트리밍 트래픽 1위 플랫폼 - 게임 중심 콘텐츠 구성
MCN 사업자	다이아TV	- CJ E&M에서 개설한 국내 최초이자 최대 규모의 MCN
	트레져헌터	- CJ E&M MCN 사업팀 출신의 송재룡 대표가 설립
	캐리소프트	- 〈캐리와 장난감 친구들〉이라는 키즈 콘텐츠에서 시작
	샌드박스 네트워크	- 개인방송 창작자 '도티' 나희선이 창업

장으로, 시청자에게 광고와 아이템을 판매하여 이를 통해 발생한 수익을 창작자와 공유하는 형태를 가진다. 다양한 동영상 플랫폼이 있지만 인터넷 개인방송이라는 특성에 초점을 맞추었을 때 아프리카TV, 유튜브, 트위치를 주요한 플랫폼으로 고려할 수 있다. 산업 규모가 성장함에 따라 창작자를 관리해 주고 지원하는 MCN이 생겨나기도 했다. MCN은 벤처캐피털(Venture Capital: VC) 투자가 이어지며 유망 산업으로 주목받기도 했으나, 아직까지 수익성에 있어 의문이 제기되고 있다.

4. 미디어 산업 생태계

1) 산업적 영향력

인터넷 개인방송은 미디어 산업 생태계에 다양한 영향을 주었다. 콘텐츠를

〈표 1-3〉 방송 영상 산업 사업체당·종사자당 방송 사업 평균 매출액 현황(2018)

구분		사업체(개)	종사자(명)	매출액(100만 원)	업체당 평균 매출액(100만 원)	1인당 평균 매출액(100만 원)
지상파 방송	지상파 방송 사업자	51	14,392	3,796,479	74,441	264
	지상파 이동 멀티미디어 방송 사업자	19	61	10,393	3,464	170
	소계	70	14,453	3,806,872	77,905	434
유선방송	종합 유선방송 사업자	93	4,563	2,089,809	22,471	458
	중계 유선방송 사업자	39	94	1,786	46	19
	소계	132	4,657	2,091,595	22,517	477
위성방송	일반 위성방송 사업자	1	361	555,125	555,125	1538
	소계	1	361	555,125	555,125	1,538
방송 채널 사용 사업	방송 채널 사용 사업자	172	17,062	6,840,197	42,486	401
인터넷 영상물 제공업	인터넷 프로토콜 TV(IPTV)	3	755	3,435,828	1,145,276	4,551
	IPTV 콘텐츠 제공 사업자(CP)	42	-	576,058	13,716	-
	소계	45	755	4,011,886	1,158,992	4,551
방송 영상물 제작업	방송 영상 독립 제작사	728	12,998	2,456,536	3,374	189
전체		1,148	50,286	19,762,210	1,860,399	7,600

자료: 문화체육관광부(2020).

누구나 생산할 수 있는 환경을 만들었고, 콘텐츠가 사람들에게 전달되는 방식도 바꾸어놓았다. 인터넷 개인방송에서 시작된 콘텐츠 장르는 지상파·케이블 텔레비전의 문법에도 영향을 미치고 있다. 또한 이처럼 성장하는 산업으로 인해 발생하는 문제점에 대한 규제 논의도 많다. 하지만 우리가 인터넷 개인방송을 인터넷 프로토콜을 통한 콘텐츠 전송에서 '개인방송'이라는 용어에 초점을 맞추는 것으로 한정한다면 인터넷 개인방송의 영향력은 전체 미디어 산업에서 제한적이다. 개별 진행자가 수십억 원의 연봉을 번다는 기사를 보며 인터넷 개인방송 시장으로 인해 미디어 산업의 지형이 바뀔 것이라고 이야기하는 사람도 있으나 지나치게 과장된 시각으로 볼 수 있다.

방송 영상 산업의 지형을 살펴보면 〈표 1-3〉과 같다. 지상파 방송 분야 전체 사업체 수는 70개, 종사자 수는 1만 4453명, 총매출액은 약 3조 8069억 원이다. 유선방송 분야 전체 사업체 수는 132개, 종사자 수는 4657명, 총매출액은 약 2조 916억 원이었다. 위성방송 분야는 1개사로 종사자 수는 361명, 총매출액은 약 5551억 원이었다. 방송 채널 사용 사업자는 172개이며 겸업 사업체 11개사를 제외한 경우 사업체 수는 161개이다. 방송 채널 사용 사업자의 방송사업 총매출액은 약 6조 8402억 원을 기록했으며, 161개사의 총매출액은 약 425억 원이었다. 인터넷 영상물 제공업은 IPTV 3개사를 포함하여 총 45개였으며, 종사자 수는 IPTV 3개사만을 기준으로 보았을 때 755명이었고, 총매출액은 약 4조 119억 원이었다. 마지막으로 방송 영상 독립 제작사의 사업체 수는 728개, 종사자 수는 1만 2998명, 총매출액은 약 2조 4565억 원이다. 즉, 사업체와 종사자 숫자에서부터 매출액에 이르기까지 전체 방송사업 규모는 인터넷 개인방송에 비해 훨씬 크다.

인터넷 개인방송의 경계를 어디까지 정하는지에 따라 달라질 수 있으나 국내 아프리카TV의 경우 2018년 매출은 1226억 원이며, 2019년은 전년 대비 32.6% 성장한 1679억 원을 기록했다. 2018년 매출액을 기준으로 전체 방송산업과 비교했을 때 아프리카TV의 매출은 1%에도 미치지 못한다. 인터넷 개인방송으로 인해 큰 변화가 발생할 것이라는 주장에는 유튜브와 같은 동영상 플랫폼을 인터넷 개인방송 플랫폼만으로 한정하여 생각하기 때문에 발생한다. 유튜브는 해외 사업자로 정확한 국내 매출이 알려져 있지는 않으나, 2020년 2월 발표한 실적에 따르면 전체 매출은 35조 7300억 원이다. 트위치의 경우도 해외 사업자로 매출 규모를 정확하게 추산하기 어렵지만 2019년 광고 수익 총액은 1조 7000억이다.

MCN 사업자의 경우 매출액은 증가하는 추세를 보이고 있으나 여전히 영업이익을 내지 못하는 상황이다. 공시 대상에 속하는 대표 MCN 사업자를 살펴보면 트레져헌터는 2018년 119억 원에서 2019년 145억 원으로 전년 대비

〈표 1-4〉 국내 주요 MCN 기업의 매출액과 영업이익(단위: 억 원)

	매출		영업이익	
	2018	2019	2018	2019
트레져헌터	119	145	-20	-27
샌드박스 네트워크	282	608	-23	-78
캐리소프트	99	97	-4	-17

21% 성장했다. 하지만 영업손실 역시 20억 원에서 27억 원으로 증가했다. 샌드박스 네트워크는 2019년 608억 원의 매출을 기록하여 전년 282억 원 대비 116% 성장했다. 그럼에도 불구하고 영업손실 역시 2018년 23억 원에서 2019년 78억 원으로 242% 증가했다. 캐리소프트의 작년 연결 기준 매출액은 97억 원으로 전년 99억 원 대비 2%가량 줄었다. 영업손실도 17억 원으로 전년 4억 원 대비 크게 증가했다. MCN 중 레페리(Leferi)와 같이 2019년 165억 원의 매출을 기록하고 6억 원의 당기순이익을 기록한 사례도 있으나, 뷰티라는 분야에서 인플루언서를 기반으로 다양한 마케팅을 하는 MCN의 특성상 예외적이라고 볼 수 있다.

미국 내 1위 MCN 사업자였던 메이커 스튜디오스 역시 쇠락의 길을 걷고 있다. 디즈니에 인수된 이후 기대 이하의 성과를 올렸고, 370만 달러의 매출 중 실제 기업 이익으로 남는 부분은 매우 적었다. 또한 유명 크리에이터 영입으로 수천억 달러의 계약금이 발생하면서 실질적인 기업 이익은 마이너스에서 벗어나지 못해 사업 규모가 부서 수준으로 축소되었다(이세연, 2020).

이런 상황에서 인터넷 개인방송을 넘어 실질적인 수익과 연결될 수 있는 구조를 만들어야 하지만 2020년 8월 발생한 미공지 광고 논란은 인터넷 개인방송의 성장에 찬물을 끼얹으며 도전에 직면하게 만들었다. 단순히 새로운 산업으로의 가능성을 넘어, 산업 성장을 위한 고민이 필요한 시기다.

2) 사회문화적 영향력과 규제

실시간으로 중계되는 인터넷 개인방송에서는 진행자가 하는 욕설도 이용자들에게 가감 없이 전달된다. 단순한 욕설뿐만 아니라 사회적 약자와 특정 성별·인종·지역·직업을 대상으로 하는 혐오 발언도 끊이지 않고 있다. 또한 인터넷 개인방송으로 유통되는 음란물, 불법 촬영물, 불법 도박 사례 등 「정보통신망법」에서 규정하는 청소년 유해 정보 및 타 현행법을 위반하는 콘텐츠에 대한 신고도 점점 늘고 있다. 저작권 침해 역시 개인방송을 둘러싼 논란의 한 축이다. 초기에는 개인방송 진행자가 지상파 방송을 재송출하여 이용자와 함께 시청하는 콘텐츠가 문제가 되었으나, 요즘은 저작권자의 허가를 받지 않고 2차 저작물을 통해서 금전적인 이익을 얻고 있어 논란이 되기도 한다.

인터넷 개인방송은 법적으로 「방송법」의 적용을 받는 '방송'의 범주에 포함되지 않는다. 따라서 개인방송 사업자는 「방송법」상 방송 사업자에게 부여되는 각종 법적 규제, 즉 공적 책임, 진입 규제, 사업자 자격 제한, 방송 심의 의무, 등급 분류 의무, 방송 보존 의무 등을 부담하고 있지 않다(이향선, 2016). 인터넷 개인방송은 법적으로 「전기통신사업법」상 전기 통신 역무를 제공하는 부가통신사업자[3]로서의 지위를 가진다. 다만 인터넷 개인방송의 내용에 대해서는 자율규제를 기본으로 하되 불법 정보, 청소년 유해물의 경우 각각 「정보통신망 이용촉진 및 정보보호 등에 관한 법률」과 「아동·청소년의 보호에 관한 법률」에 따라 일정 정도의 규제를 받고 있다. 우리나라는 인터넷상에서 유통되는 정보 등에 대한 행정 규제가 가능하도록 법적 근거를 마련해 두고 있는데, 인터넷 개인방송도 이 틀 안에서 법적 적용을 받는 것이다.

---

3 인터넷 서비스 사업자는 기간통신사업자의 설비를 이용하여 전기 통신 역무 외에 부가가치가 향상된 통신 역무를 행하는 사업자로서 '부가통신사업자'에 해당된다.

현재는 플랫폼 사업자의 자율규제에 많은 부분을 의존하고 있는 상황임에도 「통합방송법」 개정안에서 1인 미디어는 원칙적으로 제외됐다. 하지만 인터넷 개인방송이라 하더라도 유료 방송 사업자에 콘텐츠를 판매, 공급할 경우 인터넷 방송 콘텐츠 사업자로 지위가 바뀐다. 인터넷 개인방송이 표현의 자유를 보장받으며 창의적 콘텐츠를 양산하는 장이 되는 과정에서 발생하게 되는 사회적 역기능을 초래할 불법 유해 콘텐츠를 막는 방안에 대한 논의가 지속되어야 할 것이다.

5. 마치며

전통적인 영상매체를 통해 제한된 콘텐츠만을 소비하던 수용자는 이제 스스로 콘텐츠를 만들어 배포하는 생산자가 되었고, 동시에 어느 때보다도 다양한 형식과 내용의 콘텐츠를 소비하고 있다. 대표적인 글로벌 동영상 플랫폼에서 인터넷 개인방송을 하는 유명 유튜버나 국내 아프리카TV 유명 비제이들의 지명도는 연예인 수준이다. 인터넷 개인방송 진행자들은 유료 아이템 수입과 광고 수익으로 억대 연봉을 기록하고, 이러한 유명세를 바탕으로 기존 방송에 출연하고 광고 모델로도 등장했다. 인터넷 개인방송으로 새로운 스타들이 출현하면서 이러한 개인방송 창작자들을 모아서 관리하며 콘텐츠의 기획과 제작, 홍보, 배급, 저작권 관리와 수익 창출을 지원하는 MCN 사업도 생겨났다. 인터넷 개인방송은 하나의 새로운 트렌드를 넘어 산업으로 성장하고 있다.

인터넷 개인방송 시장이 더욱 크게 성장할 것이라는 예상도 있다. 하지만 주요 플랫폼 사업자와 MCN 사업자를 살펴보면 지나치게 낙관적인 미래를 그리고 있다고 볼 수 있다. 플랫폼 사업자의 수익은 지속적으로 성장하고 있으나, 국내 플랫폼의 수익은 아직 전통 미디어 산업과 비교했을 때 상대적으로 적은 수준이다. 해외 플랫폼은 전 세계를 대상으로 하기에 정확한 수익 비교는 어렵지만 그들이 매출액이 순수하게 인터넷 개인방송이라는 시장에서만 발생하는 수익으로 볼 수는 없다. MCN 사업자는 여전히 흑자 구조로 전환하지 못하고 있다. 또한 초반에는 콘텐츠 제작에 필요한 모든 과정을 순수하게 개인이 담당했으나, 인터넷 개인방송 콘텐츠도 산업이 성장함에 따라 각 업무가 분화되는 과정을 거치고 있다. 기존 콘텐츠 제작자도 온라인 콘텐츠 유통을 시도하며 개별 콘텐츠 제작이 점차 대형화되고 비용 구조가 높아지고 있기 때문이다.

많은 사람이 인터넷 개인방송을 통해 성공한 사람들의 이야기에 이끌려 개인방송을 시작하지만, 수십억 원을 버는 사람들의 이야기는 매우 예외적이고 점차 치열해진 경쟁으로 인해 개인이 수익을 내기는 어려운 구조로 변해가고 있다. 그럼에도 인터넷 개인방송의 가능성을 높게 평가해 볼 수 있다면 그 근거는 시청자의 미디어 이용 방식의 변화에서 비롯된다. 점차 전통 미디어 채널을 시청하는 사람들은 줄어들고 있는 반면에 모바일 기기를 통해 온라인 콘텐츠를 소비하는 사람은 증가하고 있다. 상호작용에 기반한 미디어의 특성은 각각의 개성 있는 진행자와 시청자 사이에 깊은 유대감을 가질 수 있는 공간을 제공한다. 인터넷 개인방송 채널이 전통 미디어와 다른 광고 채널로 주목받는 이유가 여기에 있다.

인터넷 개인방송은 산업적으로 조금씩 성장하고 있고, 이 공간을 통해 발생한 사회문화적 변화는 전통 미디어의 문법에도 영향을 미치고 있다. 전통 미디어가 정보를 생산하고 유통하는 방식에 이르기까지 인터넷 개인방송이 가져온 변화는 적지 않다. 인터넷 개인방송은 소수의 스타만이 승리할 수 있는 영역이지만, 누구에게든 개방되어 있다는 점은 언제든 새로운 스타의 출현이 가능한 시장임을 증명한다. 하지만 아직까지 불안정한 산업구조와 점차 치열해지는 경쟁은 인터넷 개인방송이 가지고 있는 가능성과 한계점을 고민해 볼 필요가 있음을 시사한다.

▸ 참고문헌

정재민·김영주·송해엽·유은. 2018. 「인터넷 개인방송 규제 방안 연구」. KAIST-D'LIVE 연구보고서.

문화체육관광부. 2020. 「2019 콘텐츠산업통계조사」.

아프리카TV. 2020. "아프리카TV 투자정보." https://corp.afreecatv.com/ir.php

유은·송해엽·정재민·김영주. 2019. 「인터넷 개인방송의 영향력에 대한 인식과 규제 지지 평가: 이용자와 비이용자의 차이 비교」. ≪한국방송학보≫, 33권 3호, 108~140쪽.

이세연. 2020. "MCN 산업, 수익 없는 '빛 좋은 개살구' 될라." ≪국민일보≫, http://news.kmib.co.kr/article/view.asp?arcid=0014695908&code=61141411&cp=nv

이정민. 2018.9.11. "다이아 TV "월수익 300만원 이상 채널이 363개"." ≪조선비즈≫, http://biz.chosun.com/site/data/html_dir/2018/09/11/2018091101617.html

이해리. 2018.3.9. "[커버스토리 | 송은이①] 설 자리 스스로 만든 '신나는 반란'." ≪동아일보≫. https://www.donga.com/news/Entertainment/article/all/20180308/89018595/4

이향선. 2016. 「유사 방송 콘텐츠 규제 개선방안 연구」. 방송통신심의위원회.

한국엠씨엔협회. 2020. "KMCNA소개." http://kmcna.or.kr/v2/about3.html

한국소비자원. 2017. 「신유형 1인 미디어 콘텐츠 소비 실태조사: 인터넷 개인방송을 중심으로」. 시장조사국 거래조사팀.

ITSTAT. 2020.2. "스마트폰가입자." http://www.itstat.go.kr/m/stat.it?no=1149(검색일: 2020.8.10).

Berners Lee, T. 2009. "The next web." https://www.ted.com/talks/tim_berners_lee_the_next_web(검색일: 2020.8.10).

Eadicicco, L. 2014. "10 Facts About Twitch, The Company That Amazon Is Buying, That Will Blow Your Mind." https://www.businessinsider.com/statistics-about-twitch-2014-8(검색일: 2020.8.10).

Iqbal, M. 2020. "Twitch Revenue and Usage Statistics." https://www.businessofapps.com/data/twitch-statistics

Licklider, J. C. and R. W. Taylor. 1968. "The computer as a communication device." *Science and Technology, 76(2),* pp.1~3.

NewsWhip. 2016.4.6. "What Facebook's New Live Video Features Mean for Publishers." https://www.newswhip.com/2016/04/what-facebook-live-video-means-for-publishers/#ot3kOr2iS8eoxmlO.97(검색일: 2020.8.10).

Poushter, J., C. Bishop and H. Chwe. 2018. "Across 39 countries, three-quarters say they use the internet." https://www.pewresearch.org/global/2018/06/19/across-39-countries-three-quarters-say-they-use-the-internet/

YouTube. 2020. "보도자료." https://www.youtube.com/intl/ko/yt/about/press/

제2장

불가능한 것의 가능성

| 한선(호남대학교)

이룰 수 없는 꿈을 꾸고 이길 수 없는 적과 싸우며

이룰 수 없는 사랑을 하고 견딜 수 없는 고통을 견디며

잡을 수 없는 저 하늘의 별을 잡자.

불가능한 것을 손에 얻으려면 불가능한 것을 해야 한다.

지금보다 더 나은 세상을 꿈꾸어야 하오.

꿈꾸는 자와 꿈꾸지 않는 자, 도대체 누가 미친 거요?

— 미겔 데 세르반테스(Miguel de Cervantes), 『돈키호테(Don Quixote)』

거대한 파고에 침몰하지 않을 묘책은 없다. 휘몰아치는 변화를 숨 가쁘게 뒤쫓으며 거친 숨을 가다듬을 틈도 없이 더 큰 파고를 피해 달아나야 하는 상황. 페이스북에서 유튜브와 넷플릭스(Netflix)로, 그다음은 또 무엇이 될지 알 수 없는 플랫폼 제국의 파상 공세에 맞서 지역지상파 방송의 운명은 문자 그대로 백척간두다. 이 때문에 지역지상파 방송의 미래 전략을 도모하는 작업은 불가능한 것의 가능성을 모색하는 작업으로 비유된다. 어떤 이는 가늠하기 어려운 변화에 일찌감치 체념했고, 어떤 이는 마음을 다잡아 신발 끈을 묶어보지

만 다시 주저앉기를 반복한다. 그럼에도 불구하고 불가능한 것을 꿈꾸는 자만 이 살아남는다.

2019년 말 MBC 노조가 발표한 성명에 따르면 임직원이 1700명이나 되는 지상파 MBC의 하루 광고 매출액(1억 4000만 원)이 유튜브에서 활동하는 여섯 살 인기 크리에이터 이보람 양의 〈보람TV〉 매출과 비슷했다. 유튜브가 아동용 동영상에 맞춤형 광고를 금지하면서 상황이 달라졌지만, 이 성명은 지상파가 맞닥뜨린 생존적 위기를 단적으로 보여주기에 충분했다.

극적인 비교가 아니더라도 시청률 추이, 광고 매출, 미디어 이용 시간 변화 등 2000년대 이후 지상파 방송의 위기를 보여주는 통계 지표는 도처에서 어렵지 않게 확인된다. 일상생활에서 가장 필수적인 매체가 무엇이냐는 질문에 2015년 이후 이미 스마트폰이 텔레비전을 앞지른 상태고, 유튜브는 20~30대 젊은 층이 주로 이용하는 플랫폼이라는 말도 옛말이 됐다(방송통신위원회, 2020). 또 2018년 디지털 광고비가 방송 광고비를 추월한 이래 유튜브는 재미와 오락을 넘어 뉴스 콘텐츠 소비에서도 지상파를 위협하고 있다. 완만하게 벌어지던 지상파와 플랫폼 제국 간의 격차도 2010년대 이후 더욱 커지는 양상이다. 이대로라면 향후 유튜브나 넷플릭스 같은 거대 플랫폼에 프로그램을 제공하는 콘텐츠 회사로 전향하는 것이 지상파 방송의 생존 전략이라는 전망까지 나온다. 보편적 시청을 토대로 헤게모니를 장악했던 시대는 지나가 버렸다는 것이다(정덕현, 2019).

지역지상파 방송이 처한 현실은 이보다 조금 더 암울하다. 시청률 하락과 광고 수익의 감소, 미디어 테크놀로지의 발달로 배타적으로 보호받던 방송 권역의 와해 및 중앙과 지역 사이의 오래된 차별정책, 전 연령층으로 확산되는 시청자들의 외면과 가파른 경영수지 악화, 그리고 전문가를 비롯해 시민사회와 정치권 등 어디서도 적극적으로 나서지 않는 무관심이 지역지상파가 처한

외적 현실이다. 내부적으로는 인터넷 등장 이후 쌓인 오랜 학습 효과 탓에 위기에 둔감해져 가고, 조직에 긴장과 변화를 수혈해 줄 신규 인력 충원은 여의치 않아 비대하고 경직된 외피만이 남은 상태다.

그러나 (지역)지상파 방송은 시장의 작동 원리에만 맡겨둘 수 없는 공공재적 가치를 담당하고 있다. 또 미디어 테크놀로지의 발달로 당위적 명분이 줄어든다 할지라도 지역성은 지역방송이 구현해야 할 불변의 핵심 가치다. 무엇보다 지역방송에 종사하는 생산자들 대다수가 답안 없는 문제지를 손에 든 심정으로 변화하는 환경에서 지역지상파의 정체성과 역할을 고민하고 있다.

그럼에도 급변하는 미디어 환경과 방송 산업의 미래 관계를 설정하는 담론에서 지역지상파 방송에 관한 논의는 전면에 부상하지 못하고 있다. 또 논의 지형이 주로 거시적 측면에서 방송 산업 전반의 생태계 변화에 주목하다 보니 방송사 내부에서 변화를 경험하는 생산자들에 대한 관심도 상대적으로 부족했다.

따라서 이 장에서는 지역지상파에 종사하는 생산자(기자, 피디, 작가)를 중심으로 지역방송이 유튜브 등 각종 모바일 플랫폼을 어떻게 경험하고 변화에 조응하는지 탐색하려고 한다. 특히 지역방송의 존립 근거로 여겨졌던 지역주의에 집중하여 변화 가능성을 모색해 보고자 한다. 그것이 지역방송의 생존 이유를 끊임없이 자문하고 콘텐츠 변화를 도모하며 지상파 방송에서 시도 가능한 플랫폼 전략을 탐색함으로써 '불가능한 것의 가능성'에 도전하는 지역방송 생산자들의 여정에 동참하는 길이기 때문이다.

1. 지역지상파 생산자들의 디지털 플랫폼 대응

1) 계륵일까, 미운 오리 새끼일까?

인터넷 도입 등 동영상 콘텐츠를 시청할 수 있는 플랫폼이 다양해지면서 지역지상파는 다각도로 변화를 시도해 왔다. 2000년대 초반에는 '머리로는 변화가 필요하다고 느끼지만 실제 몸으로는 받아들이지 못하는' 소극적 자세를 취했다면 2010년 이후부터는 제작비 삭감과 프로그램 폐지 등 이른바 디지털 충격(이건혁 외, 2020)이 방송사 안팎으로 확산되면서 체질 개선의 움직임이 빨라지고 있다.

그러나 오랜 기간 관습적으로 형성된 뉴스룸과 편집국의 제작 관행을 단숨에 바꾸기는 쉽지 않다. 또 산업계 전체의 통계 수치상으로는 디지털 광고 매출이 지상파 광고 매출을 역전한 상태지만 개별 방송사의 수익 구조 측면에서는 방송광고의 비중이 여전히 막강하다는 사실도 조직문화를 더디게 변화시키는 요인이다. 방송사 한 곳이 1년 동안 벌어들이는 전체 광고 매출에서 방송광고가 차지하는 비중이 디지털 광고와 비교할 수 없을 정도로 큰 것이다.

「방송법」에 따라 매년 방송사가 공표하게 되어 있는 재무재표에 방송광고 매출과 디지털 광고 매출이 구분되지 않아 정확한 통계수치를 제시하기 어렵지만, 지역지상파 방송에 종사하는 응답자에 따르면 개별 방송사의 광고 매출 구성에서 디지털 광고가 차지하는 비중은 전체 광고 매출의 10분의 1을 넘지 않는다. 디지털과 모바일이 거스를 수 없는 대세로 자리 잡았다고 할지라도 개별 방송사에 국한해 보면 가장 중요한 수익원은 방송광고라는 것이다. 이로 인해 지역지상파 방송에서 디지털 플랫폼은 '계륵'과 같은 존재로 여겨진다.

또 2000년대부터 포털을 필두로 페이스북에서 유튜브, 넷플릭스 등 대세 플랫폼이 지속적으로 변화해 온 것도 지상파 방송 종사자들이 디지털 친화적인 제작 환경을 일정한 포맷으로 정착시키기 어렵게 만드는 요인이다. 모바일 플랫폼이라 할지라도 종류에 따라 각각 제작 노하우, 노출 및 확산 방법이 상이해 하나의 정형화된 조직문화를 형성하기 어렵다는 것이다.

> D: 얼마 전까지 우리 회사는 페이스북에 집중했는데 지금은 다 유튜브로 바뀌었죠. 페이스북은 좀 더 폐쇄적이어서 지역성 강한 것이 먹히고, 유튜브는 말 그대로 뭐가 터질지 알 수 없는 플랫폼이에요.[1]

> A: 초창기 후발주자로 어떤 것이 가장 적합한 콘텐츠인지, 포맷은 어떤 것인지 정말 고민 많이 했어요. 흔히 생각하기로 방송사는 기자, 피디, 작가, 엔지니어 이렇게 다 구분돼 있고 유튜브는 이걸 혼자서 다 하는 것처럼 생각하잖아요. 근데 해보면 유튜버도 결국 작가 필요하다, 편집 필요하다, 이렇게 되더라고요. 유명 유튜버들도 혼자서 다 하지는 않아요. 그럼 결국 방송이랑 비슷한 시스템을 갖춰놓고 기자나 피디들한테 유튜브용 콘텐츠 만들어주라고 하는 게 맞는 얘기인데. 다들 각자 원래 하는 게 있잖아요. …… 더구나 같은 아이템이라도 방송이랑 유튜브는 다루는 방식이 완전히 다르단 말이에요. …… 가장 바람직하게는 유튜브용 콘텐츠 제작부서가 편성국 보도국과 같은 위상으로 별도로 있는 것이 맞는 거 같아요.

또 페이스북이나 카카오페이지 등 소셜 네트워크 기반 페이지에 올리는 콘텐츠는 플랫폼 특성상 태생적으로 휘발성을 지닌다. 하루가 멀다 하고 바뀌는

---

1 이 글을 위해 광주 지역 지상파 방송에 종사하는 생산자(기자, 피디, 작가)를 대상으로 심층 인터뷰를 진행했다.

소셜 네트워크 페이지의 알고리즘 변화에 맞춰 언제까지 '좋아요' 개수와 구독자를 늘리기 위해 '밑 빠진 독에 물 붓기'를 계속해야 하는지 고민이 깊어질 수밖에 없다는 것이다(이주형, 2019).

그 결과 현재 지역지상파 방송이 뉴미디어 관련 조직을 구성하는 방식은 지상파 방송의 보완재적 차원을 벗어나지 못하고 있다. 외형적으로는 KBS 18개 지역국과 MBC 16개 계열사, 지역 민영방송 9개사 등 지역지상파 방송이 모두 한 개 이상의 유튜브 채널을 보유하고 있다.[2] 통상 뉴미디어(스마트 미디어)추진단 등의 이름으로 보도국이나 편성국과 별도의 조직에서 기자나 피디 1~2인이 크리에이터, 작가 등 비정규직과 팀을 이루어 유튜브 관련 콘텐츠를 소화하는 방식을 취하고 있다.

그러나 어디까지나 보조적인 조직으로 인식된다. 지역방송 종사자에게 유튜브 관련 일은 본업 이외의 가욋일이나 방송으로 내보냈던 프로그램의 유통 창구를 다양화하는 방법 정도로 인식되고 있다는 것이다. VOD 서비스 차원에서 포털에 프로그램 파일을 올리던 초창기보다야 적극적인 자세로 바뀌었지만 여전히 방송 프로그램의 창구 확산 전략의 일환으로 받아들여지는 셈이다. 학계의 연구 경향도 크게 다르지 않다. 전문가들의 조언은 대부분 지역방송이 추구해야 할 경영수익 다각화 전략의 일환으로 디지털 플랫폼을 접근하고 있다. '취미와 봉사 삼아 틈틈이 방송으로 나갔던 프로그램을 올리는 개인 계정'이었던 것에서 '유튜브 전용 콘텐츠를 만들어야 한다'는 생각으로 바뀐 정도가 지역지상파 종사자들의 일반적인 인식 수준인 셈이다.

---

2 최승영(2019)이 2019년 5월 13일에 조사한 자료에 따르면 KBS 여섯 개 지역총국이 유튜브 채널을 개설하지 않았다. 그러나 2020년 8월 현재 KBS의 아홉 개 지역총국 모두 유튜브 채널을 개설한 상태다.

D: 예전에는 사실 그랬어요. 초창기에는 지상파에 있는 내용을 가져와서 작업한 다음 올려주는 역할로 생각했죠. 그래서 피디들 사이에서도 좀 귀찮은 일을 대신 해주는 부서 이런 느낌이었어요. 근데 지금은 역으로 방송 나갔던 것을 유튜브 쪽에 잘 넣어주라고 해요.

일부 지역방송사가 눈길을 끌 만한 유튜브 채널 개설 효과를 보이고 있지만 방송 조직 전체를 변화시킬 만한 성과나 자극제로 이어지지는 못하고 있다는 것이다. 물론 지역지상파가 디지털 플랫폼에 적극적으로 대응하지 않는 것은 아니다. 불가피한 여건 때문이든 아니든 모두 유튜브에서 새로운 돌파구를 모색하는 실험을 다양하게 진행 중이다. 일부에서는 보도국 중심의 뉴스·시사보도 부문만 남기고 편성국에서 진행하던 교양·예능 영역은 과감하게 유튜브 플랫폼으로 전환하는 것을 시험해 보는 경우도 있다.

D: 어차피 지금 지역지상파는 자기 자본으로 뭘 할 수 있는 상황이 아니거든요. 광고 시장이 너무 안 좋고……. 우리 회사는 편성국 프로그램이 많이 줄어들었죠. 어디서 지원받아서 하는 거 말고는 편성 예산이 거의 없어진 건데.

인용문의 응답자가 전해준 사례는 유튜브 전용 콘텐츠를 기획해 다섯 편의 시리즈로 업로드한 뒤 한 시간짜리 방송용으로 재가공하는 것을 염두에 두고 진행하는 프로젝트다. 이른바 원 소스 멀티유스(One Source Multi Use: OSMU) 전략의 일환으로 프로젝트를 운영하는 것인데, 과거에는 방송으로 나갔던 프로그램을 재가공해 유튜브에 업로드했다면 이번에는 순서를 바꾸어 유튜브용 콘텐츠를 먼저 만들고 이를 방송용으로 재가공하는 방식으로 진행하고 있다. 특히 이번 사례는 결과에 따라 편성국의 역할과 기능을 전면 재검토할 수 있는 시금석 같은 프로젝트이기도 하다.

팀을 이끄는 생산자는 지역지상파의 미래 비전을 디지털 플랫폼에서 찾을 만큼 새로운 미디어 환경에 호의적인 태도를 보이고 있다. 그는 유튜브와 지상파 방송을 전기자동차와 내연자동차에 비교했는데 유튜브는 방송 프로그램 제작 예산의 절반 이하를 투자해도 될 만큼 효율성이 높기 때문이다. 또 프로그램 기획에서부터 결과물의 반응을 살피기까지의 의사결정 과정이 유연하고 간편해 새로운 시도를 도전해 보기에 적합하다. 방송은 덩치도 크고 최종 의사결정에 이르기까지 거쳐야 하는 단계도 많은 데다 한국방송광고공사(KOBACO)랑 연계돼 광고 수주도 마음대로 할 수 없지만 유튜브는 표현의 수위에서부터 수익 결산에 이르기까지 모든 과정이 마치 전기자동차가 동력을 전달하는 것처럼 직접적으로 진행된다는 것이다.

그러나 방송과 디지털 플랫폼은 바둑과 체스만큼이나 다르다는 것이 지역방송 내부자들의 일반적인 반응이었다. 최종 결과물이 동영상 형태라는 것이 얼핏 비슷해 보일 뿐 생산(제작 방식, 조직문화) - 유통(확산과 공유 방식) - 소비(이용 패턴, 이용 동기) 등 전 영역에 걸쳐 방송과 유튜브는 매우 다른 특성과 지향성을 보인다. 자연스럽게 관련 일을 수행하는 사람들의 정체성과 인식 체계, 업무 스타일이 구성되고 정형화되는 조직문화에서도 큰 차이가 만들어진다.

2) 바둑 vs 체스

바둑과 체스의 차이. 방송과 유튜브가 콘텐츠를 생산하는 방식은 세부 영역으로 좁혀 들어가면 완전히 별개의 작업이라고 보일 만큼 차이가 확연해진다. 완성된 콘텐츠가 비슷해 보일 뿐 아이템에 접근하는 방식부터 촬영, 편집, 자막에 이르기까지 아이템을 소화하는 방식이 완전히 다른 차원에서 진행된다는 것이다.

B: 방송은 일단 편성 개념이 필요하죠. 정규방송으로 편성되면 그게 20분짜리로 출발했다면, 반드시 20분, 50분짜리로 출발했다 하면 반드시 50분 이렇게 가야 하지만 유튜브는 편성에 대한 부담이 없어요. …… 아이템마다 짧게는 3, 4분에서 길게는 한 10분. 그때그때 달라요. 방송은 그러면 방송 사고죠. …… 또 편집에 대한 부담이 유튜브는 확실히 덜해요. 지상파라고 하면 편집이 매우 디테일한데 유튜브는 호흡이 빠른 대신에 편집에 공들일 필요가 없어요. 풀숏 다음에 웨스트 나오고 바스트 나오고 그다음 타이트 나오고 뭐 이런 영상문법이 필요가 없는 거죠. 그래서 막 붙이고, 자막 때려 박고 해도 되죠. 그래서 제 결론은 뭐가 먹힐지 진짜 감이 안 온다는.

그의 증언대로 유튜브와 방송은 아이템을 다루는 영상문법이 완전히 다르다. 촬영 장비에서부터 생산자별 작업 비중이나 역할에 이르기까지 상당히 다른 작업 방식을 요구하는 것이다.

17년가량 방송작가로 일했던 생산자도 같은 맥락의 이야기를 들려주었다. 유튜브와 방송의 차이는 방송작가라는 직업군이 사라질지도 모를 만큼 크다. 왜냐하면 과거 방송 프로그램은 기획에서부터 자막이 마무리될 때까지 작가의 손길이 미치지 않는 곳이 없다. 반면 유튜브는 기획 단계를 거치면 작가가 관여할 일이 별로 없어진다. 방송에서는 기획서 쓰고, 큐시트 작성한 뒤 촬영 테이프(파일)를 보면서 거기에 맞는 대본을 작성하는 마무리 단계까지 매 과정에 작가의 손길이 필요하다. 굳이 따지면 기획과 촬영 부분보다 마지막 대본 쓰는 단계가 방송작가의 역할이 더 중요해지는 순간이다. 그러나 유튜브는 기획하는 콘셉트 단계에서 편집 호흡과 톤이 결정되고 나면 그 이후에는 작가가

할 일이 없어진다. 유튜브는 사실상 원고가 없기 때문이다. 촬영 화면에 맞춰 정교하게 구성된 자막이나 일정한 흐름을 가진 시나리오 대본이 필요 없다는 것이다.

C: 방송은 원고 쓰는 작업을 하니까 마지막이 가장 중요하고, 그것이 시청자들한테 보이는 부분이거든요. 그래서 공을 많이 들이는 부분인데. 유튜브는 사실상 원고가 없다고 봐요. 필요하다면 몇 문장 그냥 던지는 거지 전체 플롯을 원고가 가져가지 않기 때문에. 내레이션이 없기 때문에 그렇게 중요한 부분을 차지하지 않아요. 전체 톤을 기획 단계에서 맞춰서 편집을 딱 마쳐, 근데 약간 오디오가 들어가면 좋겠다 싶으면 이 부분에 원고 넣을지 효과음 넣을지 그때 결정해요. 처음부터 오디오가 들어간다고 생각하고 편집하는 방송이랑 달라요. 유튜브는 원고 없이 완제가 된다는 생각을 하고 편집한 다음에 중간중간 내레이션 조금 들어가면 좋을까 고민하고 없으면 그만인 거예요.

한마디로 유튜브는 기승전결 구성에 따라 영상을 찍고 편집한 후 플롯과 스토리라인에 맞는 원고를 작성해 마무리 지었던 방송의 영상문법이 적용되지 않는다. 과거 지상파 방송이 추구했던 것처럼 천천히 감정과 논리 구조를 쌓아가던 이른바 '다큐룩'이 통하지 않는 대신, 뜸 들이지 않고 두괄식으로 빠르게 진행해야 한다.

또한 지상파 방송은 뉴스(기자/보도국)와 프로그램(피디/편성국)을 생산하는 부문이 비교적 뚜렷하게 구분되어 있지만, 유튜브는 방송만큼 구분이 엄격하지 않다. 뉴스 리포팅에서도 피디의 감각이 필요한 부문이 있고 그 반대도 얼마든지 성립한다. 아이템에 접근하는 방식이 다를 뿐만 아니라 유튜브에는 뉴스로 소화할지 다큐나 종합 정보 성격의 매거진으로 처리할지에 대해 정형화된 장르가 없다는 것이다. 이 때문에 유튜브는 기존의 방송 장르 분류에 포함되지 않는 고유한 장르 관습이 존재한다고 설명하는 경우도 있다.

결국 (선후 관계를 따지기는 애매하지만) 유튜브와 지상파 방송의 현격한 생산 과정의 차이는 장르 미학의 차이로 이어진다. 가령 뉴스를 유튜브로 이용하는 사람들은 유튜브가 기존 뉴스 미디어와 차별화된 새로운 가치, 즉 재미와 장난, 경박함(Fun, Frolic, Frivolity)을 주기 때문에 유튜브를 이용한다. 또 한국 사회의 정치 상황과 맞물려 유튜브에서는 이념적이고 극단화된 콘텐츠가 주목받는 경우가 많다. 그리고 이 같은 요구에 부응하기 위해 유튜브 영상은 자신만의 고유한 영상제작 문법을 만들고 독특한 유튜브 장르 관습을 형성한다. 날것 그대로를 추구하는 유튜브 미학은 전문적으로 훈련받지 않은 아마추어 영상 제작자들이 만든 동영상 생태계라는 특성상 자연스러운 결과이기도 하다.

중요한 것은 이런 특성이 공정성과 객관성을 직업윤리로 훈련받은 방송 생산자들에게 유튜브 적응을 어렵게 만드는 장애 요소로 작용한다는 점이다. 지상파 방송 생산자들은 유튜브에 최적화된 콘텐츠를 제작하기 힘든 것이다. 단순하게 영상문법이 달라서라기보다 공공성, 지역성, 보편성과 같은 공공재적 가치를 요구받아 온 지역지상파 생산자들의 조직문화를 비롯해 심의와 같은 현실적 제약을 고려하지 않을 수 없기 때문이다. 관련된 흥미로운 에피소드가 있다. 지역지상파에서 뉴미디어추진단을 이끌었던 생산자의 경험담인데, 방송의 공공성에 관해 특별히 훈련받지 않았던 젊은 크리에이터조차 방송국 건물에 들어오는 순간 끝없는 자기검열을 했다고 한다.

A: 아주 젊고 감각 있는 친구였는데 방송국에 출근하는 순간 이걸 내가 해도 되나, 자꾸 그렇게 생각한다는 거예요. 오죽하면 뉴미디어추진단은 외주처럼 외부 조직으로 가야 한다는 이야기가 나왔을까 싶죠.

이상의 복합적인 요인은 지역지상파 방송이 디지털 플랫폼과 어떤 방식으로 관계 설정을 해야 하는지 본질적인 고민으로 이끈다. 어쩌면 그런 요구가 바람직하지 않을 수도 있다는 데 이르면 고민은 미궁 속에 빠진다. 이 때문에 시청자들로부터 외면 받는 방송 프로그램을 계속 만들기보다 유튜브로 전향해야 한다는 사회적 요구가 현장 생산자들의 충분한 공감과 설득으로 이어지지 못하기도 한다.

내부적으로는 변화를 거부하는 조직문화가 아직까지 일정한 영향력을 발휘해 변화를 가로막고 있기도 하다. 지상파 방송이라는 피난처로 회피해 디지털 플랫폼을 굳이 받아들이지 않아도 된다는 정서가 남아 있다는 것이다.

> A: 방송사 내부적으로는 상당히 부정적인 것이 강했어요. 방송이나 신문 중 순위권 안에 있는 매체들, 방송사 중에는 KBS, MBS, SBS, 신문은 조중동, 이런 데는 아무리 힘들어도 우리는 살아남겠지, 이런 생각이 솔직히 있어요. 네이버가 대세고 포털이 대세고 지금 유튜브가 있다고 해도 당장 급하게 생각 안 해요. 유튜브를 발판 삼아 메이저를 따라잡으려는 신생사가 변화하면서 기회로 삼는 거지. 지상파는 잘 안 움직여요. 포털이 대세라면, 야 그걸 포털에 왜 보내, 그냥 우리 홈페이지 들어와서 보라고 그래, TV 보라고 그래, 우리가 얼마나 정성 들여 만든 콘텐츠인데 그냥 줘?

인터뷰 내용은 긴 시간 체화된 지상파 방송인으로서의 디엔에이(DNA)가 디지털 플랫폼을 거부하는 냉소적 분위기와 맞물려 턱밑까지 차오른 변화를 감지하면서도 적극적인 대처를 외면해 버리는 방송 내부의 분위기를 잘 보여주고 있다.

결과적으로 지역방송은 밀려드는 변화에 적응하느라 급급했을 뿐 공공성,

지역성, 수익성 등 전 영역에 걸쳐 방송과 디지털 플랫폼의 관계를 어떻게 위치 설정을 해야 하는지에 대해 충분히 숙고하지 못해왔다.

따라서 지역방송사 내외부의 복잡한 역학 구조에 관한 충분한 고찰 없이 변화를 강제하는 사회적 분위기는 지역방송 내부의 변화를 추동하기보다 오히려 체념이나 방관으로 이어지게 만들 수 있다. 지역지상파의 정체성과 위상을 고려해 실현 가능한 정책과 제도적 지원을 수립하고 이를 매개로 내부의 생산자문화와 조직 변화를 유도해야 한다는 것이다.

2. 콘텐츠는 끝없이 재발견된다

지역지상파의 역할과 기능을 놓치지 않으면서 유튜브를 활용하는 방식은 무엇일까? 지역지상파 방송이라는 정체성을 놓치지 않으면서 변화하는 미디어 환경에서 의미 없는 존재로 전락하지 않을 혜안이 요구되지만 녹록하지 않다. 다만 모두 실험과 도전 중에 있다. 지역방송이 모색 중인 유튜브 콘텐츠 전략을 살펴본다.

1) 디지털 금광에서 채굴하기

현재 지역지상파가 유튜브용 콘텐츠를 제작하는 방식은 크게 세 가지다. 하나는 아카이브 활용 방식, 둘째는 방송에 나갔던 프로그램을 짧게 요약·재가공하는 방식, 마지막으로 유튜브용 콘텐츠를 따로 제작하는 방식이다. 이와 별도로 실시간 스트리밍으로 정규 방송 프로그램을 내보내거나 스트리밍 콘텐츠를 따로 운영하는 경우도 있다.

이 중 아카이브 활용 방식은 지역지상파가 가장 효과적으로 활용하는 방식이다. 수십 년 동안 자사가 확보한 방송 프로그램을 기본 데이터로 삼아 시대적 흐름에 맞춰 재조명하는 방법이기 때문이다. 지역지상파 가운데 뒤늦게 유튜브 채널 공략에 합류한 KBS가 〈전국노래자랑〉 콘텐츠를 활용해 단기간에 이용자 수를 확보한 것이 대표적이다. 코로나로 인해 〈전국노래자랑〉이 방송되지 못하자 과거에 인기가 높았던 방송을 다시 보여주는 콘텐츠에 이용자들이 몰렸던 것이다.

목포MBC의 사례도 비슷한 경우다. 이 방송사는 낚시에 대한 사회적 관심이 증가하자 자사 텔레비전 프로그램 중 관련 내용을 재조명해 이용자들의 호응을 이끌어냈다. 지역적 특성을 반영하여 바다 관련 이야기를 주로 다루었던 텔레비전의 정규 프로그램인 〈어영차 바다野〉의 관련 자료 중 낚시 관련 콘텐츠만을 재가공해 유튜브에 올린 것이다.

이렇듯 아카이브 활용 방식은 지역지상파가 공략할 수 있는 유튜브 콘텐츠 제작 방식으로 효과가 검증된 것이다. 다만 모든 지역방송이 활용하기에는 걸림돌이 남아 있다. 첫째는 이 방식이 그야말로 단순노동을 필요로 한다는 점이다. 과거 자료를 디지털로 전환한 뒤 키워드별로 분류된 데이터베이스 작업의 완료를 전제로 한 후에 자료를 검색하고 재가공하는 방식이라 매우 노동집약적인 과정이 요구되기 때문이다. 〈전국노래자랑〉을 유튜브 콘텐츠로 재가공했던 경우 디지털 요원 한 명이 하루 종일 자료를 뒤져 한두 건 건지면 성공한 것이라고 평가할 정도였다. 아카이브 활용 과정을 '채굴'이라고 표현했던 한 생산자의 반응도 이를 효과적으로 시사한다.

다시 말해 아카이브 활용 방식은 과거 데이터를 모두 디지털로 전환했을 때 시너지 효과를 발휘하는데 그 단계에 이르기까지 당장 수익으로 환원되지 않는 장기간의 투자를 요구한다. 안타까운 것은 아직 디지털 전환을 완료하지 못한 지역방송사가 존재한다는 점이다. 예산이 충분하지 않아 모든 과거 프로그램을 디지털로 전환하지 못한 것이다. 또 아날로그 테이프로 방송 프로그램을 찍던 시절 테이프를 재활용해 사용하던 관행 탓에 모든 방송 프로그램이 기록으로 남아 있지 않다는 점도 지역방송의 디지털 전환을 어렵게 만들고 있다.

아카이브 활용 방식은 지역지상파에 따라 접근 가능한 데이터 풀이 다르다는 점에서도 지역방송사 간 편차를 보인다. 현재 지역지상파 중에서는 KBS가 가장 광범위하게 자료를 활용할 수 있다. 지역총국 체제로 운영되는 KBS의 특성상 서울과 지역을 구분하지 않고 사내 망에 연결된 서버에서 KBS 전체 자료에 접근할 수 있는 구조이기 때문이다. 다른 지역 지상파보다 뒤늦게 유튜브 채널을 도입했지만 지역에서도 〈전국노래자랑〉, 〈가요무대〉, 〈가요톱10〉 등 본사의 과거 자료를 활용해 다양한 파생 콘텐츠를 제작할 수 있었던 것이 대표적인 예다. 이에 비해 MBC는 각 계열사별로 자사의 콘텐츠만 아카이브로 활용할 수 있다. 지역MBC가 2019년 '지역MBC디지털콘텐츠협의회'를 조직해 뉴미디어 분야에서도 전국적인 네트워크를 강화하기로 했지만 아카이브 동시 활용 문제는 아직 해결되지 않은 상태다. SBS를 비롯한 민방은 출발부터 독립적인 방송사로 출발해 자료 공유가 되지 않는다. 아쉬운 점은 KBS도 현재는 자료 관리의 효율성 등을 이유로 아카이브 활용이 본사 중심 구조로 전환되었다는 점이다. 자료 접근이 아예 불가능하지는 않지만 내부 결재 등 번거로운 과정을 거치도록 조정되어 접근성을 떨어뜨렸다.

그러나 아카이브는 말 그대로 자원의 보고다. 수집·활용 가능한 자료의 양이 클수록 빅데이터로서 시너지 효과도 크고 재가공의 여지가 많아지는 법이다. 지역방송이 각자 자유롭게 접근할 수 있는 디지털 자료가 얼마나 방대하냐에 따라 유튜브 콘텐츠 제작의 성공이 달려 있다고 해도 과언이 아니라는 것이다. 따라서 최소한 같은 방송사라면 전국 어디서든 전체 디지털 자료에 접근 가능한 구조를 만들어 아이템 기획의 가능성을 확장시키고, 개방과 공유라는 디지털 플랫폼 특성에 맞춰 누구나 자료를 효과적으로 활용할 수 있는 생태계를 구성해야 한다. 또 필요하다면 각 이용 단계별 수익 분배 모델을 개발해 자료를 효과적으로 관리하고 활용하는 전략을 수립해야 할 것이다.

아카이브 활용 이외에 지역지상파가 유튜브 콘텐츠를 제작하는 두 번째 방식은 현재 방영 중인 방송 프로그램을 요약해 재가공하는 형식이다. 50분짜리 정규 프로그램을 5~10분 내외의 이른바 쇼트폼 콘텐츠로 제작해 올리는 것이다. OSMU 전략 또는 유통 다각화 차원에서 도입이 권유되었는데 이를 시도했던 지역방송 생산자들은 이 방식에 대해 다소 회의적인 반응을 보였다. 영상문법이 완전히 다른 방송과 유튜브의 특성상 길이를 줄이기만 해서는 애초에 다르게 만들어진 제작 문법의 차이를 극복하기 어렵다는 것이다.

> B: 말씀드린 대로 유튜브랑 방송은 제작 문법이 완전히 달라요. 그러니 요약하고 썸네일 붙인다 해도 한계가 있어요. 몇 번 시도해 봤는데 효과적이지 않다는 게 현재까지 결론 …….

그래서인지 정규 프로그램을 원본 그대로 올리는 편이 더 효과적이라는 방송사 내부 평가도 나왔다. 본방송을 놓쳤던 시청자가 고품질의 방송 프로그램을 다시보기(VOD) 하는 기회로 활용하는 경우가 있어 '요약 버전보다 더 조회수가 높다'는 것이다. 특히 뉴스는 실시간 스트리밍 이후 영상을 그대로 올리는 방식으로 운영되는 경우가 대부분이다. 뉴스 이외에 편성국에서 제작하는 교양 관련 프로그램도 원본 영상을 그대로 올리는 경우가 많다.

이 방식은 조회수가 많지 않아 지역방송이 당장 광고 수익을 창출하기는 어렵지만 방송 프로그램 유통과 인지도 향상에 효과적인 데다 성숙 단계에 접어든 유튜브에서도 점차 고품질 웰메이드 콘텐츠에 대한 수요가 커지고 있어 전략적으로 접근할 필요가 있다. 지역방송의 홈페이지 기능을 보완하는 방식으로 관리할 수 있다는 것이다.

마지막으로 유튜브용 콘텐츠를 따로 제작하는 경우다. 젊은 층이 호응하는 유튜브 플랫폼의 특성에 맞게 재미와 정보를 결합한 콘텐츠를 개발·운영하는 경우로, 전국적인 주목을 받았던 사례도 있다. 목포MBC는 손혜원 전 의원의 목포 부동산 투기 의혹이 제기되었을 때 지역민의 목소리를 반영하는 콘텐츠를 제작하여 전국적인 관심을 얻었고 대구MBC도 코로나19 사태 때 큰 활약을 펼쳤다.

그러나 지역방송이 유튜브용 콘텐츠를 따로 제작하는 방식은 아직 성공 모델로 평가하기에 이르다. 제작 인력 여건상 유튜브 전담 피디나 기자를 두기 곤란한 현실적 어려움에다, 방송과 유튜브의 영상문법의 차이로 프리랜서 크리에이터에 의존하는 경우가 많은데 이들은 일반 유튜버와 달리 태생적으로 많은 한계를 안고 출발하기 때문이다. 앞서 말한 것처럼 지역지상파의 위상과 정체성을 고려하면서 유튜브 이용자에게 맞는 콘텐츠를 제작하기 어렵다는 점이 가장 결정적이다. 또 유명인을 섭외해 채널을 운영할 여력도, 크리에이터를 직접 발굴해 인기 크리에이터로 성장시킬 만한 여건도 되지 않는 지역방송이 대부분이다. 따라서 이 방식은 유튜브에 최적화된 콘텐츠 포맷을 발굴하기 위한 실험 모델로 활용하는 것이 적합하다는 평가다.

2) 뜨는 콘텐츠의 비결

인터넷 등장 이후 각종 미디어테크놀로지는 개인화, 맞춤화 경향을 발전시켜 왔다. 이제 불특정 다수의 보편적 취향에 호소하던 지상파 방송식 패러다임은 실효성을 잃어가고 있다. 시청자들은 보고 싶은 드라마나 영화를 원하는 시간에 언제든 광고의 방해 없이 시청할 수 있는 미디어 플랫폼으로 빠져나가고 있다. 또 정보를 검색하거나 재미삼아 콘텐츠를 시청하는 빈 시간 활용도 디지털 플랫폼 안에서 해결하고 있다. 지상파 방송이 굳건하게 차지하고 있던 공론의 기능마저 위협받고 있다.

개별적인 취향과 관심사에 최적화된 이들 플랫폼은 어딘가에 존재하는 비슷한 취향의 이용자끼리 서로 소통하고 무리를 이뤄 관심사를 세력화하는 데 효과적인 툴을 제공한다. 이른바 전 지구적 취향공동체의 등장과 롱테일 법칙의 적용이다.

이는 지역방송의 입장에서 기회이자 위기로 작용한다. 가시청권을 토대로 배타적으로 방송 권역을 보장해 주던 수혜가 사라졌다는 점에서는 위기이지만 지리적 한계를 초월해 미답의 가능성을 모색할 수 있다는 점에서는 기회로 작용할 수 있다. 가령 '누가 볼까 싶은 콘텐츠인데 의외로 빵 터지는 경우가 있다'는 경험담은 지역방송 앞에 펼쳐진 기회의 단면을 보여준다.

> B: 여수 MBC 〈어영차 바다野〉, 이거 옛날 같으면 기껏해야 전남 동부권 일대 시청자 봤을 거예요. 근데 요즘 낚시 인기잖아요. 낚시 콘텐츠 올렸더니 강원도에 있는 낚시꾼도 보더라고요. 할아버지, 할머니 나오는 〈남도지오그래피〉는 해외에서도 상당히 봐요. 고향 그리운 사람들 본다니까요.

> D: 우리 회사에서 최초로 100만 뷰를 돌파했던 게 20년 전에 만들었던 진돗개 관련 다큐예요. 요즘 애완견이 대세여서 그런지 약간 논쟁의 여지가 있는 다큐이긴 한데 진돗개를 대상으로 다양한 실험을 했거든요. 진돗개 특징 보여주면서 일본 개들과 비교한 것인데 반응이 좋아서 이걸 다시 따로 쪼개서 올렸

더니 그것도 조회수가 잘 나왔어요.

두 인용 글은 불특정 다수에 대한 보편적 서비스를 염두에 두고 제작되어 제한적 장소에서 방영되던 과거의 방송과 달리 유튜브 콘텐츠는 강원도에서든 미국에서든 과거에 만든 것이든 아니든 비슷한 관심사를 가진 사람들에 의해 언제든 재발견될 수 있다는 것을 보여준다. 유튜브는 '아주 독특한 취향의 콘텐츠를 만들면 거기에 흥미 있는 사람이 보고 이어서 딸려 오는 사람이 보는 구조'이기 때문이다. 그리고 이 같은 취향공동체가 확장되는 과정에서 디지털 플랫폼이 지역방송의 협소한 방송 권역을 넘어 더 많은 시청자에게 도달할 수 있도록 도와준다.

시간적으로도 디지털 콘텐츠는 한번 송출되고 나면 사라지는 휘발성 강한 방송과 달리 언제든 다시 소환하기가 가능하다는 장점이 있다. 과거에 만든 콘텐츠가 우연히 재발견되는 경우가 심심치 않게 발생하고 시간적 길이의 제약에서 벗어난 콘텐츠를 제작하는 시도도 가능하다. 이를 테면 광주MBC가 2019년 5·18 민주화운동 39주년을 기념해 '39시간 유튜브 생방송 서비스'를 특집으로 마련한 것이 대표적이다. 당시를 회고한 한 생산자에 따르면 1990년대부터 쌓아온 5·18 관련 콘텐츠에 대한 믿음이 깔려 있었지만 기획에 참여했던 전담 팀 멤버 누구도 유튜브 생중계를 한 시간 이상 진행해 본 적이 없었던 그야말로 무모한 기획이었다. 다행히 전파를 통해 송출하는 방송 시스템에 비해 기술적으로 간단한 스트리밍 장비만으로도 실시간 생중계가 가능해 큰 사고 없이 39시간의 라이브 방송을 마무리 지을 수 있었다.

이상의 경험들은 지역방송이 디지털 플랫폼의 특성에 부합하는 콘텐츠를 기획할 수 있다면 무궁한 가능성으로 이어질 수 있다는 점을 시사한다. 일정한 방송 권역 안의 시청자들이 일반적으로 좋아하거나 관심 있어 할 만한 콘텐츠를 제작하고 뉴스 리포팅을 하던 과거와 달리 매우 구체적이고 사소해 보이더라도 전 세계 어디엔가 비슷한 취향을 가진 사람이 많이 있다면 인기 콘텐츠가 될 수 있다는 것이다. 이와 관련하여 지상파에서 유능한 피디로 인정받으려면 다큐, 예능, 매거진까지 두루두루 잘 만들어야 하지만 유튜브에서는 '오타쿠' 기질로 한 가지를 파고드는 피디가 프로그램을 잘 만들게 된다고 설명했던 진술도 의미심장하다.

그에 따르면 과거 지역방송 프로그램은 지역에서 발생하는 일이나 지역을 대표할 만한 일이라고 판단되면 프로그램 기획으로 구체화되었지만 지금은 그와 같은 지역성은 사실상 의미 없다고 강조했다. 대신 취향과 기호를 토대로 콘텐츠가 기획된다. 유튜브에서는 각종 통계와 데이터를 바탕으로 콘텐츠를 만들어야 뜨는 콘텐츠가 된다는 것이다. '두루뭉술하게 시청자 층을 설정했던' 방식은 통하지 않는다. 그가 지금 진행하고 있는 〈한 평의 삶〉도 주거와 공간에 관심이 많은 20대를 타깃으로 설정해 기획한 콘텐츠다.

또한 인기 콘텐츠가 되려면 자사 유튜브 채널에 유입되는 사람들의 연령과 성별, 체류 시간, 반응 여부를 고려해 콘텐츠를 기획하는 것과 더불어 업로드 이후의 지속적인 관리도 중요하다.

> D: 지상파는 영상 만들어서 송출하면 끝이에요. 내 할 일 다 끝나죠. 송출 전까지 온갖 용을 다 쓰죠. 근데 디지털 콘텐츠는 업로드한 이후가 문제예요. 그때부터 시작이죠. 그 전 과정 사실 필요 없어요. 업로드 이후에 이것이 어디로 퍼지고 어느 쪽에서 호응이 오는지 관리해야 해요. 그 데이터를 바탕으로 다음 회차 준비하는 것이 정석이에요.

다시 말해 구체적이고 정확한 목표 층 설정과 함께 콘텐츠 제작 이후의 관리와 대응이 인기 콘텐츠가 되는 핵심 비결이다. 가령 시청자들과의 상호작용을 통한 팬덤 확보도 콘텐츠 제작 이후의 사후관리에 해당한다. 인기 있는 유튜브 채널로 성장하기 위해서는 시청자(팬)와의 상호작용을 어떻게 확장시키느냐가 매우 중요한 요소다(최순옥·최성인·이재현, 2020). 유튜브에 등장하는 대부분의 방송에서 시청자를 바라보며 이야기하듯 진행하는 것도 친밀감과 소통을 강조하기 위한 장치다. 마치 친구와 대화를 나누는 듯한 느낌을 주면서 상호작용의 효과를 높이는 것이다. 또 유튜브는 객관적 거리를 유지하며 상황을 설명하는 것이 아니라 당사자의 눈으로 주관적 감정을 전달하는 데 더 친화적이다. 시청자와의 공감과 소통, 상호작용을 강조하기 위한 것이다. 한마디로 유튜브에서 뜨는 콘텐츠는 정확한 데이터 통계를 바탕으로 기획·제작한 뒤 이용자의 반응을 살펴가며 지속적으로 콘텐츠를 관리하는 일련의 과정을 통해 달성된다.

한 가지 짚고 넘어갈 부분은 그가 지역성과 관련하여 털어놓았던 내용이다. 그는 '지역성이 사실상 의미 없다'고 언급했는데 이는 지역방송의 존립 근거인 지역성이 효력을 다한 것 아니냐는 의구심을 자아내기에 충분하다. 또 그의 발언은 과거 기준의 지역성, 다시 말해 물리적·지리적 공간에 기초한 지역성이 빛을 잃어간다는 의미로 해석할 여지도 있다.

그러나 이는 신중하게 접근해야 한다. 가령 지리적 근접성에 근거해 제작되었던 프로그램이 시간이 흐른 뒤 사회문화적 분위기에 따라 인기 콘텐츠로 재발견되는 경우가 많다는 사례들은 지리적 지역성이 간단하게 폐기되어야 할 대상이 아니라는 것을 강력하게 보여주기 때문이다. 무엇보다 지역(성)은 끝없이 재발견되고 재탄생되는 영역이기 때문이기도 하다. 이에 대해서는 생성적 로컬리즘의 가능성 부분에서 좀 더 자세히 살펴보겠다.

3. 로컬리즘의 재구성

디지털 플랫폼이 전 지구적 수준에서 취향공동체를 형성하도록 도와준다는 사실은 지역방송의 방송 권역 문제와 관련하여 중요한 의미를 함축하고 있다. 일정한 물리적·지리적 한계를 경계로 배타적으로 인정받던 방송 권역이 의미 없어진다는 말로 해석할 수 있기 때문이다. 앞서 유튜브 콘텐츠의 기획 과정을 설명하던 생산자가 유튜브에서는 지역성이 고려 대상이 아니라고 언급했던 것이 이런 인식을 보여준다.

지역방송의 방송 권역 문제는 디지털 플랫폼 등장 이전부터 오랫동안 뜨거운 감자였다. 지역방송이 관행적으로 암암리에 설정해 온 지리적·물리적·기술적 공간 구획이 미디어테크놀로지의 발달로 무의미해졌기 때문이다.

지역방송이 그동안 비즈니스적 명맥을 이어나갈 수 있었던 것은 방송 권역 덕분이 컸다. 시장의 실패가 예견되는 상황이 발생할 때마다 방송 권역은 지역방송의 운영을 최소한의 수준에서 담보해 주는 방편으로 작동해 왔다. 그런데 당연하게 간주되던 지역성 논의가 2000년대 초 위성방송과 IPTV 서비스의 등장으로 새로운 국면을 맞은 뒤 인터넷·포털·모바일 서비스가 본격화된 뒤로는 이론적 타당성을 상당 부분 잃어가고 있다. 그로 인해 지역방송의 존립 근거이자 방송 권역을 보장해 주는 핵심 명분으로서 별다른 이견 없이 받아들여지던 지역성에 관한 논의도 복잡해지기 시작했다.

논의의 갈래는 크게 두 가지 방향에서 진행되는데, 한 축은 지역성 개념의 확장 이른바 사회적 지역성 개념의 제안을 기점으로 활발해졌다. 지역성의 근간이 되는 로컬리티는 단순하게 일정한 물리적 공간만을 의미하지 않는다. 그 안에 거주하는 다양한 계급이나 계층·인종의 지역민과 그들의 문화가 집결하고 절충하는 일상의 공간이다. 따라서 이들의 이해와 관심사를 반영하는 전략적 지역성 개념을 도입하자는 제안, 즉 사회적 지역성을 지리적 지역성의 대안이자 확장으로 주목한 것이다.

사회적 지역성에 따르면 지역방송이 고려할 수 있는 지역성은 방송 권역 안에 거주하는 지역민의 관심사는 물론, 이들의 관심사나 이해를 반영하고 있다면 지리적 공간을 넘어선 어떤 것이라도 가능해진다. 방송 권역에 해당하는 지역에서 발생하는 일이나 주제가 아니더라도 지역민의 관심사를 반영한다면 지역방송의 소재로 활용할 수 있다는 것이다. 돌이켜보면 사회적 지역성 개념은 세계화 추세와 맞물려 가장 지역적인 것이 가장 세계적인 것이라는 세계관의 구축, 이른바 지역적인 것을 세계적인 시각과 기준에서 해석하고 평가하게 만드는 계기가 되었다.

논의의 다른 한편은 지역방송의 지역성이 더 세밀하게 지역 속으로 파고들어야 한다는 하이퍼로컬리즘(hyperlocalism)에 대한 논의로 이어졌다. 지역방송이 그동안 상대적으로 간과해 왔던 사소하고 구체적인 지역민의 일상을 세밀하게 포착해 더욱 지역밀착적인 지역성을 추구해야 한다는 것이다. 지역민의 이해와 기호에 더 깊이 파고들어 동네 이야기, 평범한 일반인 이야기처럼 지역성을 한층 심화하는 방향에서 지역성이 구현되어야 한다는 것이다.

이 논의들이 지리적·물리적 공간과 연계된 지역성 관련 논의라면 정체성 형성의 차원에서 지역성에 주목한 논의도 미디어테크놀로지의 변화와 연관되어 지역성에 대한 논의를 풍부하게 해주었다. 이른바 지역(정체)성이 고정 불변의 '주어진 것'이 아니라 개인과 집단이 다양한 가치 및 문화적 투쟁과 갈등을 겪으며 '형성하는 것'임을 강조한 논의다. 미디어 환경의 변화는 장소와 공간, 문화 등 정체성 형성에 개입하는 각 영역을 해체하고 탈영토화하는데, 지역방송이 이처럼 다층화·다차원화되어 가는 입체적 과정을 포착해 지역성을 구현하도록 기능해야 한다는 것이다.

이상의 논의는 지상파 방송과 디지털 플랫폼 어느 것도 포기할 수 없는 지역방송의 딜레마적 현실 안에 그대로 녹아들어 있다. 지구적 차원의 취향공동체를 구성하게 도와주는 디지털 플랫폼의 가능성을 포함하되 일정한 지리적 경계 안에 전파되는 지역방송의 현실적 도달 범위를 감안해야 하는 것이 지역방송의 현주소이기 때문이다.

그러나 둘은 상호 대체되는 길항작용의 관계가 아니다. 지역방송이 추구해야 할 지역성이 어느 하나에 보다 집중해야 한다는 의미도 아니다. 그보다 지역성은 수평과 수직의 팽창을 동시에 추구해야 한다. 지역적인 것에 천착함으로써 오히려 지구적 취향공동체를 형성할 수 있다는 사실이 이를 증명한다. 관심과 이해에 부응한다면 다른 지역은 물론 해외에 있는 이용자라도 물리적 경계를 넘어 클릭과 '좋아요'로 이어질 수 있다. 지역 밀착 시사 콘텐츠를 기획·제작해 유튜브 인기 콘텐츠로 등극시켰던 여수MBC의 사례가 좋은 예다. 2019년 여수MBC는 통상 지역방송이 소홀하게 다루던 기초의원들의 업무추진비 사용 내역과 재산 신고 내역, 겸직 여부, 해외 연수 보고서와 연수 비용을 파고들었다. 당시 예천군 의회의 해외 연수 문제가 사회적 이슈로 부각된 덕분에 이 콘텐츠는 공개 이후 여수 지역은 물론 전국적인 관심사로 떠올랐다. 앞서 진돗개 사례라든지, 낚시 콘텐츠로 재해석한 〈어영차 바다野〉 프로그램, 대구MBC의 코로나 관련 콘텐츠 등도 같은 맥락의 예들이다.

그러나 지역방송 생산자들이 지역성을 이해하는 태도는 대체로 경직되어 있다. 이들에게 지역성은 모두가 말하지만 아무도 제대로 알려들지 않는 어떤 것, '우리의 존재이기도 하지만 우리를 속박하는 굴레'이기도 한 뜨거운 감자일 뿐이다. 그들의 경직된 해석을 좀 더 들여다보자.

B: 요즘 최대 현안 중 하나가 박원순 시장 미투인데, 이거 우리 지역민 다 궁금해

하잖아요. 근데 우리는 안 다뤄요. 그건 우리가 취재해야 할 대상이라고 생각 안 해요. 노무현 대통령 서거했을 때도 마찬가지였는데 우리 아무것도 안했어요. 노무현 대통령 지지가 가장 강했던 지역이 우리 쪽인데 '노 대통령은 저쪽 분이야' 이렇게 생각했죠. 근데 몇 달 있다가 디제이(DJ) 서거했을 때 우리는 한 달 동안 특집만 다섯 개 했어요.

인터뷰는 지역방송 생산자들이 이해하는 지역성이 여전히 장소적 공간 안에 집중해 있다는 것을 보여준다. 장소적 지역성은 그 자체로 의미 있고 발전시켜야 할 지역성이지만 거기에 머물러서는 안 된다. 디지털 플랫폼 시대에 지역방송의 지역성은 박제화된 관점이 아니라 로컬 - 네이션 - 글로벌의 다중적 관계 속에서 끝없이 해석하고 재정의하는 과정을 통해 만들어지기 때문이다.

지역성은 일정한 공통의 장소를 근간으로 다양한 행위자들에 의해 구축되는 사회적 구성물이다. 실천적 차원에서는 더더욱 그러하다. 추상적·개념적 차원에서는 물론 지역성 구축에 관여하는 다양한 주체들에 의해 지속적으로 형성·강화·조율·타협해 가는 과정에서 지역성이 만들어진다는 것이다. 이른바 생성적 로컬리즘의 구축이다. 따라서 지역방송은 지역의 것을 파고들되 단순 전달이 아니라 네이션 - 글로벌의 시각에서 의미를 해석하는 작업을 동반해야 한다.

D: 메릴랜드 주지사 부인이 한국 사람이었잖아요. 우리 지역 나주 출신이에요. 그래서 옛날에 인터뷰했던 프로그램이 있었는데 그냥 묵혀 있었던 거예요. 근데 코로나 때문에 한국이 잘한다 해서 한창 외신에서 칭찬할 때 방호복이랑 진단키트를 직접 공수해 갔거든요. 그래서 과거 영상을 다시 가공해서 유튜브에 올렸는데 엄청 인기 끈 거죠.

한 가지 주의할 것은 지역의 끊임없는 재발견 과정이 오로지 외부의 잣대와 기준을 통해서만 이뤄질 수 있다는 사대주의적 발상을 의미하지는 않는다는 사실이다. 그보다는 주변적이고 타자적인 것으로 치부되던 지역성을 중심부로 재규정하고 이를 통해 지배적 담론을 넘어설 수 있다는 변혁에 가깝다. 로컬 - 네이션 - 글로벌의 관계를 고정된 중심과 주변으로 파악하는 대신 다양한 위치성을 확보하는 일, 안이 밖이 되고 중심과 주변의 경계가 흐려지며 전복되는 것을 시도하는 작업이라는 것이다.

이런 맥락에서 향후 지역방송의 지역성은 지역의 문제와 지역민의 관심사를 '지금 - 여기'의 관점에서 다시 성찰하고 다른 위치들과 지속적으로 연결시키는 작업, 요컨대 문제의 발굴, 재해석, 재정의 과정에 적극적으로 개입함으로써 성취될 수 있다. 지역을 보다 더 넓은 세계 또는 다른 장소들과 끊임없이 이어주는 일련의 작업을 통해 경계를 확장하고 심화하는 역할에 참여해야 한다는 것이다.

4. 새 술은 새 부대에

법과 제도는 큰 틀에서 게임의 규칙을 정하고 각종 지원 정책은 규칙 안에서 경쟁하는 주자들에게 특정한 방향으로 선회하도록 유도하거나 진행의 완급을 조절해 준다. 지역방송이 포함된 미디어 생태계도 이와 같은 법, 제도, 정책의 미세한 조정 과정을 통해 구축되고 변화되어 왔다.

그런데 지역방송을 대상으로 한 그동안의 제도와 정책은 비전의 모호함과 구체성의 결여, 소극적인 지원 정책 의지 등으로 인해 명료하고 확고한 방향성이 부족했다는 비판을 받아왔다. 일례로 1994년 방송위원회 내부에 지역방송

발전위원회가 설치되기 전까지 지역방송은 서울 본사의 방송을 중계해 주는 단순 중계소로 인식되어 정책적 관심의 대상이 아니었다. 이후 지방자치제 도입과 궤를 같이하며 사회적 의제로 부상했지만 여전히 부차적인 정책 대상으로 간주되었다. 2014년 말 「지역방송발전지원 특별법」의 제정 이전에는 지역방송을 지원하기 위한 독자적인 법적 근거나 정책이 마련되어 있지 않을 정도였다.

그러는 사이 지역방송은 1990년대 중반부터 2000년대 초반까지 짧은 호황기를 거친 뒤 빠르게 지각변동 하는 미디어 생태계 안에서 방향타를 잃고 조난 직전까지 몰려 있다. 더구나 시장의 원리를 맹신하는 선택과 경쟁이라는 신자유주의적 에피스테메(episteme)가 2000년대 이후 한국 사회의 지배적 정서로 떠오르면서 지역방송의 지원 근거인 공공성과 지역성은 철 지난 유행가 취급을 받기 일쑤였다.

그 결과 지역방송의 중앙 의존성은 더욱 심화되어 가고 있다. 경제적 환경과 지역방송의 경영 성과를 통해 볼 때 정부의 정책적 지원과 전국 네트워크 방송사로부터의 정책적 배려가 전제되지 않고서는 지역의 공익성 구현을 위한 콘텐츠 투자는 물론이고 생존 자체가 어려운 구조적 한계를 보여준다는 것이다. 서울에 있는 KBS, MBC, SBS에 대한 의존은 물론이고 정부의 정책적 지원과 지방정부의 각종 자원에도 더욱 의존해 간다.

그간 지역방송 활성화를 위한 제도적·정책적 요구와 지원은 프로그램 제작과 편성에 직결된 문제에서부터 경영 안정화를 위한 광고 관련 정책에 이르기까지 다양한 영역에서 시도되어 왔다. 대표적인 것을 간추려 보면 다음과 같다(권장원, 2017). '지역방송의 발전기금 징수율 인하', '공익 자금과 지역방송 활성화를 위한 시청료 지원', '광고 수수료 인하', '광고 요금의 현실화 및 전파료 비율 개선', '지역 프로그램에 대한 외주 제작 편성 비율 인정', '지역방송 자체 프로그램 제작 확대', '지역방송 편성 시간대(PTAR) 도입', '공동 제작의 자체 제작 포함', '지역 민방과 MBC 계열사를 방송 채널 사용 사업자(PP)로 하는 수퍼스테이션 채널 운영', '지상파 매체 간 또는 케이블방송, 위성방송 간의 편성 차별화 전략 수립' 등이 그것이다.

최근에는 디지털 플랫폼의 파상공세에 맞서 지역방송의 방송 권역을 보호하고 경영 안정을 도모하기 위해 보다 세밀한 정책적 대안이 마련되어야 한다는 요구도 제기되었다(강명현, 2018). 연구에 따르면 미국, 영국, 프랑스 등 해외 주요 국가는 OTT를 기존의 방송 개념으로 간주하는 경향이 강해지고 있다. 특히 실시간 서비스는 비실시간인 VOD 서비스와 달리 방송의 틀로 파악함으로써 차등적 규제를 적용하는 추세다. 따라서 국내에서도 변화된 흐름을 반영하여 OTT 사업자를 IPTV와 같이 「방송법」의 규율 안에서 규제하고 역외재송신을 희망할 경우 승인 대상에 포함시켜 지역방송의 방송 권역을 보호해주는 정책적 보완이 필요하다는 주장이다.

아쉬운 것은 다각적인 요구에도 불구하고 엄밀히 평가해 지역방송 지원 정책이 효과를 거두었다고 보기 어렵다는 점이다. 방송 정책은 미디어테크놀로지와 사회문화적 변화, 각종 통계 수치가 보여주는 중앙집중성으로 인해 서울의 지상파 위주로 수립될 수밖에 없다는 불가피성이 근본적 원인이라고 생각할 수도 있으나 지역방송에 대한 확고한 정책 의지가 결여된 탓도 크다. 중앙중심의 사고방식과 정책 우선시 경향, 지역에 대한 몰이해 등이 중앙과 지역 사이의 오래된 차별 정책을 추인하고 묵인하는 정서로 작용해 왔다는 것이다.

A: 그동안 공영방송 하자는 취지로 여러 번 파업했잖아요. 파업할 때 지역에 있는 기자, 피디들도 엄청 열심히 참여했죠. 그런데 끝나고 나면 그냥 똑같은 일상으로 돌아오는 거예요. 공정방송 하자고 막 파업했는데 본사는 뭔가 변화가

생겨도 지역은 별로 달라지는 게 없는 거예요. 싸울 때는 동지이고 연대를 해도 끝나고 나면 파업의 결실, 회사가 뭔가 바꾸려고 하면 그게 지역으로까지 오지는 않는 거예요. 그래서 16년인가 그때 파업할 때 계속 토론회 하면서 지역방송이 어떻게 달라져야 하는지, 노력이 헛되지 않게 하려면 어떤 변화를 가져올까 계속 논의하다가 지역방송에 대한 활성화 정책도 나왔어요. 그 전에도 본사에 지역정책부가 있기는 했는데 조직을 격상시키고 본격적으로.

그러나 '불가능한 것의 가능성'을 모색하는 지역방송의 디지털 플랫폼 대응 정책을 논함에 있어 관행적 사고의 틀을 깨는 과감한 정책 전환 또한 절실하다. 지역방송이 급변하는 디지털 플랫폼 환경에 효과적으로 대응하기 위해서는 지역방송에 관한 오래된 차별적 정책 관행을 탈피하는 새로운 인식의 전환도 요구된다. 네트워크 방송사의 내부는 물론이고 방송 정책을 입안하는 정부 기관의 업무 계획이나 정책 비전에서 지역방송을 위한 보다 적극적이고 독자적인 패러다임 전환이 필요하다는 것이다.

이를 위해 학계의 심층적인 후속 연구와 방송 업계 현장에서의 다양한 의견 제시가 지속되어야 하겠지만 우선적으로 고려할 수 있는 제안을 요약·정리해 본다.

첫째, 서울 본사의 보다 적극적인 지역방송 정책과 예산 배분이 요구된다. 앞서 인터뷰 인용 글에서 확인할 수 있는 것처럼 네트워크 방송사가 자사의 업무 정책과 경영 방침을 수립하는 과정에서 지역방송과 관련한 내용은 구색 맞추기에 가까웠다. 지역방송의 책임자를 결정하는 MBC 계열사의 사장 선임과 KBS 지역방송총국장의 선임에 관한 한 전권에 가까운 권한을 누리면서도 지역방송에 대한 정책적 지원은 많이 부족했다. 다시 말해 지역방송에 대한 전면적인 정책 비전 제시가 필요하다. 네트워크 방송사로서의 면모는 지역방송을 통해 구현된다고 해도 과언이 아니다. 수신료로 운영되는 KBS는 말할 것도 없고 MBC, 나아가 SBS마저도 지역방송 네트워크가 구축되어 있지 않다면 전국 규모의 방송사 체제를 확립할 수 없다. 지역방송이 중앙방송에 의존하는 것 못지않게 중앙방송의 면모도 지역방송을 통해 구현된다는 것이다. 지상파 방송은 이를 인식하고 각 네트워크 방송사별로 지역방송 관련 정책을 보다 적극적으로 마련해야 한다. 그것이 공공서비스 방송으로의 전환을 모색하는 지상파 방송의 전제 조건이 될 수 있다.

다음으로 지역방송의 디지털 플랫폼 대응을 위한 구체적 방안으로 네트워크 방송사가 자사의 디지털 자료를 제한 없이 활용할 수 있는 시스템을 구축해야 한다. 앞서 살펴본 대로 현재 지역방송이 디지털 플랫폼에 대응하는 효과적인 방안은 기존 아카이브 자료를 활용하는 방식이다. 그런데 주지하다시피 아카이브 활용 방식은 디지털 자원이 많을수록 활용 가능성이 높아진다. 따라서 네트워크 방송사별로 디지털 자료를 하나의 시스템으로 구축·관리해 어디서든 자유롭게 자료를 활용할 수 있는 방안을 모색해야 한다.

관련하여 유튜브로 제작된 콘텐츠를 지역방송의 편성 비율 안에 포함시키는 방안도 고려할 필요가 있다. 현재 지상파로 송출되는 프로그램의 방영 시간 위주로 결정되는 지역방송의 의무 편성 비율은 지역방송 생산자들의 디지털 플랫폼 대응을 더디게 만드는 요인 중 하나다. 따라서 VOD 서비스 차원에서 프로그램 원본을 그대로 올리는 콘텐츠를 제외하고 아카이브를 활용하여 재가공하거나 유튜브용으로 자체 제작하는 콘텐츠에 대해서는 부분적으로라도 편성 비율에 포함시키는 방안이 요구된다.

마지막으로 디지털 플랫폼 시대의 지역방송은 미디어 생태계 하부 단위에서 다양한 포트폴리오를 구성해야 한다. 본업인 지상파 방송을 비롯해 유튜브나 페이스북과 같은 모바일 플랫폼, 방송 채널 인지도 향상을 위한 기타 플랫폼 활용에 이르기까지 디지털 플랫폼 생태계를 얼마나 다양하게 구축하고 효과적으로 활용하느냐에 따라 디지털 플랫폼 대응 전략이 달라진다. 어떤 플랫폼에서 반응이 올지 알 수 없는 그야말로 롱테일 법칙이 통용되는 곳이 현재의 미디어 생태계이기 때문이다. 그러나 지역방송사가 개별적으로 효과적인 포트폴리오 전략을 수립하는 일은 현재 지역방송의 여건상 한계가 있을 수밖에 없다. 따라서 지역방송이 지상파 방송으로서의 위상을 해치지 않으면서 디지털 플랫폼에 대응하는 포트폴리오 전략을 큰 틀에서 모색해 볼 수 있는 학계의 연구와 이를 지원하는 정부의 정책 추진이 필요하다. 한마디로 지역방송의 디지털 플랫폼 대응 전략은 방송사 내부의 혁신과 도전은 물론 학계의 꾸준한 관심과 연구, 정부 정책의 적극적인 개입을 통해 달성될 수 있을 것이다.

▸ 참고문헌

강명현. 2018.「OTT 방송환경에서 지역성 구현을 위한 규제정책에 관한 연구: 해외 OTT 규제사례 분석을 중심으로」. ≪언론과학연구≫, 18권 4호, 5~31쪽.

권장원. 2017.「신제도주의 관점에 입각한 지역 방송 정책 지향점 모색에 대한 연구: 국내 방송 시장 환경에 입각한 지역방송사의 경영 및 조직특성, 제도화 담론을 중심으로」. ≪언론과학연구≫, 17권 4호, 5~40쪽.

방송통신위원회. 2020.「2019 방송매체 이용행태조사」. 방송통신위원회.

이건혁·원숙경·정준희·안차수. 2020.「디지털 충격과 전문직주의가 언론노동의 직무만족에 미치는 영향 연구」. ≪한국언론정보학보≫, 통권 101호, 341~366쪽.

이주형. 2019.6.30. "지역언론의 노력들 2: 광주MBC, 유튜브 타고 한계 넘다". ≪신문과 방송≫, 582호.

정덕현. 2019.2.13. "미디어혁명 5, 위기의 지상파 해법 찾기 고민 중". ≪시사저널≫, 1530호.

최승영. 2019.5.15. "로컬 뉴스 실시간 라이브로 전국화 … 지역방송 유튜브서 영토 개척." ≪한국기자협회≫. http://journalist.or.kr/news/article.html?no=46221

최순옥·최성인·이재현. 2020.「유튜브에서의 뮤직비디오 팬덤 분석: BTS M/V의 시청, 댓글 상호작용, 밈 영상 제작」. ≪한국언론학보≫, 64권 1호, 27~45쪽.

제2부 개인 미디어 플랫폼의 문화적 확장

제3장
게임 크리에이터를 꿈꾸다 | 이설희

제4장
이야기꾼의 귀환, 유튜브 게이밍 콘텐츠와 1인 크리에이터 | 윤현정

제5장
케이팝의 세계화와 인터넷 개인 미디어 플랫폼 | 이규탁

제3장

게임 크리에이터를 꿈꾸다

| 이설희(용인대학교)

> 저는 초심을 잃었습니다. 눈앞에 보이는 돈과 유명세가 지금의 저를 만들었습니다. 구독자 여러분들을 조작과 거짓으로 기만한 행동, 정말 죄송하고 변명의 여지가 없습니다[〈야생마TV〉의 사과 방송, 손진아(2020)].

> 평범한 학생, 직장인으로 살아왔는데 이런 삶을 살게 될 줄은 몰랐어요. 용기를 잃지 않고 원하는 일을 열심히 하다 보면 기회가 찾아온다는 메시지를 주고 싶어요. …… 일단 시작하라는 말을 하고 싶어요. 망설이지 말고 실행에 옮겨야 더 빨리 성장할 수 있어요. 저도 올 초에 슬럼프가 와서 잠깐 쉴까 했는데 조금만 더 힘을 내자는 생각으로 버텼고 결국 극복했어요[뷰티 크리에이터 김습습의 인터뷰 기사, 정길준(2020)].

필자가 글을 쓰고 있는 2020년 8월 현재 포털에서 쉽게 검색 가능한 앞의 두 인용문은 개인방송에 조금이라도 관심이 있는 사람이라면 마치 클리셰(cliche)처럼 익숙하지 않을까 싶다. 디지털 시대, 급격한 방송 구조 변경의 중심에 있는 대표적인 사례 중 하나가 개인방송이다. 누구나 언제 어디서든 자신의 채널을 만들 수 있게 된 기술의 발전은 우리 시대의 사회문화의 변화와 상호 연결되어 있다.

이러한 변화를 가시화하는 '프로슈머(prosumer)'로서 개인방송인 혹은 크리에이터[1]가 우리 사회에 등장한 지도 10여 년이 훌쩍 넘은 듯하다.[2] 앞서 인용된 한 크리에이터의 사과 방송은 크리에이터가 주류 담론의 관심을 받기 시작한 이래로 자주 등장하는 내용이다. 오랫동안 선정적이거나 폭력적인 방송 콘텐츠에 대한 사과가 주를 이루었다면, 최근에는 '주작 방송'이라고 불리는 '사기성 방송'이 자주 회자되고 있다. 우리는 높은 인기를 얻고 있던 (유명) 크리에이터가 이러한 사건과 연계될 경우 과거의 이미지와 인기를 되찾지 못하고 순식간에 사라지거나 주변 언저리에 머무르게 되는 장면을 수시로 목격하고 있다.[3] 지속적으로 성공의 가도를 달리고 있는 크리에이터에게서도 문제가 드러나고 있다. 지난해에 유튜브의 최고경영자가 크리에이터들에게 휴식을 권장할 정도로 많은 유튜브 크리에이터가 번아웃을 호소하면서 정신적·육체적

---

1 개인방송인은 어떤 플랫폼에서 방송을 하고 있는지에 따라 비제이(아프리카TV), 스트리머(트위치), 유튜버 또는 크리에이터(유튜브) 등 다양한 이름으로 불리지만, 사실 이들은 그 경계를 언제든지 넘나들 수 있다. 단지 시청자나 담론 환경에 따라 유동적으로 자신의 이름과 정체성을 바꾸며 대응하는 경우가 많을 뿐이다. 어떤 플랫폼에서든 실시간으로 방송한 자료는 편집되어 유튜브에 업로드되는 것이 일상적이다. 이렇게 보면 크리에이터라는 명칭이 비제이나 스트리머를 포괄한다고도 볼 수 있다. 또한 다른 관점에서는 이들의 성격을 드러내는 '인플루언서'라는 명칭이 이용되기도 한다. 이 글은 전반적인 개인방송인에 대해 다루면서, 그 맥락에 따라 '개인방송인'과 '크리에이터', '인플루언서'라는 용어를 혼용해서 사용할 것이다.

2 아프리카TV는 2005년 실시간 개인방송 서비스인 'W(더블유)'라는 베타서비스를 오픈했으며, 2006년에 '아프리카'를 정식으로 오픈했고, 2017년에는 개인방송인에게 후원할 수 있는 시스템인 별풍선이 탄생한다. 이후 이 공간에서 높은 수익을 얻는 비제이들이 가시화되어 사회적 관심이 증폭되면서 다른 유사 플랫폼이 등장했다. 또한 유튜브의 급격한 성장은 개인방송 시장의 성장과 밀접하게 관련된다. 산업적으로 체계를 잡아가는 데에는 2015년을 전후해서 등장한 (유명) 크리에이터를 관리하는 트레져헌터나 다이아TV(2017년 개국)와 같은 MCN의 역할이 컸다.

3 2020년 8월 현재, 대표적으로 과장 광고로 유죄 판결을 받은 벤쯔, 뚜렛증후군을 조작한 아임뚜렛, 배달된 음식에 조작된 문제를 제기한 송대익, 자동차 고장을 조작한 야생마 등이 있다.

탈진에 시달리고 있음을 보여주었다. 이러한 내용은 이미 예견된 플랫폼 시장의 불안정성의 일면을 드러내는 것이며, 실제로 이와 관련한 구조적 문제가 직접적으로 제기되기도 한다(박기형, 2020).

하지만 여전히 우리에게 좀 더 익숙한 내용은 두 번째 인용문이 아닌가 싶다. 크리에이터가 초등학생의 희망 직업 10위 내에 들어선 것은 2018년부터였다. 당시 5위였던 인기 순위는 2019년에 3위로 두 단계 올라가면서 이 분야에 대한 초등학생들의 꾸준한 관심을 보여주고 있다. 이뿐만 아니라 2020년 8월 현재 정부 기관 및 지자체, 기업 등이 학생, 일반 성인, 특정 직업군들에 대해 지원하는 다양한 1인 크리에이터 교육 프로그램이 다수 계획되어 있으며,[4] 억대의 수입을 벌어들이는 '성공한' 크리에이터의 경험을 공유하는 인터뷰 기사가 여전히 지속되면서 크리에이터의 미래 가능성을 사회적으로 가시화하고 있다. 이 분야에서는 '당신의 노력 여하'에 따라 누구나 충분히 성공할 수 있다는 긍정적 가능성을 보여주는 유튜브 성공 신화는 여러 반대 담론에도 불구하고 여전히 살아 있다.

이와 더불어 기존의 방송국들은 물론 유명 스타, 그리고 각 분야의 전문가 등이 유튜브를 시작하고 있다는 사실은 주목할 필요가 있다. 방탄소년단(BTS)을 비롯한 유명 스타들의 유튜브 채널을 통한 팬들과의 소통, 유튜브 크리에이터로서 제2의 성공을 꿈꾸는 '철 지난' 유명인들, 그리고 개별 방송국들의 유튜브 채널 개설이나 '플랫폼용 프로그램' 제작은 이제 이 시장이 초보자나 일반인들의 시장이 아니라 방송 산업 전반으로 확장되어 있음을 보여준다. 이와

---

4 2020년 8월 현재, 네이버 포털에서 크리에이터를 검색한 결과 화면의 4페이지 안에 한국콘텐츠 진흥원, 경기도, 광양시, 담양군, 부산시와 부산관광공사, 넥슨, 기아차, 현대차 등이 지원하는 크리에이터 교육 프로그램이 나타났다. 넥슨이 이미 시작하기도 했지만, 게임 업계에서는 다양한 방식으로 게임을 소개하면서 시청자와 소통하는 게임 크리에이터 양성의 필요성이 제기되고 있다.

함께 이른바 전통적 의미의 '전문가'들이 개인방송 시장으로 모여들면서 플랫폼의 성격을 복잡하게 만들고 있다. 유튜브 콘텐츠가 젊은 소비자(수용자)의 기본적인 정보원으로 활용되고 있다는 점을 감안하면,[5] 이 시대를 '크리에이터의 시대'라고 불러도 크게 무리가 없어 보인다.

이 분야에 대한 경험이 축적되지 않은 가운데 놀이에 집중한 생산물이 예기치 않게 '성공적인' 새로운 삶을 기획하게 했던 블루오션 시대의 초기 크리에이터들과는 달리, 이 분야에서 일어날 수 있는 여러 경험이 축적되고 수많은 크리에이터가 활동하면서 '이미 레드오션'이라는 평가가 입에서 입으로 전달되고 있는 2020년 현재, 크리에이터가 되고 싶은 젊은 대학생들은 어떤 생각과 경험을 하고 있는지, 그리고 이것이 우리 사회의 변화와 어떠한 관계가 있으며 그 의미가 무엇인지에 대한 궁금증에서 이 글은 출발한다. 그래서 필자는 한 대학교에서 '나는 크리에이터다'라는 과목을 수강하고,[6] 그들 중에서도 게임을 개인방송의 소재로 삼고 있는 여덟 명(A~H)의 학생들과 인터뷰를 수행했으며,[7] 그 내용을 이 글의 기본 자료로 이용했다.

---

5 한국언론재단이 실시한 2019년 언론수용자 조사에 따르면 전체 온라인 동영상 플랫폼 이용률은 45.7%이지만, 20대의 이용률은 약 70%에 달했다. 그리고 이들이 이용하는 동영상 플랫폼 중에서도 75.4%가 유튜브이다. 또한 뉴스 장르로 한정해 볼 때 2018년에는 6.7%가 유튜브로 뉴스를 이용했지만, 2019년의 이용자는 12%로 두 배 이상 증가했다.

6 이 수업을 수강한다는 사실 자체를 크리에이터를 하고 싶다는 생각을 가지고 있는 것으로 보았다. 실제로 인터뷰를 진행한 여덟 명의 참여자는 방송인 또는 크리에이터를 꿈꾼 적이 있었다. 수업 이후에 크리에이터라는 직업을 목표로 동영상 업로드를 지속할지를 분명하게 밝힌 이는 두 명 정도였으나, 나머지 여섯 명도 취미로 간헐적 또는 자주 영상을 업로드하며 상황에 따라서 얼마든지 크리에이터를 직업으로 삼을 수 있다고 밝혔다.

7 인터뷰는 코로나19의 영향으로 2020년 5월과 6월 사이에 일대일, 또는 일대이의 실시간 화상 채팅을 통해 수행되었다. 인터뷰 질문에는 당사자의 게임 경험, 크리에이터를 접하게 된 계기 및 주요 시청 콘텐츠, 크리에이터 관련 수업을 듣게 된 이유, 게임과 크리에이터의 관계, 크리에이터가 되는 방법, 취미와 직업 간의 관계, 수업 이후의 계획 등의 질문으로 이루어졌으며, 자유롭게 대화하며 추가 질문을 하는 방식으로 이루어졌다.

1. 게임과 크리에이터

게임이라는 소재를 선택한 크리에이터에게 관심을 가진 이유는 두 가지 측면에서이다. 먼저 방송 소재로서의 게임은 개인방송의 시작과 함께했다. 인터넷을 통한 방송이 시작되던 태동기에 개인방송은 그들만의 놀이 공간이라는 성격을 가졌다. 네트워크 연결이 기반인 온라인 게임은 시작부터 '소통'과 '연결'이라는 태생적 성격이 있었으며, 따라서 게임하는 이들은 한 공간으로 모여들었다.

또한 국내에서는 '보이는 게임'이 일찌감치 발전하면서 이 분야의 스타가 탄생하고 있었으며, 이 시장의 굴곡은 프로게이머와 같은 실력자들을 플랫폼으로 불러 모았다. 이스포츠에서 두각을 나타냈거나 프로게이머가 되기 위해 모였지만 크게 성공하지 못한 훈련생들은 이 시장이 활기를 잃거나 또 다른 스타가 탄생했을 때 선택할 수 있는 길이 많지 않았다. 이들 중 일부는 당시 게임하는 이들이 모여 있던 아프리카TV에서 개인방송을 시작했다. 게임을 좋아하는 사람들에게 실시간으로 게임을 볼 수 있는 플랫폼은 실력자들의 기술과 전략을 집안의 모니터로 가깝게 소통하며 볼 기회였기 때문에 이러한 방송은 시작부터 다수의 시청자를 확보할 수 있었다. 이처럼 국내 인터넷 개인방송의 시작과 함께한 게임은 현재 주요 글로벌 플랫폼 중 하나인 트위치가 '비디오 게임 전용 인터넷 개인방송 서비스'로 특화되어 있을 만큼 개인방송의 대표적 소재라 할 수 있다.

두 번째로 게임이라는 소재는 개인방송의 성격을 드러내는 측면이 있다. 이는 다시 두 가지 방향에서 살펴볼 수 있는데, 하나는 하위문화(subculture)적 성격을 언급할 수 있다. 초기의 개인방송 시장은 전통적인 방송 시장과의 차이가 뚜렷했다. 주로 일반인에 의해서 운영되었던 개인방송은 'B급 정서'가 매우 중요한 특징으로 드러나기도 한다(이동후·이설희, 2017). 개인방송을 주로 소비하는 시청자들은 '너무 매끄럽고 정제된 방송'보다 다소는 전통적인 방송의 틀이나 규제의 경계선 사이를 넘나들면서 그들'만'의 문화를 공유하고 주류 문화를 풍자하거나 그들과 '다름'을 즐기는 경향이 있었다. 따라서 이 공간의 생산자들은 편집자나 작가를 구할 때도 전문가보다 개인방송의 하위문화적 코드를 잘 알고 있는 그들의 팬을 고용하는 것을 선호했다. 이러한 특징을 가진 개인방송은 전통적인 스타일에 익숙한, 즉 주류 시선으로는 '가치 없는', '보잘것없는' 그들만의 세상이었다.

현재는 여러 하위문화가 하나의 사업으로 부각되고 있고 개인방송 시장의 산업적 중요성도 크게 변했지만, 게임의 하위문화적인 특성은 개인방송에서 여전히 나타나고 있다. 또한 산업적으로 그 위상이 변화했음에도 우리 사회에서 게임은 아직까지 부정적인 시선 '안'에 놓여 있다. 사회적으로 게임하는 어른은 여전히 철이 없거나 자신을 절제하지 못하는 성숙하지 못한 모습으로, 게임하는 아이는 중독의 위험에 빠지기 쉬운 상태에 놓여 있는 모습으로 비친다. 이러한 부정적 담론 속에서 게임하는 이들은 그들만의 공간에서 그들만의 문화를 공유하는 경향이 강해진다. 이를 대표하는 곳이 바로 플랫폼의 개인방송 공간이기도 하다. 따라서 게임과 개인방송은 매우 밀접하게 관련되어 있을 뿐만 아니라 일부 특성을 공유한다고 볼 수 있다.

다른 한 측면은 게임과 개인방송 모두 놀이나 취미와 같은 비목적 행위와 직업이라는 목적 행위의 경계를 넘나든다는 점이다. 초기 개인방송 운영자들에게 이 공간은 쉬는 시간의 놀이터였으며, 이러한 놀이를 통해 수입을 올릴 수 있으리라는 기대는 없었다. 하지만 현재 개인방송 개설을 원하거나 운영하는 이들은 수익을 목적으로 하는 경우가 많다. 그럼에도 상당수는 소재를 정할 때 여전히 '재미'를 우선으로 하는데, 그 이유 중 하나가 불확실한 수익의 가능성에 투자하는 시간이 놀이의 시간과 대체될 수 있기를 기대하기 때문이다. 그리고 이러한 목적에 가장 부합하는 소재 중 하나가 게임이다.

2. 왜 게임 크리에이터를?

게임 크리에이터를 꿈꾸는 이들의 생각과 경험은 다소 다르게 나타났는데, 하나의 관점으로 이를 설명하기에는 다소 무리가 있다. 따라서 필자는 기존의 연구들에서 이들을 바라보는 관점과 이론을 차용하여 인터뷰 참가자의 사례를 대입해 보려 한다. 사실 이러한 사례 중심의 대입 방식은 어떤 관점에서 개인방송 시장과 그 안의 생산자를 바라보느냐에 따라 달라질 뿐 중첩적으로 이루어지는 경향이 있다. 필자가 만난 여덟 명의 크리에이터들도 강조점이 다를 뿐 크건 작건 이 특성을 모두 포괄하고 있다. 그럼에도 개별적으로 크리에이터를 지향하는 방향성은 다소 다르게 나타났는데, 사례를 세 개의 유형으로 나누어 '문화매개자형', '대안적 선택형', '자기브랜드형'으로 명명해 볼 수 있다.

첫 번째 유형은 '문화매개자형'이다. 현재 여러 플랫폼에서 수많은 게임 크리에이터가 활동하고 있는데, 이들이 모두 월등한 게임 실력을 갖추고 그 공간에서 활동하는 것은 아니다. 게임에 능숙하지 못해도 사람들에게 재미나 정보를 제공해 줄 수 있는 능력이 있다면 어떠한 형태로도 채널을 운영할 수 있다. 어떤 이들은 새로운 전략과 기술을 보여주기도 하고, 새로운 게임을 직접 수행하면서 평가하기도 하며, 게임과 관련된 정책에 깊이 관여하여 목소리를 내기도 한다. 그런가 하면 게임 내의 캐릭터를 흉내 내거나 재미있는 목소리를 덧입혀 게임을 즐기게 하기도 한다. 이처럼 하나의 게임 소재 안에도 다양한 형태의 방송들이 존재한다. 광범위하게는 인터뷰 참여자들이 게임이라는 소재를 선택했다는 점에서 이들 모두가 게임의 생산과 소비(수용)를 연결하는 매개자라고 볼 수 있다.

하지만 그중에서도 특히 게임 문화를 매개하는 역할에 중점을 두는 이들이 있다. 필자가 만난 여덟 명 중에서 유일한 여성인 A는 이러한 유형의 대표적인 사례이다. A가 게임을 시작한 것은 스무 살이 다 되어서이다. 그 전까지 게임은 그녀에게 가까이하기 다소 어려운 장르였는데, 주로 남학생들의 놀이 문화이기도 하고 이들이 게임을 하기 위해 이용하곤 하는 플랫폼에 대한 거부감도 있었다. 피시방의 '음산'하고 '거친 말이 오가는 무서운 분위기'는 더욱 이 분야에 접근할 수 없게 하는 이유이기도 했다. 하지만 재수 시절 친구 따라 우연히 시작하게 되었던 게임은 그녀의 삶에 중요한 자리를 차지하게 되었다. 그동안 이 세계를 알지 못했던 시간이 아쉬울 정도로 게임은 그녀의 문화생활의 중요한 일부분인 것이다. 그래서 그녀는 게임 크리에이터가 되어 이러한 그녀의 경험을 공유하기를 원했다. 게임 전략을 보여주기보다는 여러 사람을 초대해서 게임에 관한 쉽고 재미있는 이야기를 전달하기를 원한다. 특히 게임을 남성의 전유물로 보거나 게임을 어려워하는 여성들이 알아주었으면 좋겠다고 했다.

A: 처음 계기는 …… 게임을 접하게 되니까 그 친구와 피시방을 갔어요 …… 저는 피시방 가는 것도 무서웠던 게 너무 좀 …… 음산하달까 …… 처음에 갔을 때는 무서웠어요. 막 담배 피우고, 남자들 욕하면서 갑자기 누가 책상 내려치고 이러니까 처음에는 무섭더라고요. 그래서 제가 피시방을 너무 가기 싫은 거예요. 그래서 컴퓨터를 맞췄어요, 집에서 하려고. …… 저는 게임 유튜브를 하면서 …… 초대석을 만들었어요. 사람들을 초대함으로써 게임에 많이 접해보지 않은 사람들도 (접할 수 있게) …… 게임에 대한 부정적 시선이나, 게임

을 잘 모르시는 분들, 아니면 처음 시작하는 분들이 접할 수 있게 쉬운 게임을 가져와서 ……. 게임을 바탕으로 사람들과 어떤 대화를 하면서 재미있게 풀어나갈 수 있는지를 중점으로 했던 것 같아요. …… 예를 들어 게임은 너무 어렵다 이러시는 분들이 너무 많아요. 저도 처음에 온라인 게임을 하다 보니까 게임은 어렵고 사람들이랑 맨날 싸우고 이런 게임이라고 생각했는데, 이제 그런 것들을 깨고 싶은 마음이 커서 알려주려는 마음이 있죠. …… 여자분들에게 게임에 좀 더 쉽게 다가갈 수 있는 그런 게 있을 것 같아요.

A처럼 개별 게임 콘텐츠에 대한 평가, 이것들의 장점과 단점, 재미의 요소 등을 수용자에게 소개하는 이들을 '문화매개자'라는 개념으로 접근할 수 있다. 프랑스 철학자인 피에르 부르디외(Pierre Bourdieu)가 사용한 '문화매개자'는 생산과 소비를 매개하며 중간에서 해설, 비평, 평론 등을 담당하는 상대적으로 일정 정도의 문화자본을 지닌 사람들로 정의된다(Bourdieu, 1979). 부르디외의 논의가 영미권에서 '생산과 수용의 중간 과정에 개입하는 모든 기구나 행위자들'로 확장되면서 기자나 피디, 평론가, 패션 디자이너, 광고 기획자를 비롯하여 소비자 가이드북까지도 문화매개자의 범위에 포함되어 연구되고 있다(이상길, 2010). 국내에서도 새롭게 등장한 이른바 전문적 지식이 있는 방송인들이 문화매개자로 눈길을 끌기도 했으며, 최근에는 비평 문화가 현저히 부족한 게임 분야에서 게임 문화를 매개하는 이스포츠장 내의 행위자들(게임사, 제작사, 방송사, 스트리밍 플랫폼 등)과 개인방송 그리고 게임 크리에이터가 주목받고 있다(윤태진, 2019).[8] 이러한 관점을 받아들여 A와 같은 사례를 '문화매개자형'으

---

8 윤태진(2019)의 재정의에 따르면 게임 문화매개자는 "1. 게임의 생산과 소비 사이에서, 2. 혹은 그 주변에서, 3. 유형적인 게임 콘텐츠를 직접 매개하거나, 4. 무형적인 게임 문화의 형성과 변화에 영향을 미치거나, 5. 게임의 산업 생태계에도 영향을 미쳐서, 6. 게임

로 분류했다.

두 번째 유형은 '대안적 선택형'이다. 게임을 취미로 하는 게임 이용자에게 개인방송의 시청과 이용은 당연한 수순처럼 자연스럽고 매우 익숙한 일이다. 이러한 익숙함과 친밀함은 진입 장벽이 없는 개인방송 채널 개설에 대한 거부감을 현저히 낮춘다. 실제 일부 인터뷰 참여자들은 실용적 목적에서건 심리적 목적에서건 희박하지만 직업이 될 수도 있다는 점을 전제하면서, 대안으로 게임 크리에이터를 시작했다. 먼저 오프라인에서 쉽게 만나기 어려운 '취향공동체'를 온라인 공간에서 확보하고 이들과의 교류를 위해 게임 크리에이터를 선택한 경우가 있다. 사실 '문화매개자형'으로 소개된 A의 경우도 오프라인에서 게임을 함께 수행할 수 있는 동성 친구를 만나기가 매우 어렵다는 것이 출발점이었다. 컴퓨터를 좋아하는 사람들이 모이는 경향이 있는 전공을 선택하면서 처음으로 오프라인에서 동성 게임 친구를 만났을 정도로 자신의 취미는 '남성적'이다. 하지만 온라인 공간은 다르다. 이 공간에서는 자신과 같은 게임을 즐기는 사람들이 공통의 화제로 마음껏 이야기할 뿐만 아니라 유사 경험을 공유할 수 있다. 그래서 A는 오프라인에서 게임 친구를 찾기보다 게임도 하면서 '게임을 잘 모르는 사람들에게' 자신의 경험을 소개하고 전달하면서 게임 문화의 확장을 목표로 개인방송을 기획했다. 이렇게 보면 A 역시 대안적인 성격을 가지고 있다.

F는 취향공동체인 이 공간에서의 시간을 지속시키기 위해 게임 크리에이터를 선택한 측면이 강하다. 그곳에는 그를 바라봐 주는 고마운 사람들이 존재하고, "그 많은 사람들이 나랑 같은 생각을 가진다는 점"으로 인해 촬영, 편집 등에 하루에 몇 시간을 투자하고도 수입으로 직결되지 않는다는 "엄청 큰 리

의 본질과 역사, 여가의 사회문화적 의미 변화에 기여하는 행위자"이다. 게임장 권력구조에서 (유명) 크리에이터는 가장 가시적한 힘을 발휘하는 중요한 문화 매개자이다.

스크를 감수하고서라도" 할 만한 일이다. 또한 "얼굴을 마주치고 대화하는 데 살짝" 힘들지만, 이 공간에서의 대화는 "모두가 나랑 같은 한편이라는 느낌"마저 들기 때문에 "긴장하지 않을 수" 있다. F는 오프라인에서의 소외 경험을 같은 취향을 가진 사람들의 인정을 받으면서 가상공간을 통해 해소하고 있는 듯이 보였다.

대체로 한 채널의 수장 격인 개인방송인은 특정 취향공동체를 운영하면서 '소통'과 '인정'의 욕구를 충족하고 그 안에서 사회적 역할을 수행하기도 한다.[9] F의 사례는 팬들과의 공유와 자기만족, 표현을 주요 목적으로 했던 초기의 크리에이터들과 닮아 있다. 따라서 이 공간에서의 시간이 '중소기업 수준'의 '최소한의 생계유지' 정도 할 수 있다면 오랫동안 지속하고 싶다고 한다. 이러한 '취향공동체'에 좀 더 중점을 두고 이를 직업으로 연결하고 싶어 하는 유형은 개인 성격의 측면도 일정 정도 영향을 미치는데, 실재의 오프라인 세계에서 부과되는 사회적 역할에 대한 부담을 스크린이라는 매개를 통해 경감시키고 있었다.

> F: 영상 올리는 것 자체로 만족감이 클 것 같아요. 그리고 조회수 한 개 올라갈 때마다 솔직히 다른 사람들이 봐준 거 하나만으로 굉장히 기분이 좋거든요. …… 저는 게임 콘텐츠 아니었으면 다른 쪽으로는 생각이 없었던 것 같아요. 뭔가에 뛰어난 편은 아니고 …… 그쪽으로 대화 같은 건 그래도 할 수 있으니까 …… 얼굴을 마주치고 대화하는 데 살짝 힘든 부분은 그런 점에서는 온라인이 많이 유리한 생각이 들어요. 그래도 온라인의 장점이 모든 사람의 표정을 다 보고 긴장하지 않을 수 있는 것이고. 그 많은 사람들이 나랑 같은 생각을 가진다는 점이 엄청 리스크를 감수하고서라도 할 수 있는 충분히 좋은

---

9 개인방송 공간에서 나타나는 공동체적 특성은 아프리카TV의 〈먹방BJ 애봉이〉라는 채널을 분석한 안진·최영의 연구에서 자세히 볼 수 있다(안진·최영, 2016).

점이라 생각해요. 모두가 나랑 같이 한편이다 그런 느낌이 드는…….

E는 자신이 지금까지 전념해 오던 분야에서 직업을 바꿔야 할 필요성을 느끼면서 그에 대한 대안으로 영상 업로드를 시작했다. 대학에서 특정 운동학과에 진학할 정도로 오랫동안 운동을 지속했던 E는 몇 가지 이유로 그동안 꿈꾸었던 지도자의 길에 대한 회의를 느꼈다. 다른 직업을 가져보려 했을 때 그가 생각해 낸 것은 운동하는 틈틈이 즐겼던 개인방송이었다. 오랫동안 전념한 분야에서 다른 길을 선택해야 할 때 E에게 주어진 길은 그리 많지 않았다. 하지만 '그나마 잘할 수 있고 좋아하는' 게임을 소재로 하는 개인방송은 그에게 새로운 가능성의 길을 열어줄 수 있을 것 같았다.

E: 저는 개인적인 사유로 나중에 방송을 하고 싶었습니다. 원래는 태권도학과에 진학해서 지도자가 되는 게 꿈이었다면, 바뀌어가지고……. 원래는 게임 방송을 하고 싶다기보다는 방송을 하고 싶었는데 그중에 제가 좋아하는 주제가 게임도 있고 그래서 그런 쪽으로 했던 것 같습니다.

마지막으로 '연습 공간'의 대안으로 영상 업로드를 하는 경우가 있다. B와 D는 궁극적으로 크리에이터가 되는 것을 목표로 하기보다는 그 과정을 경험해 보는 것에 더 관심이 있다. 다른 이들에게 보여줄 수 있는 영상을 만드는 일은 기획 - 편집 - 유통의 과정을 경험하게 하며, 이는 미래의 자신의 일에 도움을 줄 수도 있다고 생각한다. 물론 이들에게도 이렇게 만들어진 영상의 구독자가 많아져서 자립할 수 있는 기반이 될지도 모른다는 가정이 전혀 없는 것은 아니다.

B: 유튜버 영상을 많이 보긴 했지만, 유튜버에 관심 있었던 건 아니었고, 영상을 만드는 거에 관심 있어서 영상 제작을 배워보고 싶어서 시작했고, 어쩌다 유튜브 영상을 제작하게 되었고 ……. 일상에 관해서 편집하고, 사실은 그런 걸 바랬었어요. 좀 영상기법 이런 걸 배우고 싶어서.

세 번째는 '자기브랜드형'이다. 신자유주의 시대를 살고 있는 우리의 일상에 "자기를 관리하라", "자기 브랜드를 만들어라", "스스로 기업가가 되라"와 같은 문구는 너무도 자연스럽게 스며들어 있다. 특히 동영상 업로드가 수익을 올리는 수단이 되거나, 수익을 올리기 위한 징검다리가 될 수 있는 시대의 1인 크리에이터는 개인기업가와 다름없다. 이 점이 게임 크리에이터를 시작하는 가장 큰 이유인 이들을 '자기브랜드형'으로 명명했다. 이 역시 '문화매개자형'이나 '대안적 선택형'과 중첩되는 부분도 있고, 이들 모두가 강조의 정도가 다를 뿐 유명해진다는 것에 대한 막연한 희망이 있다.

그중에서도 스스로 유명해져서 자기 브랜드를 만드는 것을 운영 목표로 밝힌 이들은 C와 H였다. 궁극적으로 이들은 게임 크리에이터를 통한 직접적 수익 창출보다는 개인방송을 통해 유명해지고(브랜드를 만들고) 이를 발판 삼아 자신의 다음 목표로 나아가는 것에 목적을 둔다. 이들은 대체로 개인방송 시장에 대해 체계적으로 접근하여 이 시장의 장단점을 파악하며 이야기하는 경향이 있었다. C는 이미 오래전부터 이 시장의 가능성에 주목했지만 여러 여건상 블루오션이었던 시기적 기회를 놓쳤다. 하지만 크게 성공하지는 못하더라도 이 공간에 영상을 쌓아간다는 것은 결국 "자기 브랜드를 만들어가는" 것이며, 이후 다른 일을 하게 될 때 준비된 자원이 될 수 있을 뿐만 아니라 자기 사업의 출발점이 될 수도 있는 일이다. 따라서 그는 당장의 성공보다는 그 안에 축적되는 자신의 이미지를 브랜드로 만드는 것이 중요하다고 한다.

자기 경영의 과정을 분명히 밝히는 C와 달리 H는 이 공간을 통해 자신의 '공신력'을 확보하는 것을 목표로 한다. H의 사례는 개인방송 시장 내의 '구경꾼'에서 주목받는 '생산자'로 이어지는 계기의 단면을 보여준다. H가 크리에이터를 시작한 이유는 자신이 좋아하는 유명 크리에이터의 '크루'에 들어가 함께 하고 싶어서였다. 이 크루에 들어가기 위해서는 시청자들에게 일정 정도는 신뢰를 받고 있다는 '공신력'이 있어야 하며, 그가 보기에 이러한 '공신력'은 사람들의 주목으로부터 시작된다. 그래서 H는 자신이 '누구나' 중의 한 명이 아니라 작지만 자신을 보여줄 수 있는 브랜드를 가진 1인으로 보일 필요가 있어서 자신의 채널을 개설하여 업로드를 시작했다. 이처럼 이들은 자기 브랜드의 실현 과정으로서 유튜브 크리에이터를 희망하고 있다.

C: 저는 옛날부터 유튜브를 …… 사람들이 유튜브를 많이 보기 전부터 많이 봤었어요. 크리에이터 시장이 확산되기 전까지 …… 제가 아는 형이 마케팅 쪽에서 일을 했는데 옛날에는 페이스북에서도 SNS 마케팅을 많이 했잖아요. 그런데 유튜브 시장도 커질 거라 해서 5년 전쯤에 해보려 하다가 시기적으로 입시도 겹치고 군대도 겹치고 해서 못했었어요. 그런데 제가 배워보겠다 했던 게 자취를 하면서 …… 혼자 살다 보니까 게임을 했는데 거기서 유튜브 게임 영상을 보다 보니까 저도 제작하면은……. 자기만의 브랜드를 만들어간다고 생각하는 편이에요. 왜냐면 만약 유튜브를 한다고 했을 때 나중에 마케팅 쪽으로 나간다고 해도 내가 유튜브 하고 동영상 만들었던 자료들이 있으면 그것도 저의 경력으로 볼 수 있다고 생각했거든요. …… 제가 사실 그 마케팅 회사 같은 걸 만들어보면 어떨까 싶어서 제가 크리에이터를 광고해 줄 수 있거나 아니면 영상 같은 걸 편집해 볼 수 있을 거……. 회사를 운영하는 것보다는 일단 제 개인 브랜드를 만드는 게 목표예요. …… 제가 이게 브랜드화를

하려면 처음부터 체계적으로 가져가야 하니까 중요하다고 생각해요.

H: 저는 계기가 특이한데, 이미 유튜브를 하시는 분이 계세요. 스트리밍하고 …… 같은 게임하는 방송하는 분. 그분이 시청자 참여라고, 같이 할 수 있는 콘텐츠 같은 게 있잖아요. 그런 걸 할 때 이제 아무나 못 받는 게 일단 시청자라고 해서 받긴 받았는데 조금 상태가 안 좋다고 해야 하나 …… 조금 이상한 사람들이 걸릴 수도 있잖아요. 그렇다 보니까 조금 공인된 사람들? 그런 사람들로만 구성해서 같이 하고 하는데 제가 마음에 들어서 같이 하고 싶어서 (먼저 이름 있는 사람이 되고 싶어서) 시작하게 됐거든요.

누구나 자신의 채널을 가질 수 있는 시대에 그 정도가 다를 뿐 일정 수 이상의 팬들로부터 주목을 받고 있는, 과거와는 비교가 될 수 없을 만큼의 수많은 이들이 플랫폼상에 존재한다. 크리에이터를 인플루언서라고 부르는 이유 중 하나는 이들이 과거의 셀러브리티와 유사한 자격과 권한을 가지기 때문이다. 디지털 시대에 유명인은 이미 존재(being)한다기보다 끊임없는 하기와 되기(doing)의 과정 속에서 나타난다(Senft, 2013). 이를 전통적인 셀러브리티와 구분하여 마이크로셀러브리티(micro-celebrity)라고 부르며, 수많은 SNS 스타나 플랫폼 위의 (유명) 크리에이터들이 이에 해당한다. 이러한 마이크로 셀러브리티의 등장은 디지털이라는 미디어 기술(mediatization)과 개인화하는 문화(personalization), 그리고 자본주의의 상품화(commodification)라는 세 차원의 과정이 얽혀 있다(Drissens, 2012). 또한 마이크로 셀러브리티라는 개념도 인물뿐만 아니라 자기를 브랜딩하는 모든 전략적 행위와 실천 자체를 포함하고 있다(Marwick, 2013).

3. 버티는 자가 성공한다?

미디어 이용자의 콘텐츠 생산 활동은 크게 두 가지 관점에서 논의되곤 한다. 그 하나는 이들의 자기실현 추구와 능동적 참여문화라는 시각으로 이러한 콘텐츠 생산과정에서 해방의 잠재력을 가진다고 본다(Bonsu and Darmody, 2008; Jenkins, 2006). 이러한 시각은 창의적·공동체적·민주적 가능성에 주목하지만 사회적 맥락을 간과한다는 한계가 있다. 다른 관점에서는 이들의 행위를 디지털 노동으로 바라보면서, 이들의 '자발적 노동' 행위를 개인적 층위에 국한하여 논의할 것이 아니라 플랫폼의 소유자 및 작동 원리에 집중할 필요가 있음을 제기하고 이들의 생산 행위가 자본 착취의 결과일 수 있다는 점에 주목한다(Terranova, 2000; Andrejevic, 2010). 이들에게 디지털 공간은 개인이 자발적으로 참여하는 실천의 공간이기보다는 '사회적 공장(social factory)'이다. 국내의 개인방송에 대한 연구들은 이미 자본에 의해 개인의 자율성이 침해되고 있는 현상에 주목해 왔다(이동후·이설희, 2017; 박진선, 2020). 디지털 노동 공간에서는 오늘도 많은 이들이 언젠가 성공할 수 있다는 가능성을 기대하며 시장의 흐름에 기여하고 있다. 아직 본격적으로 이 공간에서 생산적 노동 활동을 하지 않고 있는 인터뷰 참여자에게서도 이미 이러한 모습은 나타나고 있었다.

아프리카TV의 주요한 수익 장치 중 하나인 '별풍선'의 등장은 플랫폼 위에서의 활동이 놀이와 즐거움이었던 많은 크리에이터와 시청자의 존재, 행동, 말, 클릭의 순간들이 자본으로 환원되는 과정을 보여주는 대표적인 사례였다. 그 과정에서 시청자들은 데이터가 되고, 크리에이터는 데이터 수에 따라 소재에서부터 행동, 분위기까지 맞추어가는 경향이 확산되었다. 유튜브도 마찬가지로 개별 채널은 자신의 영상을 보고 있는 시청자들을 분석하고, 어떠한 소재나 썸네일이 좀 더 많은 클릭 수를 이끄는지와 같은 데이터화된 수치가 다양한 방식으로 공유되고 있다. 높은 인기와 수익을 얻는 개인방송인의 등장은 이들을 묶어 관리해 주는 MCN 사업자[10]를 등장시키면서 본격적으로 산업적 생태계를 만들었다. 이 공간이 점점 '체계화'되는 모습은 한편으로 전문적이고 산업적인 체계를 갖추어가는 모습으로 평가되기도 하지만, 다른 한편으로는 '누구나' '쉽게' '편하게' 접근하며 수행되었던 문화적 실천 행위가 이루어지던 공간이 침해되는 모습으로 보기도 한다. 무목적의 놀이 공간으로서의 정체성은 점차 줄어들고, 돈을 벌기 위한 '노동의 현장'으로서의 인식은 확장되고 있다. 혹은 '순수한' 놀이 공간이라는 의미는 언제든지 직업 현장으로의 전환 가능성을 염두에 두는 이중적 효과 중심의 사고로 대체되고 있다.

> H: 한참 고등학교 때랑 스무 살 초반 때, 이제 친구들이나 걔네들이 항상 말했던 게 "방송하면 잘하겠다" 이런 얘기를 했었는데 그때까지는 유튜브 시장이 이렇게 커질 생각을 못했으니까, 그때 당시 활성화되어 있던 건 아프리카TV 같은 거고 ……. 요새는 시장 커지는 거 보니까 스트리머라는 게 자기가 좋아하는 거나 이런 걸 다루잖아요. 그런 걸 하니까 아 이거 직업으로 삼으면 확실히 좋기는 하겠다, 하고 싶다라는 생각은 하는데 …… (성공이 쉽지 않은 것 같다).

필자가 2015년경 만났던 개인방송인 중에는 자신이 마음이 가는 방식으로 편하게 시청자들과 대화를 즐기다가 수익을 내기 시작하면서 직업으로 삼게 된 경우가 많았으며, 실시간 방송으로 시작한 이들이 다수였다. 그러나 2020년 현재 개인방송을 원하는 인터뷰 참여자들 모두는 시작하기 전에 잠재적으로 돈이 될 수 있는 콘텐츠를 고민하고 '충분한' 기술을 익힐 필요성과 단

---

10 국내의 경우 대표적으로 다이아TV, 트레저헌터 등이 있다.

단한 마음가짐의 필요성을 이야기한다. 이는 단순히 편집된 동영상의 업로드와 실시간 방송의 차이로 보이지는 않는다. 이들에게 실시간 동영상 촬영과 업로드는 이미 '인지도 있는' 사람들인 경우에 시작할 수 있는 일이며(F), 실시간 방송을 먼저 하더라도 유튜브로의 업로드는 당연한 일이기 때문이기도 하다. 따라서 몇몇은 유튜브를 통해 일정 정도의 인지도를 쌓은 이후에 실시간 방송을 시작할 생각을 하고 있으며, 몇몇은 설령 실시간 방송과 동시에 시작하더라도 유튜브 동영상 편집 기술은 처음부터 고려해야 하는 것이라고 생각한다. "이제 아무래도 아프리카TV로 시작하는 시대가 아니"기도 하고(F), "사람들이 많이 접하는 미디어가 유튜브"이기 때문이기도 하다(E).[11] 이들 다수는 어차피 수익을 기대하기 위해서는 "최소 1~2년 이상", "100건 이상의 업로드"와 같은 지속적이고 꾸준한 영상 업로드는 기본이라고 믿고 있으며, 일부는 꾸준히 업로드하면서 결국 오랫동안 버티는 사람이 성공한다는 막연한 믿음을 가지고 있었다. '끈기', '꾸준함', '지치지 않기', '간절함' 등은 크리에이터를 하겠다고 생각하는 사람이 갖추어야 할 기본적 마인드였다.

A: 간절함? …… 그런데 어떤 게임 유튜버 영상을 봤는데, 크리에이터가 되기 위해서는 만만하게 봐선 안 된다고 했어요. 다들. 성공한 사람들이 일단 처음에는 한 명으로 시작하는데, 이건 본인이 다 해야 하고, 다 짜고 매일매일 노력을 해야 하는데 그걸 감당할 수 있는 사람만 하라고 하더라고요. 직업으로 삼

11 실시간으로 소통하며 게임하는 것이 중심적인 경우가 다수라는 게임의 독특성도 게임 크리에이터들이 유튜브를 생각하면서도 다른 플랫폼에서의 실시간 게임을 전제하는 것을 당연시하게 한다. 유튜브 라이브에서 '유튜브 게이밍(Youtube Gaming)'을 서비스하고 있지만 기술적인 측면에서 게임 방송에 적합하지 않다는 것이 현재까지의 지배적 반응이다. 실시간 게임은 국내에서 트위치TV가 가장 선호되며 그다음이 아프리카TV로 파악되고 있다(윤태진, 2019).

으려면. 진짜 간절하거나 끈기가 있거나 …….

게임을 좋아하는 많은 이들은 여러 플랫폼의 게임 영상을 적극적으로 찾아서 본다. 현재는 특정 플랫폼을 이용하는 인터뷰 참여자들을 포함해서 게임하는 이 모두는 여러 플랫폼을 경험해 왔다.[12] 오랜 축적의 경험은 이들에게 '성공한 이들'의 특성을 관찰하게 했고, 이러한 관찰은 개인방송으로의 진입을 좀 더 신중하게 했다. F는 짧고 재미있는 영상을 선호하는 대중의 경향을 자신도 경험했으며, "많은 사람들이 이미 지나간 데"를 가야 할 때 영상 편집 기술이라도 좀 더 나아야 시작해 볼 수 있다고 생각한다.

F: 저도 옛날에는 주로 편집 없이 직접 방송만 찍은 걸 즐겼었는데 시간이 지날수록 점점 지루해지더라고요. 영상이 길어서 ……. 영상 보는 데 시간을 써야 하는 게 점점 강조되다 보니까 시간이 지날수록 짧고 재미있는 영상을 찾다 보니까 편집이 많이 된 영상들이 재미를 끌더라고요. 그럴수록 편집 안 된 영상들은 스스로 찾아보지는 않게 되는 것 같아요. …… 지금 현재 있는 유튜브 시장에서 다른 사람들이 안 하는 독보적인 콘텐츠를 하는 사람이라면 영상 콘텐츠 기술이 좀 적어도 돋보일 수 있는데 많은 사람들이 이미 지나간 데를 제가 다시 가려면 영상 편집 기술이 조금이라도 나아야 다른 사람들보다 '아, 깔끔하고 그런 것 같구나' 해야 본다고 생각하거든요.

---

12 2019년 게임 유저들이 게임 방송 시청을 위해 가장 많이 이용하는 플랫폼은 유튜브, 아프리카TV, 트위치 순서로 나타났다(윤태진, 2019). 한두 개의 플랫폼만 이용한다고 답변한 인터뷰 참여자들도 다른 플랫폼에서의 게임 관련 사건 등은 인지하고 있어서 플랫폼의 차이를 넘나들고 있다고 볼 수 있다.

G: 초반 단계에는 편집 기술이 필요할 것 같아요. …… 편집 기술이 탁월하면 영상 퀄리티가 올라가지 않을까 싶어서 ……. 유튜버로 살아남으려면 예전 같으면 자기가 플레이했던 영상을 30~40분짜리로 통째로 올렸던 영상이 많았던 것 같은데 요즘은 아무래도 사람들이 짧게 보는 경우가 많다 보니까 편집 기술을 아무래도 중요하게 여기고 그 편집에서도 센스 있는 편집이라고 해야 하나 ……. 편집 기술 자체에서 느낄 수 있는 재미도 필요한 것 같습니다.

그런데 이들의 생각과 아이디어가 상당 부분 유사하며, 특정 크리에이터의 말과 영상을 자주 인용한다는 점은 주목할 필요가 있다. "당장 지금 구독자가 안 느는 거에 초조해하지" 말고, "모두가 다 성공하는 건 아니"며, '끈기와 꾸준함'이 가장 필요하며, '오랜 시간 걸리는 분야'이며, '캐릭터를 만들어야 되는' 등은 모든 참여자가 유사하게 이야기하는 내용이다. 게임 크리에이터가 된다는 것은 불안정한 플랫폼 시장에 들어서는 것이며, 이는 지속적으로 이미 그 시장에서 성공한 사람들의 말을 경청하게 한다. 게다가 그들이 자신과 같은 취향을 가지고 있고 개인방송의 특성상 공동체적 신뢰감이 강하게 작용한다는 점을 가정해 보면, 더욱 강한 믿음으로 이어지고 있는 점은 자연스러워 보이기도 한다. 더욱이 게임이라는 장르의 특수성도 게임 공동체 내의 결속력을 강하게 만든다.[13] 따라서 이들은 자신이 좋아하는 게임 크리에이터의 '성공 경

---

13 이러한 결속력에 대해서는 다른 시각이 있을 수 있다. 최근의 한 연구에서는 이용자들이 크리에이터에 대한 신뢰도가 강하면서도 사건 사고에 쉽게 영향을 받아 다른 채널이나 크리에이터로 쉽게 옮겨 가는 경향도 있다는 결과를 보여주었다(윤태진, 2019). 그러나 연구 참여자들이 게임이나 크리에이터 분야에 대한 지식을 얻는 주요 통로는 좋아하는 개인방송에서부터 시작하는 경향이 있었으며, 이에 대한 강한 믿음도 보였다. 예를 들어 게임의 질병 코드와 관련한 대화에서도 이들은 모두 유사한 주장을 하고 있는데, 하나를 인용해 보면 다음과 같다. "게임이 진짜 나쁜 것 같아요. 게임이 질병이라고 …… 그때 항의가 엄청 들어왔어요. 그래서 게임 유튜버 중에 ○○○ 씨라고 정보력을 잘 전달하는

로'를 경청하면서 어떠한 방향으로 걸어가야 할지 확인하고, 크리에이터로서 겪을 수 있는 많은 일을 간접적으로 경험한다.[14]

H: 그 …… 뭐지 …… 아까 그분(좋아하는 크리에이터)한테 조언을 듣는데 …… 당장 크리에이터로 도전하는 건 사실 지금 엄청 힘든 거고 ……. 절대로 당장 지금 구독자가 안 느는 거에 초조해하지 말라고 하시더라고요. 그분도 방송하실 때 1년 동안 방송 얼굴을 캠으로 하시면서 유튜브에 조금씩 편집본 올리고 했는데 자기가 구독자 500명 모으는 데 일 년 반인가 걸렸다고 하더라고요. 사실 일 년 반에 500명이면 제가 보기엔 꽤 많은 수치이긴 하거든요. 그런 시기가 있는데. …… 구독자가 100명이나 1000명이나 단위가 크게 증가할 때 유튜브에서 채널을 많이 볼 수 있게 뿌려준다고 하더라고요. 그런 게 있으니까 시간 날 때마다 짬짬이 하고 절대로 그걸 주라고 생각하지는 말라고 하더라고요. 할 수 있는 만큼만 노력하다가 어느 정도 채널이 커져서 아 이제 이거 내가 할 수 있지 않을까 했을 때 그때 진지하게 고민하라고 하더라고요.

유튜버가 있는데 그분이 캠페인을 하셨는데 게임은 질병이 아니다. 이런 …… 저희 나라나 다른 나라에서는 케이팝 그런 문화 콘텐츠는 좋게 보는데 저희가 게임 분야에서만큼은 한국이 세계에서 게임을 제일 잘해요. 그게 한국 게임 세상에선 한국인들을 되게 좋게 봐요. 머리 좋고 게임 잘하고 전략 잘하고 ……. 그러면 국위선양을 하는 거잖아요. 그리고 이스포츠 발달이 됐잖아요. 그러면 올림픽 같은 거에서 게임으로 경쟁할 수 있는 시스템이 됐는데 그걸 질병이라 하니까 ……. 그럼 프로게이머들은 중독돼서 하는 거냐 ……. 다들 그런 말을 하더라고요. 너무 심하면 안 되겠지요. 일상에 지장을 줄 정도면 지장이지만 보통 사람들은 일상에 지장을 안 줘요. 학교 다니고 직장 다니면서 하는 건데 그걸 질병이라고 해버리니까 인식이 다들 부정적인 거죠. 폭력성만 보여주고. 그런 사람들이 매번 있는 건 아닌데. 그래서 게임이 나쁜 건 아니라는 걸 얘기하고 싶어요."

14 크리에이터가 유명해지는 전략 중 하나는 '나 = 당신'이라는 공식이다. 즉 '당신과 같은 일반인으로부터 지금의 내가 있다'는 경험담(혹은 성공담)이 많은 이들을 유사한 길로 들어서게 하는 데 기여한다(이설희, 2018).

그래서 이들은 크리에이터를 직업으로 전환할 수 있는 시점의 수익을 상당히 낮게 잡는 경향이 있다. H는 생계비만 나온다면, G는 '일반적 직업'의 반 정도의 수입만 나와도 이 공간에 전념할 수 있다고 생각한다. 게임은 앞으로도 지속할 취미이고 이를 통해 경제적인 부담까지 해결이 된다면 기꺼이 시간을 투자하겠다는 생각이다. 또한 유튜브 공간에의 '축적'은 곧 '자산'이라는 확신도 이러한 판단에 근거가 되고 있다.

> G: 제가 만약에 일반 직업으로 200을 번다고 했을 때 유튜브로 100만 원만 벌어도 괜찮지 않을까 생각해요. 왜냐면 유튜버 같은 경우에는 구독자 수가 줄지는 않잖아요. 늘 가능성이 있으니까 오히려 일반 직업보다 현재는 벌고 있는 금액이 적더라도 얼마든지 성장 가능성이 큰 직업이다 보니까. 원래 갖는 직업의 반 정도?

이처럼 "90~100% 전념"할 직업이 아닌 삶의 "20~30%" 정도인 취미 생활에 "5시간 이상 써야 5분짜리 영상"(F, G)이 겨우 나올 정도의 고된 작업을 계속 지속하는 이유는 취미의 시간을 돈으로 환원시킬 수 있다는 '막연한' 전망이 있기 때문이다(B, C, G). 2020년 현재 '사회적 공장'에서 이미 성공한 크리에이터들은 새로운 무임 노동의 증가에 기여하고 있으며, 자율적으로 많은 시간을 투자하는 이들의 '헌신'을 자기 개인의 경험담으로 확보하고 있다. 빠르게 변화하는 유동의 시대에 기존의 경험담은 단지 경험담으로 남을 뿐이며 어떠한 성공도 담보하지 않는다는 사실이 이 공간에서는 간과되고 있다.

4. 이왕이면 이것도 촬영을

인터뷰 참여자들에게 채널 운영은 언제든지 특정한 상황의 직업적 대안으로 여겨지고 있다. 이를 통해 유추할 수 있는 것 중 하나는 개인의 사적인 삶의 구석구석이 상업화되어 가는 모습이다. 자본주의가 심화될수록 모든 시간과 공간 그리고 개인의 신체 모든 부분까지도 상품이 된다는 것은 예견된 사실이다. 특히 오늘날의 디지털은 그 대상을 확장하면서 상품화의 속도를 높였다. 달리 말하면 디지털이 공사(公私)의 경계를 모호하게 하고, 이 틈새를 빠르게 자본이 잠식하고 있는 현상이라고도 할 수 있을 것이다. 이러한 시대에 시공간은 중첩된다. 인간의 휴식 시간이 언제든지 자본화될 수 있다는 잠재적 성격을 띠게 되면서 '순수한 사적 시간과 공간'은 사라져가고 있다. 그리고 이러한 사적·공적 경계의 사라짐이 자기 브랜드의 실천을 통해 유명해지기를 원하는 사람들을 널리 확장시켰다(Senft, 2013).

집에서 쉬는 시간 동안 수행한 게임이 상품이 될 수 있다는 것은 자신의 취미와 사적 일상이 언제든지 상품으로 전환될 수 있다는 의미다. 플랫폼 위에서는 게임과 같은 취미 생활뿐만 아니라 심지어는 개인의 모든 사적 관계에서부터 고독하게 홀로 공부하고 있는 모습조차도 상품이 된다는 것을 우리는 이미 목격하고 있다.

인터뷰 참여자들이 크리에이터 관련 수업을 수강하게 된 이유는 조금씩의 차이는 있지만 기본적으로 '언제든지' 크리에이터가 될 수도 있다는 것을 전제에 두고 있기 때문이다. 그들이 크리에이터를 한번 해볼까 하는 생각이 들었던 데에는 이들이 초중고생 때부터 접해왔던 유튜브, 트위치, 아프리카TV와 같은 개인방송 플랫폼과 그 안에서 활동하는 '친밀한' 크리에이터에게 익숙해져 있다는 점이 크게 작용한다. 이들 모두는 좋아하는 크리에이터를 한두 명

이상 자세히 언급할 수 있다. 이처럼 개인방송은 이들의 성장 과정을 함께한 친구와 같다. 이 공간의 특성을 내재화하고 있는 이들은 자신의 모든 행동, 생각, 관심거리가 플랫폼상에서 상품이 될 수 있다는 것을 '이미' 알고 있다. 초기 크리에이터들이 순수한 취미 활동으로 예기치 않게 큰 성공을 거두었다면, 이들은 이왕이면 일상의 모든 행동에서 자본으로 전환될 가능성을 염두에 두고 있는 듯이 보인다. 따라서 이들은 사적 삶의 시간을 상품으로 전시할 것을 고려하게 되는데, 영상 기술을 연습하고 싶을 때 이왕이면 '연습작'일지라도 업로드를 통해 여러 사람에게 보여줄 수도 있고 축적[15]될 수 있는 플랫폼 공간을 떠올리며(B), 이왕이면 취미 시간을 그대로 소진하기보다는 이중적으로 이용할 수 있는 방식을 생각하고(C), 아르바이트 경험도 그 자체를 콘텐츠의 소재로 활용할 방법을 모색해 보기도 한다(D).

B: 일상에 관해서 편집하고, 사실은 그런 걸 바랬었어요. 좀 영상 기법 이런 걸 배우고 싶어서. 아, 이 수업에 들어가면 배울 수 있겠다 해서.

C: 그런데 제가 배워보겠다 했던 게 자취를 하면서 원래 게임을 안 했는데 혼자 살다 보니까 게임을 했는데 거기서 유튜브 게임 영상을 보다 보니까 저도 제작하면은……. 추억거리로 약간 다이어리북 같은 걸로 만들면 재미있겠다 해서 이제는 유튜브를 배워보려고.

D: 저는 옛날에 에버랜드에서 일했는데 거기서 유튜브를 찍으면 재미있을 것 같았는데 시간이 안 나서 미뤘었는데. 이제 시간이 나서 학교에서 프리미어 프로그램 배우고 싶어서 신청했어요.

---

15 영상의 축적은 '성공적' 크리에이터가 되기 위한 출발점이다.

이렇게 매시간을 '의미 있는', '효율적인', '목적적' 시간으로 메우고 있는 이들에게 어쩌면 부정당한 시간으로 점철되어 있는 게임 시간은 죄의식과 유사한 감정을 불러일으켰을 수 있다. 인터뷰 참여자 대부분은 어려서부터 게임을 즐겼으며, 주위 사람들로부터 이 시간을 부정당한 경험이 있다. 어려서는 부모님의 시선을 최대한 피해서 게임을 해야 했고, 성장해서는 게임에 대한 사회적 부정의 시선과 싸워야 했다. 따라서 이들에게 이러한 부정의 시간이 생산적 시간으로 바뀔 가능성은 '성공 확률'이 아무리 적어도 매료되기에 충분한 조건 중 하나이다. 즉 "영상 만드는 용도로 게임"하는 시간은 부모님의 '잔소리'를 듣지 않아도 되는 긍정의 시간으로, '인정받을 수 있는' 생산의 시간으로 전환되는 것이다(F). 이후에 다른 소재로 전환하기를 원하는 이들에게도 성공으로 가는 과정의 시작 단계에서는 게임이 적합한 것이다.

> F: 영상 만드는 용도로 게임한다 하면 뭐라 하시지는 않겠죠. …… 나는 집에서 게임해서 부모님한테 욕을 먹는데 저 사람(크리에이터)은 게임해서 돈 버네, 그런 인식이 '나도 게임해서 돈 한번 벌어보자' 하는 생각이 들더라고요.

이제 취미와 여가 시간조차도 '효율적'이어야 하는 시대, 노동시장의 불안정성이 두 개 이상의 직업을 요구하는 시대에 오늘도 카메라를 켜놓은 채 친구들과 게임을 즐기고 있는 이들의 모습을 상상하는 것은 그다지 어렵지 않다.

5. 요약 및 결론

게임은 하위문화적이며 재미와 일의 경계를 넘나든다는 점에서 개인방송의 특성과 맥락을 같이한다. 이러한 점에서 이 글은 게임 크리에이터를 염두에 두고 관련 수업을 수강하면서 게임 영상을 유튜브에 업로드하고 있는 여덟 명과 인터뷰를 진행하며, 이들이 왜 게임 크리에이터를 선택했고 그 과정에 어떠한 일들이 영향을 미쳤는지 그리고 준비를 어떻게 하고 있는지에 대해 질문하고, 이것의 사회문화적 의미가 무엇인지를 알아보려 했다.

먼저 이 글은 게임 크리에이터를 꿈꾸는 이들을 세 유형으로 나누어 살펴보았다. 새로운 게임의 소개와 비평을 통해 게임의 생산과 수용을 매개하는 문화매개자형이 그 첫 번째이며, 취미를 공유하는 사람들 사이의 친밀감과 익숙함에서 직업, 사회, 심리적 대안으로 게임 크리에이터를 선택하게 되는 대안적 선택형이 두 번째 유형이었다. 세 번째는 자기브랜드형으로 이들은 게임 크리에이터를 통해 자신의 이름을 알리면서 원하는 바를 이루기를 희망했다. 이 세 유형은 서로 배타적이지 않으며 중첩적으로 나타났다.

게임 크리에이터가 되는 일이 과거에 비해 상대적으로 매우 어렵다고 인식되면서, 이들은 크리에이터를 본격적으로 시작하기 전에 편집과 같은 특정 기술을 익히면서 오랜 준비 시간을 보내야 한다고 생각하고 있었다. 이러한 인식은 이미 시장에 자리를 잡았다고 여겨지고 이들이 매우 신뢰하는 다른 (유명) 크리에이터로부터 이어지고 있었다. 또한 '생산성'과 '효율성'이 강조되는 시대에 성공 가능성을 염두에 둔 게임 크리에이터의 준비 과정은 타인에게 인정받지 못하는 부정의 시간을 직업적 준비 과정인 긍정, 생산의 시간으로, 무목적적 취미의 시간이 목적적 노동의 시간으로 인식되도록 하는 경향이 있었다. 그리고 이러한 인식은 일상의 모든 시공간이 상업화되어 가는 현시대의 다른 모습이기도 하다.

▸ 참고문헌

박기형. 2020.5.18. "인기 순식간에 급하락 …… 직업 유튜버 너무 불안해요." 오마이뉴스, http://www.ohmynews.com/NWS_Web/View/at_pg.aspx?CNTN_CD=A0002642004

박진선. 2020. 「크리에이터는 어떻게 노동하는가?: 1인 미디어 생산 경험에 대한 비판적 고찰」. ≪미디어 경제와 문화≫, 18권 1호, 73~110쪽.

손진아. 2020.7.28. "유튜버 야생마, 주작 인정 → 눈물의 사과 "돈+유명세가 지금의 날 만들어"." MK스포츠, http://mksports.co.kr/view/2020/766987/

안진·최영. 2016. 「인터넷 개인방송 시청공동체 특성에 관한 탐색적 연구: 아프리카 TV 〈먹방 BJ 애봉이〉를 중심으로」. ≪한국방송학보≫, 30권 2호, 5~53쪽.

윤태진. 2019. 『게임문화매개자에 대한 연구』(게임문화 융합연구 9). 한국콘텐츠진흥원.

이동후·이설희. 2017. 「인터넷 개인방송 BJ의 노동 과정에 대한 탐색: 아프리카TV 사례를 중심으로」. ≪한국언론학보≫, 61권 2호, 127~156쪽.

이상길. 2010. 「문화매개자 개념의 비판적 재검토: 매스 미디어에서 온라인 미디어까지」. ≪한국언론정보학회≫, 52호, 154~176쪽.

이설희. 2018. 「BJ/크리에이터의 유명인 '되기'」. 한국방송학회 엮음. 『문화연구의 렌즈로 대중문화를 읽다』. 컬처룩, 337~368쪽.

정길준. 2020. 7.13. "(人플루언서) 뷰티 크리에이터 김습습: 메이크업 따라 하다 K-뷰티 전도사 됐죠." ≪브릿지경제≫, http://www.viva100.com/main/view.php?key= 20200712010002295

Andrejevic, M. 2010. "Surveillance and alienation in the online economy." *Surveillance & Society*, 8(3), pp.278~287.

Bonsu, S., and Aron Darmody. 2008. "Co-creating Second Life: Marker-consumer cooperation in contemporary economy." *Journal of Macromarketing*, 28(4), pp.355~368.

Bourdieu, P. 1979. *La distinction: critique sociale du jugement*. Paris: Le Editions de Minuit.

Drissens, O. 2012. "The celebritization of society and culture: Understanding the structural dynamics of celebrity culture." *International Journal of Cultural Studies*, 16(6), pp. 641~657.

Jenkins, H. 2006. *Convergence Culture: Where old and new collide*. New York University Press.

Marwick, A. 2013. *Status update: Celebrity, publicity and branding in the social media age*. New Haven: Yale University Press.

Senft, T. 2013. "Microcelebrity and the branded self." in John Hartley, Jean Burgess and Axel Bruns(eds). *A Companion to New Dynamics*. UK: Wiley-Blackwell, pp.347~355.

Terranova, T. 2000. "Free Labor: producing culture for the digital economy." *Social Text*, 18(2), pp.33~58.

_____. 2013. "Free labor." in T. Scholz(ed). *Digital labor: The Internet as Playground and Factory*. Routledge, pp.33~57.

제4장

이야기꾼의 귀환, 유튜브 게이밍 콘텐츠와 1인 크리에이터

| **윤현정**(인하대학교)

1. You, Youtube, Youtuber

2006년, ≪타임(Time)≫은 올해의 인물(Person of the Year)로 'You'를 선정했다. ≪타임≫은 1927년부터 매년 전 세계적으로 큰 영향력을 끼친 인물들을 올해의 인물로 선정해 왔다. 1982년 '컴퓨터'가 사람이 아닌 사물로서 최초로 선정되기도 했지만 2006년 올해의 인물로 'You'를 선정한 것은 분명 파격적인 일이었다.

올해의 인물 'You'를 소개하는 ≪타임≫의 표지는 더욱 흥미롭다. 'You'는 유튜브를 재생하는 화면에서 따온 것이 분명해 보이는 인터페이스로 꽉 채워진 컴퓨터 모니터와 키보드로 자신을 대변했다. 당시 공유, 개방, 참여를 주창하는 웹 2.0의 흐름과 함께 평범한 개인들의 인터넷을 통한 다양한 활동과 이

* 이 글은 저자가 참여한 한국방송통신전파진흥원의 연구 보고서 「국내 MCN 산업 분석 및 활성화 방안 연구」(2017) 4장의 일부 내용과 논문 「MCN 게이밍 콘텐츠의 스토리텔링 연구」(2016)의 논의를 바탕으로 수정, 재구성되었음을 밝혀둔다.

들이 만들어내는 집단지성이 큰 주목을 받았는데, 복잡하고 광범위한 웹상의 개인과 그 활동을 대표하는 이미지로 ≪타임≫은 유튜브를 선택한 것이다.

2005년 2월 서비스를 개시한 유튜브는 2020년 현재 전 세계에서 가장 큰 영향력을 떨치고 있는 동영상 공유 플랫폼이다. 검색을 통해 원하는 정보나 콘텐츠를 찾는 포털 사이트의 기능뿐 아니라 기존의 미디어 콘텐츠 산업을 위협하는 지식, 정보, 엔터테인먼트 콘텐츠를 보유하고 있다. 특히 디지털 원주민(Digital Native)인 초등학생들은 포털 사이트의 검색 창이 아닌 유튜브에서 검색하고 텔레비전이 아닌 유튜브를 통해 내가 원하는 시간에 내가 보고 싶은 엔터테인먼트 콘텐츠를 소비한다. 교육부의 '2019 초·중등 진료교육 현황 조사'에서 초등학생들이 선호하는 장래 희망으로 운동선수, 교사에 이어 '유튜브 크리에이터'를 꼽은 것은 이런 상황에서 당연한 결과라 할 수 있다.

'당신을 위한 텔레비전', '당신이 바로 텔레비전'이라는 뜻의 유튜브는 텔레비전을 위협하는 새로운 플랫폼으로 성장했고, 유튜브 콘텐츠 크리에이터를 칭하는 유튜버들을 새로운 스타로 만들어냈다. 기존의 엔터테인먼트 산업과 스타들이 공생하는 것처럼 유튜브 역시 유튜버들과의 공생을 통해 그 영향력을 확대하고 있다. 유명 유튜버가 공중파 프로그램으로 진출할 뿐 아니라 유명인과 스타들이 유튜브 채널을 개설한다. 이들이 유튜브 방송을 통해 얻는 막대한 광고 수익이 연일 화제가 된다.

바야흐로 전통적인 미디어, 콘텐츠 산업에서와 전혀 다른 방식으로 이루어지는 생산, 유통, 소비의 시대가 열렸다. 스스로 콘텐츠를 기획·제작·유통하는 1인 크리에이터들은 그 자체가 콘텐츠이자 채널이며 플랫폼이다. 개인의 상상력과 창조성이 보다 손쉽게 실현·공유될 수 있고 소비 역시 개인들의 자유로운 선택과 의지에 의해 일어난다. 이렇기 때문에 나도 언제든 쉽게 유튜버가 될 수 있을 것 같다. 동시에 유명 유튜버도 나와 그다지 다르지 않은 누군가라고 생각하기에 더 몰입하기도 하지만 더 쉽게 등 돌리기도 한다. 유튜버들의 한 마디 말과 행동이 큰 논란거리가 되기도 하고 광고와 협찬 등을 의도적으로 숨긴 유튜버들이 활동 중단을 선언하기도 했다. '연반인'(연예인과 일반인의 합성어)이라는 명칭처럼 유튜버와 그들이 만들어내는 유튜브 콘텐츠들은 새로운 미디어 콘텐츠 산업의 경계에서 새로운 길을 만들며 달려 나갈지 이전의 길을 되풀이할지 그 방향성을 알 수 없는 질주를 이어 나가고 있다.

이러한 상황에서 유튜브 콘텐츠와 유튜버들이 산업적·사회적으로 영향력을 확대해 나가고 있는 현상의 이면에 놓인 그 본질적 성격을 모색하고자 하는 시도들이 필요하다. 이에 먼저 유튜브 콘텐츠와 유튜버라는 광범위한 대상을 파악하기 위해 유튜브 콘텐츠의 장르와 유형을 살펴보고 그 기저에 깔린 차별적 특징이 무엇인지 파악하고자 한다. 나아가 유튜브 콘텐츠의 대표 장르인 게이밍 콘텐츠를 중심으로 논의를 진행하여 유튜브 콘텐츠와 유투버들이 만들어나가고 있는 고유한 미학이 무엇인지 탐색해 본다.

2. 유튜브 콘텐츠의 장르 및 유형

1) 유튜브 콘텐츠는 어느 날 갑자기 하늘에서 떨어지지 않았다

제이 데이비드 볼터(Jay David Bolter)와 리처드 그루신(Richard Grusin)의 재매개(Remediation) 개념에 따르면 새롭게 나타난 미디어는 이전의 다른 미디어를 개조·변형하기 마련이다. 최선영(2016)은 유튜브 콘텐츠 역시 기존의 미디어 사이에서 나타난 콘텐츠들의 영향을 다음과 같이 받아왔다고 정리한 바 있다.

예를 들어 1920년대 라디오 역사의 초기에, 10대들이 자발적으로 스포츠 중계 등의 라디오 방송을 제작하여 송출했다면, 그로부터 100년 후 요즘의 10대들은 유튜브 콘텐츠를 만들고 업로드한다. 수전 더글러스(Susan Douglas)는 10대 청소년들의 라디오 방송이 스포츠 중계 형식의 라디오 포맷을 정착시키는 데 역할을 했다고 평가했는데(Douglas, 2013), 유튜브 콘텐츠의 1인 크리에이터들 역시 중계 포맷의 콘텐츠를 제작하여 직접 방송하는 등의 다양한 역할을 동시에 수행한다.

또 기존 레거시 미디어들이 자신들의 고유한 브랜드 이미지를 형성해 온 것과 유사하게 1인 크리에이터의 유튜브 콘텐츠도 고유한 장르와 브랜드가 존재하는 브랜드화된 채널이다. 올리브(Olive)는 음식 전문 채널, 온스타일(Onstyle)이 패션과 뷰티 전문 채널이라면 대도서관은 게임 방송, 문복희는 '먹방'과 같이 장르와 포맷이 일정하게 정해져 있는 전문화된 콘텐츠를 통해 채널 이미지를 형성한다.

그 밖에도 유튜브 채널은 기본적으로 1인 크리에이터에 의해 제작·운영되기에 편성이 자유로울 것이라 여겨지지만 기존 방송의 정규 편성처럼 특정 요일, 특정 시각에 연속성을 가진 콘텐츠가 업로드되어야 채널이 유지된다. 1인 크리에이터 대다수가 꼽는 성공 요인 중 하나가 정기적 업로드라는 것은 유튜브 콘텐츠 역시 정규 편성을 하는 기존 미디어 콘텐츠의 특성에서 자유롭지 못함을 짐작하게 한다.

그러나 이러한 유사점이 유튜브 콘텐츠를 기존 미디어 콘텐츠와 동일선상에 놓고 비교할 수 있음을 의미하지는 않는다. 개별 콘텐츠에 따라 단계별로 생산, 유통, 소비의 구조를 유지해 온 기존 미디어 산업과 달리 유튜브 콘텐츠는 1인 또는 크리에이터 1인을 중심으로 한 극소수의 제작진에 의해 만들어진다. 또 뉴미디어 환경이라는 특수성은 보다 참여적이고 소통 가능한 콘텐츠를 지향하게 한다. 때문에 유튜브 콘텐츠의 차별적 지점을 밝히기 위해서는 그 생산, 유통, 소비의 전 과정에서 포착되는 형식적·내용적 특성인 포맷과 스토리텔링에 대한 분석이 필요하며, 이를 포괄적·명시적·통합적으로 살펴볼 수 있는 단초가 바로 장르다.

2) 장르는 생산, 유통, 소비의 중심에서 작동한다

그렇다면 장르란 무엇인가? 이를 살펴보기 위해서는 먼저 "장르는 왜, 누구에게 필요한가?"라는 질문에 대답해야 할 것이다.

영화 시나리오 작가이자 이론가인 배리 랭포드(Barry Langford)에 따르면 일반적으로 장르는 그것이 가진 효용과 그로부터 획득되는 가치에 대한 문제에서 출발한다(랭포드, 2010). 그는 장르와 주기에 따른 체계적 제작은 관객을 안정적으로 끌어들이고 확보함으로써 생산자에게 상업적 손실을 줄일 수 있도록 보장한다고 설명한다. 관객에게 있어 장르는 기본적인 작품 분류를 제공해주는 동시에 새로운 것이 가미된 친숙함이라는 장르 계약을 통해 이전에 누렸던 경험을 재구현할 수 있도록 한다.

이러한 맥락에서 장르는 이론적 영역의 문제라기보다 생산자와 수용자 양측에게 실질적인 효용과 기능으로 작동하는 하나의 약속이라 할 수 있다. 때문에 장르의 기본 개념과 범주에 관한 학계의 많은 논의와 달리, 대중의 영역에서 장르는 보다 쉽게 이해되며 널리 사용된다. 장르는 실질적으로 생산, 유통, 소비의 중심에서 작동하고 있는 것이다.

결국 장르는 생산자와 수용자에게 어떠한 방식으로 유용하게 작동할 수 있는지의 문제다. 이에 일차적으로 산업계와 사용자들에게 실질적으로 이용되는 범주 분석을 통해 유튜브 콘텐츠의 장르와 유형을 살펴볼 필요가 있다.

3) 국내외 유튜브 콘텐츠의 장르 분류

"장르에 가장 쉽게 도달하는 방법 중 하나는 직접 리테일숍을 방문해 비디오, DVD 매장의 진열 범주를 살펴보는 것이다"(랭포드, 2010)라는 장르에 관한 유명한 말처럼 장르는 소비자와 가장 가까운 곳에서 작동하는 하나의 분류 수단이다. 때문에 MCN 사업자들이 어떻게 장르 분류를 하고 있는지 먼저 살펴볼 필요가 있다.

CJ E&M이 운영하는 대한민국 최대 온라인 콘텐츠 제작자 네트워크인 다이아TV는 2013년 7월 국내 최초의 MCN인 크리에이터 그룹을 설립하며 출발했다. 2017년 1월 개국한 1인 창작자 전문 방송 채널인 '채널 다이아'를 운영 중이며, 2020년 1월 기준 소속 크리에이터는 약 1400명에 달한다. 다이아TV는 홈페이지를 통해 '톱 20' 크리에이터를 소개하고 있는데, 그 구체적인 목록은 〈표 4-1〉과 같다.

상위 20개에 제한되는 범주이긴 하나 '키즈', '엔터', '게임&스포츠', '뷰티', '푸드', 'A&P(Artist & Professional)'라는 다이아TV의 장르 분류는 세부적인 기준을 따르는 구체적인 장르 분류라기보다 제공되는 콘텐츠의 각각의 특성에 따른 포괄적인 설정에 기반한 것임을 짐작할 수 있다. 이는 장르의 태생적 특성에 기인한다고 할 수 있는데, 생산자와 소비자의 입장에서 어느 정도 편리하고 어느 정도 직관적인, 절충적 차원에서 1차 분류로 장르가 활용되기 때문이다.

'채널 다이아'의 경우 2020년 8월 기준, 현재는 별도로 콘텐츠의 장르를 나누고 있지 않지만 2017년 개국 당시에는 다시 보기를 통해 콘텐츠를 범주화했다. '게임', '예능', '키즈', '뷰티', '정보', '운동', '푸드'의 일곱 가지 범주로, 이 역시 앞서 살펴본 다이아TV의 장르 분류와 크게 다르지 않다.

한편, 해외 유튜브 콘텐츠는 국내보다 좀 더 다양한 범주로 제시된다. 개별

〈표 4-1〉 다이아TV의 톱 20 크리에이터

채널 명	카테고리	조회수(회)	구독자 수(명)	비디오 수(개)
〈서은 이야기〉	키즈	3.17B	6.5M	880
〈라임 튜브〉	키즈	2.37B	2.95M	1.68K
〈임영웅〉	엔터	326.03M	852.30K	436
〈잠뜰 TV〉	게임&스포츠	1.91B	1.92M	2.50K
〈보겸 BK〉	게임&스포츠	2.41B	4.04M	8.88K
〈Prophet Joseph〉	글로벌	593.94M	1.52M	70
〈꽈뚜룹〉	엔터	177.35M	1.03M	413
〈Claudipia〉	글로벌	427.96M	4.99M	455
〈입짧은햇님〉	푸드	474.36M	1.15M	2.63K
〈산적TV 밥굽남〉	푸드	180.40M	1.12M	832
〈Thankyou BUBU〉	뷰티	331.83M	2.38M	198
〈어썸하은〉	A&P	696.31M	4.78M	456
〈kiu기우쌤〉	뷰티	115.13M	689.87K	210
〈Daily Busking〉	A&P	475.36M	1.21M	1.00K
〈헤이 지니〉	키즈	1.33B	2.40M	1.10K
〈덕대-DD film〉	키즈	538.13M	1.24M	2.01K
〈허팝〉	엔터	2.73B	3.71M	1.71K
〈해피토이〉	키즈	239.69M	744.36K	360
〈유라야 놀자〉	키즈	929.17M	782.41K	1.26K
〈감스트〉	게임&스포츠	1.13B	1.81M	5.37K

자료: https://diatv.cjenm.com/loginPartnerIntro.do(2020년 8월 기준).

콘텐츠 채널의 구독자와 방문자 수를 중심으로 한 통계적 정보를 일목요연하게 보여주는 통계 정보 제공 사이트나 채널 평점을 매기는 사이트를 통해 장르가 제시되기도 한다. 이런 사이트는 세부적인 장르 분류를 통해 생산, 소비, 유통의 관점에서 편리하고도 실질적인 도움을 주려는 목적이 크다.

예를 들어 유튜브, 트위치, 인스타그램, 트위터의 채널별 방문자 수와 관련된 통계 제공 사이트인 소셜블레이드(Social Blade)는 2020년 8월 기준 유튜브의 톱 카테고리를 다음 16개로 제시한다. '자동차(Autos & Vehicles)', '코미디(Comedy)', '교육(Education)', '오락(Entertainment)', '영화(Film)', '게이밍(Gaming)',

'과학과 기술(Science & Tech)', '쇼(Show)', '라이프스타일(How To & Style)', '음악(Music)', '뉴스와 정치(News & Politics)', '비영리와 액티비즘(Non-Profit & Activism)', '사람과 블로그(People & Blogs)', '동물(Pets & Animals)', '스포츠(Sports)', '여행(Travel & Events)'이 그것이다.

국내의 장르 분류와 비교했을 때 흥미로운 점은 기존 미디어 산업의 주요 영역인 영화, 음악, 스포츠와 같은 일종의 산업 자체를 상위 장르로 포함한다는 것이다. 유튜브 미디어의 장르는 레거시 미디어와 달리 변형과 응용이 자유로워 장르 대상이 포괄적이기도 하고 협소하기도 하다. 또 과학과 기술, 동물, 쇼, 자동차, 뉴스와 정치, 비영리와 액티비즘 등 다양한 주제로 콘텐츠의 생산, 소비, 유통이 일어나고 있음을 알 수 있다.

이러한 국내외의 사례들은 단편적이지만 전반적인 유튜브 콘텐츠의 장르 분류에 대한 관습적 경향을 재차 확인할 수 있게 해준다. 때문에 이러한 관습적 장르 분류가 오히려 유튜브의 미디어 환경과 콘텐츠 전반에 대한 명확한 이해와 방향성을 살펴보는 데 걸림돌로 작용할 수도 있다는 점을 주의해야 한다. 유튜브를 둘러싼 미디어 환경 자체가 급변할 뿐 아니라, 그 안에서 생산, 소비, 유통되는 콘텐츠 자체의 비정형성·비고정성·다양성을 담보로 발전해 온 유튜브 콘텐츠의 본래적 특성 등이 맞물리며 그 포맷과 유형에 관한 일반론이 존재하기 어렵기 때문이다. 이는 유튜브 콘텐츠를 특정한 장르와 유형으로 분류하는 시도 자체가 어느 시점에, 어디까지 유효할 것인가라는 근본적 물음을 낳을 수도 있다.

결국 장르에 접근하기 위해서는 엄격한 장르 분류나 세부 장르에 대한 구체적인 제시보다 장르 구성 원리의 기저에 놓인 핵심 특징을 포착하는 것이 필요하다.

4) 스토리형 콘텐츠 vs 탤런트형 콘텐츠

웹드라마 〈전지적 짝사랑 시점〉으로 화제를 모은 콘텐츠 제작사 와이낫미디어의 대표이사는 한 인터뷰에서 유튜브 콘텐츠의 장르를 나누는 가장 기본적인 범주는 '스토리형'과 '탤런트형'이라고 설명한 바 있다. 그는 전통적 장르 분류와 비교할 때, 스토리형이 드라마라면 탤런트형은 예능에 가까우며 현재 유튜브는 기본적으로 탤런트형 콘텐츠가 우위를 점하고 있다고 평가했다(한국방송통신전파진흥원, 2017).

이는 다분히 생산자 관점에서의 자의적 분류일 수 있으나 앞서 살펴본 바와 같이 다양한 범주를 넘나들며 생성, 유지, 변동하는 유튜브 콘텐츠를 비교적 명확한 기준으로 바라보는 하나의 관점을 제시한다는 점에서 유효하다고 판단된다.

정리하면 해당 콘텐츠가 본질적으로 '이야기를 우선하는가' 아니면 '캐릭터가 가진 재능에 의존하는가'에 따라 유튜브 콘텐츠는 스토리형과 탤런트형이라는 두 가지 근본적인 유형으로 범주화할 수 있다. 그러나 실제로는 웹드라마와 같은 스토리 중심의 새로운 콘텐츠들을 1인 크리에이터에 의해 제작된 유튜브 콘텐츠에 포함시키지 않기 때문에 유튜브 콘텐츠는 탤런트형이라는 기본적인 특징 아래에서 다시 그 세부 장르가 구분된다 할 것이다. 결국 유튜브 콘텐츠의 장르 구성 원리의 기저에 놓인 핵심은 1인 크리에이터라는 유튜버, 바로 그 자체이다.

5) 특정 장르에 편중된 유튜브 콘텐츠 시장

국내 유튜브 생태계에서 1인 크리에이터 중심의 탤런트형 콘텐츠는 개인의 역량에 의존하는 형태를 보이고 있다. 또한 1인 크리에이터의 전문 분야별로 세부 장르가 나뉘며 다시 그에 따라 천차만별의 특성과 경쟁력을 가진다. 그러나 앞서 〈표 4-1〉에서 확인할 수 있듯이 국내의 주요 인기 채널과 크리에이터는 특정 장르에 치중되어 있다. 구체적으로 국내 시장에서 주로 생산, 소비되는 인기 탤런트형 콘텐츠는 대부분 키즈, 엔터테인먼트, 게이밍 장르의 콘텐츠들이다.

키즈와 게이밍은 실질적으로 1인 크리에이터 중심의 국내 유튜브 시장에서 킬러 콘텐츠로 자리매김하고 있다. 이는 다이아TV가 2017년 7월 말 기준 1300개의 파트너 크리에이터 채널을 분석한 결과와도 크게 다르지 않다(주영재, 2017). 분석 결과에 따르면 전체의 28.9%가 게임 채널이었으며 이어 엔터테인먼트(238개), 키즈(182개), 뮤직(180개), 뷰티(175개), 푸드(150개) 순서였다. 또한 2013년 7월부터 2017년 7월까지 총누적 조회수 253억 회를 분야별로 나눈 결과 콘텐츠 장르별 누적 조회수는 키즈(34.5%), 게임(26.1%), 엔터테인먼트(14.6%), 뮤직(10.7%), 푸드(8.2%), 뷰티(6.0%) 순서였다. 구독자 1인당 월평균 시청 횟수는 키즈(39회), 게임(15회), 엔터테인먼트(12회), 푸드(10회), 뮤직(9회), 뷰티(5회) 순서로 나타났다. 게임과 키즈 콘텐츠는 채널 수, 조회수, 월평균 시청 횟수 모두에서 높은 순위를 차지하고 있음을 확인할 수 있다.

한편 글로벌 시장의 경향을 포함할 때 국내외 유튜브 콘텐츠의 장르와 그 선호도는 크게 차이를 보이지 않는다. 언어의 차이를 제외하고 포맷과 그 유형에서 국가별 차이는 크지 않다. 유럽의 경우 게이밍 콘텐츠가, 미국의 경우 음악 등의 전통적 엔터테인먼트 콘텐츠가, 중국의 경우 쇼핑과 결합된 라이프스타일 콘텐츠가 주로 인기 있다는 직관적인 장르 선호의 정도 차이가 존재할 수는 있으나 그 전반적인 경향은 국내외 유튜브 콘텐츠가 유사하다 할 것이다. 실제로 2020년 9월 기준, 소셜블레이드의 전 세계 톱 50 유튜버 2, 3, 4위는 키즈 채널인 〈코코멜론 - 너서리 라임즈(Cocomelon - Nursery Rhymes)〉, 〈블래드 앤드 니키(Vlad and Niki)〉, 〈키즈 다이아나 쇼(Kids Diana Show)〉이다.

정리하면 국내와 글로벌 시장을 막론하고 1인 크리에이터 중심의 탤런트형 콘텐츠는 키즈 콘텐츠와 게이밍 콘텐츠를 중심으로 성장하고 있다. 특히 키즈 콘텐츠는 조회수와 수익 측면에서 독보적 영향력을 보이고 있다. 그러나 유아와 어린이를 대상으로 하는 키즈 콘텐츠의 경우, 또래 출연자가 크리에이터로 출연하기도 하지만 그들의 보호자나 부모가 실제 콘텐츠를 기획, 제작하는 크리에이터의 역할을 한다는 점에서 유튜브 콘텐츠 시장에서의 1인 크리에이터의 본질과 의미를 살펴보는 데에 한계가 존재한다. 이에 게이밍 콘텐츠 장르를 중심으로 보다 구체적인 논의를 진행하고자 한다.

3. 게이밍 콘텐츠의 스토리텔링 특성

1) 게이밍 콘텐츠의 유형과 특징

스미스 외(Smith et al., 2013)에 따르면 게이밍 콘텐츠는 기본적으로 '이스포츠(e-sports)', '스피드 러닝(speed running)', '렛츠 플레이(Let's Play, 이하 LP로 표기)'의 세 가지로 유형화된다. '이스포츠' 유형은 경쟁이 존재하는 게임 플레이를 중계하는 형식이며, '스피드 러닝'은 효율적인 게임 공략 방법을 전달해 가능한 빨리 게임을 정복할 수 있도록 하는 유형이다. 마지막으로 'LP' 유형은 크리에이터가 게임을 직접 플레이하면서 서사적인 코멘터리(commentary)를 덧붙여 오락적인 즐거움을 제공하는 것이다. 특정한 상황이나 스토리를 설정해 두고 게임 '마인크래프트' 안에서 크루들과 다양한 역할극을 즐기는 '도티

TV'의 방송 등이 이에 속한다.

게이밍 콘텐츠에서는 이러한 유형이 종종 혼합되어 나타나기도 하는데 게임을 플레이하면서 게임을 소개하고 유용한 팁들을 전달하는 '튜토리얼' 콘텐츠가 대표적이다. 크리에이터의 직접적인 게임 플레이와 게임 경험이 중요한 1인 크리에이터 중심의 게이밍 콘텐츠에서는 '스피드 러닝'과 'LP' 유형이 흔히 나타나는데 '튜토리얼' 콘텐츠는 이들 두 유형이 혼합되어 있다. 2020년 8월 기준, 구독자 1억 명 이상을 보유한 글로벌 유튜브 시장의 스타 '퓨디파이(PewDiePie)'나 국내 1인 크리에이터의 원조 격인 '대도서관'의 콘텐츠도 튜토리얼 콘텐츠의 성격을 보인다. 또한 튜토리얼 콘텐츠는 직접 플레이를 해야 하는 게임의 특성에 기반을 두기에 음악, 키즈, 뷰티 등 다른 인기 유튜브 콘텐츠 장르와는 차별화되는 게이밍 콘텐츠만의 특색을 보여준다.

한편 실시간 라이브 스트리밍을 중심으로 하는 아프리카TV나 트위치 등에서 서비스되는 게이밍 콘텐츠의 경우 비교적 생방송에 더 적합한 '이스포츠' 유형의 중계방송이 큰 비중을 차지한다. 이는 유튜브 콘텐츠에 있어서도 실시간과 비실시간이라는 방송 형태가 포맷과 장르에 영향을 주고 있음을 보여주는 결과라 할 것이다.

그런데 게임은 플레이어가 직접 게임을 플레이한다는 직접적 상호작용이 특징적인 콘텐츠다. 때문에 게임의 파생 콘텐츠인 게이밍 콘텐츠에서 주체의 직접적인 게임 플레이 없이 단순히 게임을 플레이하는 것을 시청하는 이유는 무엇인가라는 의문이 필연적으로 발생한다. 우리는 왜 '게임하기'가 아닌 '게임 보기'를 실천하는가?

2) 발터 벤야민의 '이야기' 개념과 게이밍 콘텐츠

게이밍 콘텐츠는 게임 보기라는 흥미로운 현상을 만들어냈다. 이는 게이밍 콘텐츠가 일종의 스토리텔링 콘텐츠로서의 특성을 지니고 있기 때문인데 이를 살펴보는 데 있어 발터 벤야민의 '이야기(Erzählung)' 개념은 유용하다. 여기서는 게이밍 콘텐츠의 대표적 유형인 튜토리얼 콘텐츠를 중심으로 이야기 개념을 통해 그 스토리텔링적 특성이 무엇인지 알아보고자 한다.

벤야민의 '이야기' 개념은 이미 디지털 미디어 환경에서 주요한 논의의 대상이 되어왔다. 벤야민은 신문의 등장과 함께 나타난 새로운 커뮤니케이션 형식인 정보와 소설의 비교를 통해 구술적 성격을 지닌 '이야기' 개념을 제시했다. 때문에 새로운 구술성의 문화가 지배하는 전자 네트워크의 세계(볼츠, 2011)에서 '이야기' 개념은 필연적으로 소환될 수밖에 없다. 관련하여 김남시(2011)는 트위터를 통해 나타나는 새로운 소통 방식을 '이야기' 개념을 통해 제시한 바 있으며, 서성은(2012)은 '이야기' 개념을 토대로 디지털 게임의 이야기성을 새롭게 검토하며 사용자 체험과 경험을 구분할 필요가 있음을 주장했다.

그러나 여기서 '이야기' 개념을 빌려오는 것은 단순히 게이밍 콘텐츠가 구술적 성격을 지니고 있기 때문만은 아니다. 게이밍 콘텐츠에서 발견되는 새로운 구술성이 무엇인지를 '이야기' 개념을 통해 구체화하고자 하는 것이다.

이를 위해서는 '이야기' 개념에 대한 적확한 이해가 선행되어야 한다. 벤야민의 '이야기' 개념은 앞서 언급한 바와 같이 정보와 소설의 비교 속에서 구체화된다. 다양한 해석 가능성, 생명력과 반복 가능성, 동화 과정, 서술자의 흔적, 화자와 청자의 상호 소통, 공동체적 기억(유용한 지혜)이 '이야기'의 주요 특성이다.

그렇다면 이러한 '이야기'만의 특성들을 도출해 내는 구체적인 비교의 기준이 무엇인가라는 문제가 발생한다. '이야기' 개념의 주요 특성들을 게이밍 콘텐츠에 대응하여 살펴보고 그 이야기성의 유무를 판단하는 것이 아니라 '이야기' 개념의 기저에 놓인 작동 원리를 살펴보고 이것이 게이밍 콘텐츠에 적용되어 나타나는 양상과 그 특성을 살펴봄으로써 새로운 스토리텔링 콘텐츠가 지닌 이야기성을 탐색하고자 하기 때문이다.

이에 벤야민이 '이야기' 개념을 논하는 데 있어 사용하는 몇 가지 핵심 요소들을 살펴보고 이를 통해 그 기준을 재구성하려 한다. 벤야민은 '이야기' 개념을 설명하면서 그 기준을 명확하게 구분하여 제시하기보다 전체적인 맥락 속에서 비교를 통해 개념을 구체화하고 있기 때문이다.

3) '이야기' 개념의 재구성: '이야기' vs '정보'

'이야기' 개념에 있어 '정보'와의 비교는 가장 핵심적인 논의의 축이다. 정보는 한순간에만 생명력을 가지며 전달된 그 순간부터 가치를 상실한다. 그러나 이야기는 한순간에 완전히 소모되지 않으며 영속성을 지닌다. 때문에 이야기는 오랜 시간에 걸쳐 전승되며 다양한 해석을 통해 새로운 의미를 가질 수도 있다. 즉, '이야기' 개념에는 영속성이라는 '시간'의 차원이 첫 번째 기준으로 작동한다.

다음으로 정보는 '가까운 곳에서 일어나는 소식'이지만 이야기는 '먼 곳에서의 소식'이다. 때문에 가까운 곳에서 일어나는 소식인 정보는 재빨리 검증되며 그 자체로 이해될 수 있어야 하는 반면 이야기는 검증되지 않아도 권위를 지닌다. 결국 '이야기' 개념에서는 거리라는 '공간'의 차원이 두 번째 기준으로 작동한다.

정리하면 '이야기'는 시간과 공간의 기준에서 모두 일종의 먼 거리를 지니고 있다. 벤야민은 한곳에 정착해 땅을 경작하는 농부와 이리저리 옮겨 다니며 장사하는 선원이 이야기꾼의 원조라고 설명하는데, 이들은 한 공간에서 오랜 시간을 이겨 내거나 다양한 공간을 넘나들며 공간을 이겨낸 주체들이다. 이들은 각기 시간과 공간의 거리를 대표하는 주체다.

이와 같은 '주체'의 차원은 '이야기' 개념의 또 다른 기준으로 연결된다. 정보가 그 자체로 순수한 실체인 것에 반해 이야기는 삶 속에서 얻은 흔적과 체험의 반영이기 때문이다. 그래서 이야기는 항상 어떠한 유용성, 즉 조언을 포함한다. 결국 이야기에서는 주체가 겪은 경험의 깊이가 중요한 의미를 지니게 된다. 또한 이러한 주체의 경험은 전달 과정에서 수용자에게도 영향을 미친다. 이야기는 자기 자신의 것처럼 동화될수록 남에게 다시 이야기하고 싶어지며 생명력을 유지하게 되기 때문이다. 이를 통해 볼 때 '이야기' 개념에서 '주체'의 차원은 이야기꾼이라는 발화의 주체뿐 아니라 이야기를 듣는 청자인 수용자의 주체라는 양방향의 주체가 모두 고려되고 있음을 알 수 있다.

〈표 4-2〉는 벤야민의 '이야기' 개념을 시간, 공간, 주체라는 앞서 도출된 기준을 바탕으로 정보와 비교하며 재구성하여 정리한 것이다. 각 기준들은 따로 떨어져 독립적으로 작동하기보다 서로와의 밀접한 관계 속에서 작동한다. 앞서 살펴본 바와 같이 벤야민의 '이야기' 개념은 시간과 공간의 축 위에 놓인 주체가 얼마나 깊이 그것을 뚫고 나가며 경험하느냐의 문제와 밀접한 관련을 가지기 때문이다. 다시 말하면 시간과 공간을 가로질러 나타나는 주체의 궤적이 이야기가 되는 것이다. 즉, '이야기' 개념을 적용할 때 가장 핵심적인 것은 주체가 시간 및 공간과의 관계 속에서 의미 맺고 의미화되는 방식을 살펴보는 것이다.

이에 튜토리얼 콘텐츠를 중심으로 게이밍 콘텐츠의 스토리텔링 특성을 파악하기 위해서 '이야기' 개념을 적용한다면 실질적 차원의 작동 양상인 '시간과

〈표 4-2〉 이야기와 정보의 비교를 통한 '이야기' 개념의 재구성

기준		이야기	정보
시간	거리	멀다	가깝다
	주기	지속	순간
	화자	농부	뉴스, 신문
	청자	동시	비동시
공간	거리	멀다	가깝다
	화자	선원	책, 잡지
	청자	동시	분리
주체	내용	경험, 체험	순수한 실체(사건)
	방식	신비한, 기적적인	그 자체로 이해 가능한
	유용성	다양한 조언	-
	청자	기억, 전달	자극

주체가 관계 맺는 방식'과 '공간과 주체가 관계 맺는 방식'이라는 두 가지 관점에서 논의가 필요하다.

4) 앞선 경험이 지시하는 수행적 스토리텔링

'이야기' 개념에 비추어볼 때, 게이밍 콘텐츠 중에서 튜토리얼 콘텐츠는 한 지역에 오래 거주한 농부가 전해주는 축적된 시간의 경험과 삶의 지혜가 고스란히 녹아 있는 스토리텔링 콘텐츠다. 시간과 주체가 관계 맺는 방식의 차원에서 유용한 지혜를 전달하는 앞선 경험이라는 관점은 기존의 '이야기' 개념과 유사하다. 그러나 튜토리얼 콘텐츠에서 이야기꾼이 되는 화자인 크리에이터는 자신의 앞선 경험을 시청자에게 단순히 전달하기보다 이를 바탕으로 현재 시점에서 일어나는 사건과 시련을 해결해 나가는 일종의 수행자(performer)로서의 모습을 보인다는 점에서 '이야기' 개념의 새로운 적용 양상이 나타난다.

튜토리얼 콘텐츠는 시청자가 가까운 시간 내에 직접적으로 경험하게 될 사

건을 스토리텔링 한다. 벤야민의 '이야기'가 시공간적으로 멀리 떨어져 있어 청자가 경험하기 어려운 것을 간접적으로 경험할 수 있게 해주었다면 튜토리얼 콘텐츠는 시청자가 앞으로 경험하게 될 사건에 보다 쉽게 적응하게 하기 위해 그것을 미리 이야기 해준다는 점에서 변별된다.

이때 시간과 관계 맺는 주체인 이야기꾼은 직접 미리 그것을 경험한 자이기에 의미가 있다. 벤야민의 '이야기' 개념에서 이야기꾼은 직접 이야기를 경험할 수도 있지만, 그렇지 않을 수도 있다. 그의 본연적 임무는 효과적인 이야기의 전달로, 전달 과정에서 이야기꾼만의 경험과 삶이 이야기 안에 담길 수는 있지만 기본적으로 이야기는 이미 존재하고 있던 것으로 이야기꾼의 입을 빌려 다시 살아날 뿐이다. 그러나 튜토리얼 콘텐츠에서 이야기꾼은 이와 변별된다. 이야기꾼이 그것을 경험하기 이전에 이야기는 존재하지 않으며, 이야기꾼의 경험과 동시에 그것은 이야기화되며 의미가 생긴다.

즉, 이야기꾼은 게임 플레이라는 직접적인 수행의 과정을 통해 이야기를 만들고 또 이야기를 전달할 수 있게 된다. 그리고 전달된 이야기는 궁극적으로 시청자의 또 다른 직접 경험으로 연결된다. 튜토리얼 콘텐츠를 통한 화자의 수행은 단순히 시청자의 간접 경험을 강화하고자 하는 차원을 넘어서 시청자의 직접적인 또 다른 수행으로 연결되기를 지향한다. 결국 게이밍 튜토리얼 콘텐츠는 '이야기꾼의 앞선 경험(수행) - 이야기 - 시청자의 잇따른 직접 경험(수행) - 또 다른 이야기'라는 순환적인 구조 속에서 수행적 스토리텔링을 완성시킨다.

5) 다층적 공간, 월경(越境)하는 주체

'이야기' 개념에서 공간과 주체의 관계 맺음만큼이나 디지털 게임에서의 공간과 주체의 문제는 중요하다. 디지털 게임의 공간은 스토리텔링의 차원에서 "환상성과 일탈의 카타르시스를 부여"(한혜원, 2011)하는 동시에 게임하기의 차원에서 게임의 탐험이 진행되는 탐색의 공간이다. 그러나 어느 쪽이든 이때 전제된 공간은 게임의 세계관, 캐릭터, 메커니즘 등을 반영하기 위해 실제로는 컴퓨터 그래픽과 프로그래밍에 의해 구현된 가상공간(cyber space)이다. 때문에 디지털 게임의 공간성을 논함에 있어 '실제성'과 '관념성'에 관련된 논쟁은 중요한 영향을 끼쳐왔다(이동은·윤현정, 2007). 이에 따르면 공간은 직접적인 경험에 의해 체험 가능한 '실제성'의 영역일 뿐 아니라 공간을 인식하는 주체에 의해 성립되는 것으로, 이러한 맥락에서 디지털 게임의 공간은 주체, 지각, 상호 관계의 관점에서 논의될 수 있다. 결국 공간을 논의함에 있어 선행적으로 규명되어야 하는 것은 공간과 관계 맺는 전제 조건인 주체의 문제다. 이때 게임을 플레이하는 주체는 하나의 고정된 대상이라기보다 다양한 상황을 교차하며 발현되기 때문에 더욱 문제적이다.

이와 관련하여 데니스 와스컬(Dennis Waskul)은 디지털 게임에서의 주체와 관련된 문제를 심도 깊게 논하고 있다. 그에 따르면 롤플레잉 게임의 참여자들은 플레이어(player), 페르소나(persona), 퍼슨(person)의 상징적 경계를 가지며 이들 간의 중재 속에서 각 상황에 맞는 역할을 가정하게 된다(Waskul, 2006).

구체적으로 먼저 페르소나는 자아가 외부의 집단 세계에 적응하는 데 필요한 행동 양식으로 디지털 게임 안에서 검사, 마법사, 치유사 등의 역할을 하는 인물을 의미한다. 이는 독립된 게임의 환상(fantasy) 공간에 존재하는 주체라 할 수 있다. 다음으로 플레이어는 게임을 플레이할 때만 발현되는 상상(imagination) 공간에 존재하는 주체다. 플레이어는 페르소나를 플레이하는 게이머로 게임의 룰을 알고 이를 적절하게 적용할 수 있는 자다. 마지막으로 퍼슨은 현실의 자아로 게임 영역 밖에 존재하는 실제(reality) 삶의 공간에 속하는 주체이다.

이러한 와스컬의 논의는 디지털 게임을 플레이하는 주체에 한정된 것이지만 게이밍 콘텐츠의 스토리텔링이 이루어지는 공간을 논의하는 데에도 주요한 시사점을 준다. 게이밍 콘텐츠를 제작, 서비스하는 1인 크리에이터는 와스컬이 제시한 세 가지 주체의 발현 양상에 따라 보다 명확하게 구분되는 목적과 의도를 지니고 있음을 발견할 수 있기 때문이다.

예를 들어 튜토리얼 콘텐츠를 진행하는 크리에이터는 기본적으로 게임 속 캐릭터인 페르소나로서의 주체이다. 이때 시청자들이 일차적으로 경험하게 되는 공간은 게임 내부의 환상 공간이 된다. 게임 속 캐릭터가 되어 게임 내부 공간을 탐험하며 앞선 경험자로서 시청자들에게 효율적인 게임의 플레이 방법을 전달하는 것이 페르소나로서 주체가 목표하는 바이다. 시청자들이 크리에이터를 통해 경험하게 되는 페르소나라는 주체의 환상 공간은 기존의 '이야기' 개념에서 논하는 공간과 크게 다를 바 없다. 그러나 튜토리얼 콘텐츠에서 화자인 크리에이터는 단순히 페르소나로서의 주체로만 역할하지 않는다. 플레이를 하고 있는 아바타를 3인칭으로 내려다보는 시점의 전환이나 게임을 진행하면서 플레이어로서 당황하는 모습 등을 통해 플레이어라는 주체의 상상 공간이 순간적으로 드러난다. 그리고 상상 공간에 존재하는 플레이어로서의 주체가 발현될 때 새로운 공간성 역시 발현된다. 또한 게임 밖의 자아인 퍼슨이 존재하는 현실 공간은 구독이나 추천을 독려하는 수익 목적의 크리에이터 발언을 통해 때때로 구체화된다.

〈표 4-3〉은 앞의 내용을 종합하여 튜토리얼 콘텐츠를 중심으로 한 게이밍 콘텐츠에서 나타나는 공간과 주체의 관계와 속성을 간략히 정리한 것이다. 결국 '이야기' 개념에서 도출된 공간과 주체의 관계 맺음 방식이라는 문제는 디

〈표 4-3〉 게이밍 콘텐츠에 나타나는 공간과 주체의 관계

	페르소나	플레이어	퍼슨
귀속 공간	환상(게임 내부)	상상	현실
주체	게임 속 캐릭터	게임을 플레이하는 자아	게임 밖 현실 자아
지각	선(先) 경험자	동료 플레이어	서비스 제공자
시청자와의 상호 관계	정보 전달	동등	이익 추구

지털 게임이라는 특수한 공간에 적용되어 다음과 같이 변용된다.

먼저 이야기꾼인 크리에이터는 게임을 플레이하며 여러 주체를 넘나들게 된다. 이에 따라 각각의 주체가 속하는 공간 역시 변화하며 시청자들에게 제시되고 각각의 공간 속에서 각기 다른 목적과 의도를 지닌 스토리텔링이 나타난다. 전통적인 '이야기' 개념에서는 공간과 주체가 관계 맺는 경험의 깊이가 중요했다면 게이밍 콘텐츠에서는 보다 다양하고 자유롭게 변화하는 주체들이 만들어내는 스토리텔링을 통해 새로운 의미가 발생되는 것이다. 이 주체들은 환상, 상상, 현실이라는 다층적 공간을 자유롭게 월경하며 이야기를 생성하고 각 공간이 의도한 스토리텔링을 시청자에게 자연스럽게 전달하면서 게이밍 콘텐츠만의 특색을 만들어나가게 된다.

4. 공동체적 이야기꾼의 귀환

일찍이 벤야민은 신문이라는 뉴미디어의 출현과 함께 나타난 정보라는 새로운 의사소통의 형식이 서사시적 형식, 즉 이야기에 특정한 영향을 끼치고 있음을 우려한 바 있다. 그러나 그의 논의에서 간과하지 말아야 할 점은 "그러나 이러한 요소들이 등장하고 난 후에도 이야기는 매우 서서히 고대의 서사시적

요소를 띠기 시작했다. 이야기가 새로운 내용을 자기 것으로 만든 것은 사실이지만, 그렇다고 이러한 새로운 내용에 의해서 그 성격이 규정된 것은 아니다"는 지적이다(벤야민, 2013). 이야기는 오랜 시간에 걸쳐 변화해 왔으며, 앞으로도 변화해 갈 것이기 때문이다. 결국 디지털 시대에 흔히 언급되는 이야기의 몰락, 혹은 이야기의 범람은 그 변화를 추동한 미디어와 플랫폼에 대한 근본적 이해를 바탕으로 논의되어야 할 것이다.

이러한 맥락하에, 앞서 살펴본 튜토리얼 콘텐츠를 중심으로 한 게이밍 콘텐츠의 스토리텔링 특징들은 '이야기' 개념이 새롭게 나타난 디지털 영상 콘텐츠 안에서 어떻게 변화해 나가고 있는지 그 단초를 찾아볼 수 있는 실마리들을 제공한다.

벤야민이 이야기하는 이야기꾼은 구술 문화의 특성을 계승한다. 이야기꾼은 자신의 경험이나 타인의 경험을 같은 시간과 공간에 존재하는 청자들과 나누고 그 경험이 다시 청자들의 경험이 되어 구전되게 함을 목적으로 한다. 때문에 벤야민의 지적대로 이야기꾼은 고독하고 외로운 소설가와 변별되며 소설가로 대변되는 문자 문화는 구술 문화와 상이한 양상을 보이게 된다.

유튜브 콘텐츠에서 1인 크리에이터들은 이러한 구술 문화의 이야기꾼적인 특성을 보인다. 이때 중요한 것은 1인 크리에이터들이 단순히 기존의 사용자라는 개념 안에서 조금 더 능동적인 역할을 하는 저자가 아니라는 점이다. 오히려 기존의 아날로그 저자보다 더 강력하고 복합적인 양상을 보이는 것이 게이밍 콘텐츠의 1인 크리에이터라는 주체다.

이는 유튜브 콘텐츠와 사용자 생성 콘텐츠(User Create Contents, 이하 UCC) 간의 비교를 통해서 더욱 명확해진다. 아마추어 사용자가 제작하여 웹과 모바일을 통해 공유되는 동영상 콘텐츠라는 점에서 유튜브 콘텐츠와 비견되는 UCC와 그 창작자는 사용자에서 생산자로 역할의 전복을 이루어냈다는 점에서 주목받았다. 그러나 이들이 독립적 이야기꾼의 지위를 획득했는지에 대해서는 의문이 존재하는 것 또한 사실이다. UCC의 내용은 문화적 전유(專有)라는 차원에서 패러디, 자료화면 편집 등이 주를 이루었으며 이에 그 창작자가 누구인지 중요하지 않았기 때문이다.

그러나 유튜브 콘텐츠의 창작자는 보다 복잡한 주체의 양상을 나타낸다. 이들은 '작가와 피디, 연예인이 하나로 합쳐진' 주체이다. 이에 유튜브 콘텐츠는 1인 크리에이터에 의해 브랜드화된 콘텐츠로 보다 전문화된 특성을 지니며, 채널로서 지속적으로 콘텐츠가 생산되는 양상을 보인다. 또한 1인 크리에이터는 일종의 스타가 되어 유튜브 광고 등을 통해 상업적 보상을 얻을 수도 있다. 즉 유튜브 콘텐츠에서 1인 크리에이터들은 생산자이자 동시에 채널이며 플랫폼이다.

정리하면 게이밍 콘텐츠에서 콘텐츠 제작은 '생산자 - 콘텐츠 - 수용자'로 이어지는 커뮤니케이션의 축과 '데이터베이스 - 콘텐츠 - 인터페이스'로 이어지는 재현의 축이 1인 창작자를 중심으로 완전히 융합되는 양상을 보인다. UCC가 커뮤니케이션 축의 일부인 '콘텐츠 - 수용자'의 영역에서 이루어지는 스토리텔링이라면 게이밍 콘텐츠는 커뮤니케이션의 축과 재현의 축, 그 전반을 아우르며 새로운 생태계를 만들어내는 것이다.

그중에서도 특히 게이밍 콘텐츠의 이야기꾼은 시청자와의 관계에서 다음과 같은 새로운 참여의 양상을 이끌어낸다. 뉴미디어 환경에서 참여를 통한 능동적 역할이 중시되던 사용자들이 이러한 역할에 더 이상 연연하지 않고 다양한 방식으로 콘텐츠를 즐기는 새로운 형태의 능동성을 모색하고 있기 때문이다. 구체적으로 게이밍 콘텐츠를 시청하는 주체들은 일차적으로 '게임하기'가 아닌 수동적 관람자로서 '게임 보기'를 실천한다. 이 주체들은 능동적 역할이 중시되던 뉴미디어 환경의 사용자를 다시 전통적 수동자로 위치 짓게 한다는 점에서 회귀의 커뮤니케이션 과정을 나타낸다 할 수 있다(윤현정, 2015).

그러나 게이밍 콘텐츠에서는 이야기꾼과 시청자, 그리고 시청자와 시청자라는 대상 사이에 새로운 커뮤니케이션 양상이 나타나면서 수동적 '게임 보기'의 주체들을 '게임하기'와는 다른 새로운 참여의 가능성으로 이끈다. 이는 방송 도중 진행되는 채팅창의 발화에 대한 크리에이터의 발화, 채팅창에서 벌어지는 시청자들 간의 발화라는 조금은 복잡한 '망형 대화'의 형태를 통해 나타난다. 오늘날 고도로 네트워크화된 컴퓨터 환경을 통해 진정으로 실현 가능해진 '망형 구조'는 잡담, 수다, 욕설, 소문 등을 포함하는 동시에 언제나 새로운 정보로 우리를 이끄는 모든 인간 커뮤니케이션의 토대였다(플루서, 2001). 동시적이며 복잡한 '망형 대화'의 구조 안에서 발화되는 내용의 목적지는 불분명하며, 의도된 반응의 성취 역시 대개의 경우 실패하기 마련이다. 그러나 이러한 '망형 대화'라는 구조 자체가 게이밍 콘텐츠의 새로운 스토리텔링을 발생시키는 요인으로 작동할 뿐 아니라 '게임 보기'라는 수동적 경험을 또 다른 참여의 경험으로 변화시킨다.

그리고 '망형 대화'의 구조 안에서 게이밍 콘텐츠의 창작자는 독립된 이야기꾼으로서의 주체를 넘어 시청자의 총합, 즉 공동체적 주체의 일원으로서 강력한 역할을 수행하게 된다. 이들 주체는 앞서 살펴본 바와 같이 게임을 미리 경험하고, 다시 이를 실시간으로 수행하며, 또 다른 게임 경험을 생성시킬 수행을 다른 주체에게 지시할 수 있는 권한과 역할을 지니기 때문이다. 이러한 경험들은 순환적으로 연결된 수행적 스토리텔링 안에서 이야기꾼과 시청자들이 더욱 공고하게 결속된 공동체를 완성시킨다. 그뿐 아니라 게이밍 콘텐츠에서 다층적 이야기 공간을 넘나드는 이야기꾼으로서의 다양한 주체는 이를 시청자의 경험으로 동시화함으로써 전통적 의미에서의 "전방위적 변사형 발화 주체"(한혜원·김서연, 2014)라는 공동체적 이야기꾼의 귀환을 강화하고 있다.

게이밍 콘텐츠는 '게임하기'라는 개인의 직접적인 상호작용을 가장 큰 특징으로 하는 게임 콘텐츠에서 파생된 장르임에도 '게임 보기'라는 수동적 경험을 새로운 참여적 경험으로 전환시키는 스토리텔링적 특성과 이를 이끄는 1인 크리에이터의 역할을 통해 고유한 미학을 만들어나가고 있는 것이다.

▸ 참고문헌

김남시. 2011. 「트위터와 새로운 문자소통의 가능성: 발터 벤야민의 "이야기Erzählung" 개념을 중심으로」. ≪기호학연구≫, 30권, 9~35쪽.

랭포드, 배리(Barry Langford). 2010. 『영화장르』. 방혜진 옮김. 한나래.

벤야민, 발터(Walter Benjamin). 2013. 『발터 벤야민의 문예이론』. 반성완 편역. 민음사.

볼츠, 노르베르트(Norbert Bolz). 2011. 『미디어란 무엇인가』. 김태옥·이승협 옮김. 한울엠플러스.

서성은. 2012. 「디지털 게임 스토리텔링과 사용자 경험 연구」. ≪인문콘텐츠≫, 27호, 129~139쪽.

윤현정. 2015. 『마인크래프트의 사용자 스토리텔링 연구』. 이화여자대학교 일반대학원 디지털미디어학부 박사학위논문.

_____. 2016. 「MCN 게이밍 콘텐츠의 스토리텔링 연구」. ≪한국영상학회논문집≫, 14권 2호, 23~37쪽.

이동은·윤현정. 2007. 「디지털 게임의 공간성에 관한 연구: MMORPG를 중심으로」. ≪디지털스토리텔링연구≫, 2권, 1~13쪽.

주영재. 2017.9.7. "1인 방송 창작자 '게임' 분야에 가장 많아 … 시청횟수는 '키즈'가 최다." ≪경향신문≫, http://news.khan.co.kr/kh_news/khan_art_view.html?art_id=201709071138001 (검색일: 2020.8).

최선영. 2016. 「거대 기업화로 진화 중인 1인 크리에이터」. ≪신문과 방송≫, 548호.

플루서, 빌렘(Vilém Flusser). 2001. 『코무니콜로기』. 김성재 옮김. 커뮤니케이션북스.

한국방송통신전파진흥원. 2017. 「국내 MCN 산업 분석 및 활성화 방안 연구」.

한혜원. 2011. 「기능성 게임의 핍진성과 환상성 연구」. ≪한국컴퓨터게임학회논문지≫, 24권 3호.

한혜원·김서연. 2014. 「온라인 개인 게임 방송의 스토리텔링 분석」. ≪한국게임학회논문지≫, 14권 2호, 85~96쪽.

Douglas, Susan J. 2013. *Listening in: Radio and the American imagination*. University of Minnesota Press.

Smith, Thomas, Marianna Obrist and Peter Wright. 2013. "Live-streaming changes the (video) game." Proceedings of the 11th european conference on Interactive TV and video. New York: Association for Computing Machinery.

Waskul, Dennis D. 2006. "The role-playing game and the game of role-playing." in J. Patrick Williams, Sean Q. Hendricks, W. Keith Winkler(ed). *Gaming as Culture: Essays on reality, identity and experience in fantasy games*. McFarland, pp.19~38.

제5장

케이팝의 세계화와 인터넷 개인 미디어 플랫폼

| 이규탁(한국조지메이슨대학교)

1. 들어가며

2018년 데뷔한 6인조 케이팝 여성 아이돌 그룹 '(여자)아이들'은 한국, 태국, 중국, 대만 출신 멤버로 이루어진 다국적 그룹으로, 해외에서 꾸준히 팬 층을 확장하고 있는 떠오르는 스타들 가운데 하나다. 이들이 2020년 4월 초 공개한 싱글 「Oh My God」[1]의 유튜브 뮤직비디오는 발표한 지 약 석 달 만에 히트곡의 기준으로 여겨지는 조회수 1억, 속칭 '1억 뷰'를 돌파하며 그들의 글로벌한 인기를 증명했다(추승현, 2020).

그런데 「Oh My God」의 유튜브 뮤직비디오에는 흥미로운 부분이 눈에 띈다. 무려 73개의 언어로 자막을 제공하는 점이다. 케이팝이 세계화됨에 따라 케이팝 뮤직비디오에 외국어 자막을 제공하는 일은 더 이상 새롭지 않다. 하지만 영어, 스페인어, 중국어 등 많은 인구가 사용하는 주요 언어의 자막을 제공하는 것이 보통인 다른 케이팝 뮤직비디오[2]와 달리 태국어, 베트남어, 인도

1 미니앨범(EP) 〈I Trust〉에 수록된 곡이다.

네시아어, 러시아어에 쿠르드어, 카자흐어, 크메르어 자막까지 선택할 수 있는 「Oh My God」은 분명 독특한 경우다.

이렇게 많은 언어로 자막을 제공하는 이유는 물론 (여자)아이들이 그만큼 전 세계적으로 다수의 팬을 확보하고 있기 때문일 것이다. 하지만 더욱 중요한 이유는 다양한 국가에 산재(散在)해 있는 케이팝의 팬들 대다수가 케이팝을 즐기는 플랫폼이 유튜브라는 점이다. 유튜브는 물리적인 거리와 시차, 지역 콘텐츠 중심의 방송 환경, 이질적인 언어 등의 요소로 인해 한국 팬들처럼 다양한 케이팝 관련 콘텐츠를 즐길 수 없는 전 세계 케이팝 팬들이 음악을 듣고 뮤직비디오와 관련 영상들을 시청하는 것은 물론, 케이팝을 바탕으로 자신들이 만든 커버댄스(cover dance) 영상, 반응 동영상(reaction video), 패러디 영상 등의 2차 창작물을 생산·공유하는 장이자, 댓글을 통해 글로벌 케이팝 팬들과 소통하는 일종의 팬 커뮤니티 역할도 담당하고 있다.

더불어 브이앱(정식 명칭은 브이 라이브)[3]과 같은 실시간 인터넷 개인방송 플랫폼, 트위터·페이스북·인스타그램·틱톡(Tiktok) 등과 같은 소셜미디어 역시 케이팝의 시장 확장에 커다란 역할을 수행해 왔다. 케이팝 아이돌들은 이들 플랫폼을 통해 전 세계 팬들과 자주 직접 소통을 하며 친밀도를 높임으로써 다른 글로벌 팝스타들과 다른 케이팝 스타들만의 개성을 구축하여 차별화에 성공했다.

그러나 이 글로벌 인터넷 개인 미디어 플랫폼들과 케이팝의 관계는 단순히 한쪽이 다른 쪽에 전적으로 의존하는 관계가 아니다. 물론 이 미디어 플랫폼

---

2 가령 2020년 2월 공개된 방탄소년단의 싱글 「On」의 뮤직비디오는 영어 자막만을 제공하며, 걸 그룹 잇지(Itzy)의 2020년 3월 싱글 「Wannabe」는 영어, 스페인어, 일어, 중국어 등 총 10개 언어의 자막을 제공한다.

3 네이버가 운영하는 실시간 인터넷 방송 플랫폼으로, 일반적인 개인방송 플랫폼과 달리 네이버가 허가한 사람들(유명 인사들)만이 방송을 할 수 있다.

들이 없었다면 지금과 같은 케이팝의 세계화는 불가능했을 것이다. 그러나 케이팝의 글로벌 팬들의 적극적인 참여와 이용이 이 미디어들의 성장에 큰 역할을 한 것 역시 무시할 수 없다. 가령 트위터의 창업자이자 최고경영자인 잭 도시(Jack Dorsey)를 비롯한 트위터 고위 간부들이 직접 밝힌 바와 같이, 트위터와 케이팝은 '상부상조'의 관계를 맺어왔다(차현아, 2019; Kim, 2019). 케이팝이 트위터의 덕을 본 만큼, 2010년대 중반 이후 하락세에 있던 트위터도 30대 이하 젊은 글로벌 이용자들이 케이팝을 즐기는 미디어로 트위터를 대거 활용한 덕분에 부활할 수 있었다. 더불어 2020년 6월 미국 트럼프 대통령의 유세장을 텅 비게 만들었던 정치적 운동 역시 틱톡을 중심으로 해당 소셜미디어 사용자의 대부분을 차지하는 10대 케이팝 팬들이 주도했다고 알려져 있다(BBC Korea, 2020). 즉 글로벌 인터넷 개인 미디어 플랫폼 없이 케이팝이 세계적인 성공을 거두는 것은 불가능한 일이었겠지만, 이 미디어 플랫폼들에도 케이팝은 핵심 인기 콘텐츠이자 사용자들의 이야깃거리로서 시장 확장과 매출 성장에 큰 역할을 하는 일종의 상호 의존적인 관계를 형성하고 있다고 볼 수 있다.

다양한 음악 장르 중에서 특히 케이팝이 인터넷 미디어 플랫폼과 밀접한 관계를 맺고 있는 이유는 무엇일까? 이는 케이팝이 가진 독특한 장르 정체성과 더불어 케이팝 글로벌 팬덤의 취향 및 미디어 활용 방식과 깊은 관련이 있다.

2. 케이팝의 장르 정체성과 인터넷 개인 미디어

1) 음악 장르로서의 케이팝

케이팝의 세계적인 성공과 인기는 21세기 글로벌 음악 산업에서 가장 눈에 띄는 새로운 흐름이라고 해도 과언이 아니다. 전 세계가 주목하는 미국의 대표 음악 차트인 빌보드(Billboard)의 메인 앨범 차트 '빌보드 200'에 1년 9개월 동안 총 네 장의 앨범[4]을 1위에 올리며 해외 언론으로부터 "이 시대의 비틀스"라고 묘사되는 방탄소년단을 비롯하여, 블랙핑크(BLACKPINK), 몬스타엑스(MONSTA X), 엑소(EXO), 트와이스(TWICE) 등 다수의 케이팝 가수들이 미국을 비롯한 전 세계에서 좋은 반응을 얻고 있다. 록(rock), R&B, 컨트리(country), 힙합(hip hop) 등 다른 글로벌 인기 장르처럼 빌보드 차트 내에 케이팝만의 순위를 집계하는 '케이팝 차트'가 2017년 말 생겼고, 아이튠즈(iTunes) 등 글로벌 디지털 음원 서비스도 케이팝에 독립된 장르 카테고리를 부여했다.

이렇듯 케이팝은 현재 글로벌 시장에서 하나의 독립된 음악 장르로 여겨지고 있다. 그런데 케이팝이라는 용어가 실제로 쓰이는 방식, 특히 해외 케이팝 팬들에게 인식되는 의미를 살펴보면 케이팝은 한국 대중음악과 동의어가 아니다. 케이팝이라는 용어는 1990년대 말 즈음 중국어권 국가들(중국, 대만, 홍콩)을 중심으로 한 지역에서 먼저 사용되기 시작해 2000년대 초반부터 동아시아 각지에서 광범위하게 사용되었다. 그러나 정작 본국인 한국에서는 케이팝이라는 용어가 거의 쓰이지 않았고 2007~2008년 무렵에서야 널리 쓰이기 시작했다. 이때는 몇몇 한국 가수들과 그들의 노래가 동아시아를 넘어 동아시아 바깥 지역에도 조금씩 진출하기 시작하면서 케이팝이라는 단어가 더 넓은 세계에 알려지기 시작했던 시기이기도 하다. 즉 케이팝은 국내 미디어나 음악계 내부, 팬, 혹은 전문가들이 만들어낸 용어가 아니라 해외에서 먼저 널리 쓰이고 있던 용어가 한국으로 역수입된 경우다. 특히 동아시아 바깥 지역(주로 미국과 서유럽)에서 이 용어가 통용되기 시작한 이후에야 한국에서도 활발히 쓰이

---

4 네 장의 앨범은 〈Love Yourself 轉 'Tear'〉(2018년 6월), 〈Love Yourself 結 'Answer'〉(2018년 9월), 〈Map of the Soul: Persona〉(2019년 4월), 〈Map of the Soul: 7〉(2020년 3월)이다.

기 시작했다는 점에 주목할 필요가 있다(신현준, 2013; 이규탁, 2016).

즉 케이팝은 해외에서 정의된, 전체 한국 대중음악을 지칭하는 '가요' 중 한 장르라고 할 수 있다. 이 장르는 음악의 국적이 장르를 정의하는 중요 요소로 사용된다는 점에서 '팝' 앞에 국가와 지역을 나타내는 형용사가 붙은 다른 음악들, 즉 브릿 팝(Brit pop)이나 스웨디시 팝(Swedish pop), 제이팝(J-pop), 라틴 팝(Latin pop) 등과 공통점이 있다. 그런데 록, 재즈, 힙합처럼 장르 규정에 있어서 리듬 패턴, 악기 구성, 가창 방식 등의 음악적 특징이 가장 중요한 일반적인 대중음악 장르들과 달리 케이팝에서는 음악적인 특징이 장르를 정의하는 데 필수불가결한 요소는 아니다. 이런 측면에서 케이팝은 어느 정도의 음악적 스타일에 대한 공유가 이루어진 브릿 팝보다는 지역 특성이 강조되는 스웨디시 팝이나 제이팝, 라틴 팝 쪽에 가깝다고 할 수 있다. 음악 스타일 이상으로 그것이 만들어진 '한국'이라는 지역이 케이팝을 다른 음악들과 구분되는 하나의 독립된 음악 장르로 만드는 중요한 요소라는 것이다. 그렇다고 해서 케이팝 속에 한국의 전통 음악 요소가 짙게 들어 있다는 것은 아니다. 그보다 음악적으로 글로벌 대중음악의 보편적인 양식을 따르면서도 한국의 시스템으로 만들고 한국인이 주가 되어 한국어로 부르는 비서구·비영어권 음악이라는 특수성이 혼재된 양면적인 특성이 글로벌 장르로서의 케이팝의 정체성을 결정한다.

2) 케이팝의 특성과 인터넷 개인 미디어 플랫폼

음악적인 특성이 케이팝 장르 정체성의 가장 중요한 요소가 아니라면, 글로벌 팝 음악과 구분되는 케이팝의 특징적인 요소로는 무엇이 있을까? 가장 먼저 언급되어야 하는 요소는 바로 케이팝 특유의 비즈니스 모델인 '토털 매니지먼트(total management) 전략을 바탕으로 하는 기획사 - 아이돌 시스템'일 것이다. 기획사가 연습생을 발탁한 후 이들을 훈련시켜 준비된 '아이돌'로 내놓고, 데뷔 후의 활동과 이미지 관리까지 모두 도맡아 하는 이 시스템은 케이팝을 다른 음악과 차별화하는 가장 중요한 지점이다. 그러나 이러한 산업적인 측면에 대한 세부적인 논의는 이 장의 주제에서 다소 벗어나는 것이므로, 여기에서는 비즈니스 모델 외에 케이팝을 다른 장르와 차별화하는 특성들, 특히 시각적 이미지(특히 뮤직비디오와 무대 퍼포먼스)의 중요성, 한국어 가사, 그리고 국내외 팬들과의 직접 소통이라는 요소에 더욱 집중하고자 한다.[5]

다수의 케이팝 애호가와 평론가들은 케이팝에 대한 미디어의 분석 보도나 학계의 논의가 대부분 케이팝의 경제적 가치('케이팝이 수출을 통해 얼마나 많은 수익을 올리고 있으며 주요 기획사의 시가총액이 얼마나 되는가')나 국가 브랜딩('케이팝이 얼마나 한국 알리기와 국가 이미지 개선에 도움이 되는가')에 지나치게 편중된 상황에 아쉬움을 표하고 있다. 심지어 그 외의 의미 있는 논의들마저도 팬덤 연구나 케이팝의 문화적·사회적 의미 분석에 치중되어 있으며, 음악으로서의 케이팝에 대한 논의는 제대로 이루어지지 않고 있는 실정이다. 가령 방탄소년단이 새 앨범을 내면 빌보드 순위가 몇 위이며 앨범이 몇 장이나 팔리고 콘서트에 몇 명의 관객이 와서 총 어느 정도의 수익이 예상되는지, 이로 인해 방탄소년단의 소속사 빅히트엔터테인먼트(이하 빅히트)의 기업 가치는 어느 정도인지에 대한 기사가 쏟아진다. 또한 미디어·커뮤니케이션학이나 문화연구, 사회학 등 인문사회학의 관점에서 접근한 학술논문 대부분은 한류의 일부로서 방탄소년단을 다루거나 수용자 연구에만 천착하고 있다. 이 과정에서 방탄소년단이 발표한 노래가 어떠한 음악이며 비평적으로 그것이 어떠한 가치를

---

5 케이팝 특유의 '기획사-아이돌 시스템'의 연원과 특징 및 장단점 등에 대해서는 이규탁(2016) 참조.

지니는지에 대한 논의, 즉 그들의 음악에 대한 미학적인 논의는 거의 이루어지지 않는다. 실제로 국내외에서 방탄소년단에 대한 다양한 단행본이 발매되었지만, 그들의 음악을 정면으로 다룬 책은 소수에 불과하다.[6]

케이팝에 대한 현재 미디어·학계의 논의 방향, 특히 경제적 측면이나 국가 브랜딩 측면에만 초점을 맞춘 기사와 논문이 대거 양산되는 현실에 대한 지적은 분명 귀담아 들을 필요가 있다. 하지만 케이팝을 음악적으로'만' 분석하지 않는 것은 이 장르가 음악만 이야기해서는 많은 것을 놓치게 되는 장르이기 때문이기도 하다. 물론 케이팝 수용자들은 음악을 듣고 가사를 따라 부르는 일반적이고 전통적인 방식으로도 케이팝을 즐기지만, 그들에게 케이팝은 단순히 감상용 음악만은 아니다. 케이팝은 음악, 가사, 뮤직비디오, 무대 퍼포먼스, 패션과 외적 이미지, 기획사가 부여하고 자신들이 다양한 방식으로 실행하고 구축하는 캐릭터와 정체성, 팬들과의 직접 소통을 통해 만들어지는 정서적 친밀감 등을 모두 느끼고 향유할 때 비로소 '제대로' 즐길 수 있는 일종의 종합 선물 세트, 즉 '토털 패키지(total package)'다. 따라서 경제 가치에 집중한 분석만으로 케이팝을 이해할 수 없듯이 음악적인 측면에만 집중하여 케이팝을 평가하는 것 역시 충분하지 않으며, 오히려 뮤직비디오와 무대 퍼포먼스 등의 외적 이미지, 한국어 가사, 팬들과의 직접 소통 방식에 주목하는 것이 토털 패키지로서의 케이팝을 이해하는 데 필수적이다. 더불어 이러한 특성들은 케이팝이 유튜브를 비롯한 인터넷 개인 미디어 플랫폼과 상호 의존적인 관계를 맺게 되는 주요 원인이기도 하다.

---

6 김영대(2019)의 『BTS: The Review』 정도가 방탄소년단의 앨범과 수록곡 하나하나를 음악적으로 분석한 책이며, 그 외에 그들의 음악에 대해 직접적으로 다룬 단행본은 찾아보기 어렵다.

3) 케이팝의 시각적 이미지

케이팝의 시각적 이미지란 의상과 헤어스타일 같은 패션, 뮤직비디오의 색감과 영상미, 이른바 '칼군무'라고 불리는 안무, 무대 위 퍼포먼스, 심지어 시디(CD)에 포함된 (대체로 50쪽이 넘어가는) 사진집과 공항 사진, 직캠,[7] 커버댄스 등 미디어와 팬들이 생산하고 공유하는 일련의 공식·비공식적인 이미지를 모두 포함하는 개념이다. 토털 패키지로서의 케이팝은 음악과 더불어 이러한 일련의 시각적인 이미지를 즐길 때 비로소 온전하게 즐길 수 있는 음악 장르다. 따라서 케이팝의 시각적인 이미지는 생산자와 실연자, 수용자 모두에게 음악만큼, 혹은 음악보다 더욱 중요하게 여겨지는 요소다. 실제로 케이팝 기획사에는 '총괄 디렉터' 혹은 '이미지 프로듀서'라는 직책이 존재하며 이들은 새로운 앨범이나 싱글을 위한 음악 외적인 시각적 이미지를 먼저 구상한 후 거기에 맞는 음악을 제작하도록 돕는다. 과거에는 '춤 혹은 무대 위에서의 동선을 먼저 그린 후 음악을 거기에 맞추어 만든다'는 정도였다면, 이제는 시각적 이미지의 콘셉트에 따라 하나부터 열까지 모든 것을 맞추며 심지어 기획사에서 스토리 작가를 따로 고용하여 전반적인 콘셉트를 구성하고 이미지를 만들기도 한다(한은화, 2016).

이처럼 하나의 콘셉트를 바탕으로 시각적 이미지와 음악, 스토리텔링을 모

---

7 팬들이 가수의 무대를 직접 촬영한 동영상을 뜻하는 말로, 방송이나 뮤직비디오 등 편집된 영상과 다른 현장감을 느낄 수 있다. 더불어 케이팝 그룹 내 멤버 수가 많아지면서, 자신이 좋아하는 멤버를 집중해서 촬영함으로써 다수의 멤버 중 해당 멤버에게만 오롯이 집중할 수 있기 때문에 팬들로부터 큰 호응을 받는 영상이다. 특히 스마트폰을 포함하여 과거보다 고화질의 영상을 촬영할 수 있는 장비가 대중화되면서 직캠은 더욱 활성화되었고, 최근에는 팬들뿐만 아니라 방송국에서도 자신들이 공식적으로 송출하는 무대 영상 외에 방송국 자체적으로 추가로 제작한 직캠 영상을 유튜브와 소셜미디어를 통해 유통하고 있다.

두 결합하는 방식은 이미 글로벌 음악 산업과 팬들에게 케이팝 고유의 특성으로 확고히 인식되어 다른 장르와 케이팝을 차별화하는 중요한 요소로 자리 잡았다. 이와 같이 각각의 다채로운 텍스트가 다양한 미디어 플랫폼을 통해 생산·유통·소비되면서 전체적인 이야기를 만들고 하나의 이미지를 구축해 내는 것은 헨리 젠킨스(Henry Jenkins)가 개념화한 '트랜스미디어 스토리텔링(transmedia storytelling)'의 일종으로 볼 수 있다(Jenkins, 2006). 트랜스미디어 스토리텔링의 서사는 탈중심적이며 동시에 수용자의 향유를 기반으로 동시다발적으로 진행되는데(박진수, 2020), 케이팝의 트랜스미디어 스토리텔링에서 가장 중요한 것은 다양한 형태의 시각적 이미지이며 이를 가능케 하는 기반이 바로 유튜브와 소셜미디어를 중심으로 한 인터넷 개인 미디어 플랫폼이다.

시각 이미지를 강조하는 케이팝은 필연적으로 인터넷 개인 미디어 플랫폼과 밀접한 관계를 맺는다. 유튜브는 대표적으로 음악을 사운드(sound) 즉 소리가 아닌 영상을 통해 소비하게 만드는 미디어로, 케이팝의 경우 뮤직비디오는 물론 방송 출연 영상, 멤버들의 춤 연습 영상, 전문적인 안무가나 댄스 팀의 커버댄스 영상, 팬들의 반응 동영상과 커버댄스 영상, 직캠 등이 모두 유튜브를 중심으로 생산·유통·소비된다. 그리고 소셜미디어, 특히 트위터와 인스타그램은 수많은 밈(meme)[8]을 양산하는 개인 미디어 플랫폼으로서 유튜브와 서로 영향을 주고받는다.

케이팝 내 시각적 이미지의 중요성과 트랜스미디어 스토리텔링이 유튜브와 소셜미디어 등 인터넷 개인 미디어에서 어떤 식으로 진행되는지를 가장 처음 본격적으로 보여준 사례는 2012년 전 세계를 강타한 「강남스타일」이다. 수용자들에 의해 제작되고 확산된 각종 「강남스타일」 밈은 이 노래를 전 세계적인

8　인터넷을 통해 유행되는 유행어, 합성 사진, 영상 요소 등을 일컫는 용어다.

히트곡으로 만드는 데 커다란 역할을 했다(김수철·강정수, 2013). 2020년 상반기 국내 대중음악계의 주목할 만한 현상 중 하나였던 가수 비의 「깡」 신드롬 역시 케이팝에서 시각적 이미지가 갖는 중요성과 역할을 잘 보여준다. 2017년에 발표된 이 노래는 당시에는 큰 주목을 받지 못했으나, 뮤직비디오에 나온 춤과 퍼포먼스, 패션 등이 유튜브와 소셜미디어 등 인터넷 개인 미디어를 중심으로 패러디되며 큰 화제가 되었고, 원래는 일종의 조롱과 비웃음의 성격이 강했던 이 패러디들이 지상파의 예능 프로그램[9]과 결합하자 긍정적인 의미가 부여되며 새로운 생명력을 얻었다. 이처럼 케이팝의 시각적 이미지의 생성과 확산은 인터넷 개인 미디어 플랫폼과 밀접하게 연결되어 있다.

4) 케이팝의 한국어 가사

한국어 가사는 시각적 이미지와 더불어 케이팝을 케이팝답게 만들어주는 중요한 요소다. 케이팝이 발전하면서 록, 포크(folk), 심지어 트로트(trot)까지 다양한 음악 장르를 포함하지만, 여전히 전자음악, 힙합, R&B, 팝이 적당한 비율로 섞여 있는 댄스음악(dance music)[10]이 케이팝의 주류 스타일이다. 이는 모두 영미 음악계를 기원으로 하여 전 세계적으로 인기를 얻고 있는 장르들이므로, 음악적으로만 보면 케이팝은 동시대의 글로벌 팝 음악과 크게 다르지 않

---

9 MBC에서 방영된 〈놀면 뭐하니?〉라는 프로그램이다.

10 꾸준히 그 형태가 변화해 오긴 했지만, 대중음악계에서 '댄스음악'은 독립적인 장르로 여겨진다. 일례로, 빌보드에는 '핫 댄스/일렉트로닉(Hot Dance/Electronic)' 차트가 따로 존재하며 미국의 가장 유명한 대중음악상인 '그래미 어워드(Grammy Awards)'에도 댄스음악 분야의 상이 있다[베스트 댄스 레코딩(Best Dance Recording)상과 베스트 댄스/일렉트로닉 앨범(Best Dance/Electronic Album)상]. 국내의 대표적인 대중음악상인 '한국대중음악상'에도 '댄스/일렉트로닉' 분야는 독립되어 있다.

다.[11] 다시 말하면, 케이팝은 전통적인 관점에서 보면 그렇게 '한국적'이지 않다. 그런데 해외의 케이팝 팬들이 케이팝을 찾아서 듣는 이유 중 하나는 바로 '일반적인 글로벌 (영미) 팝 음악과 다르다'는 점 때문이다. 즉 케이팝을 듣고자 하는 해외 팬들은 일반적인 서구·글로벌 팝 음악에 대한 일종의 대안 개념으로서 케이팝을 좋아하므로(Mukasa, 2011), 한국어 가사나 한국적인 요소는 일반적인 인식과 달리 오히려 글로벌 시장에서 강점으로 작용하는 경우가 많다. 음악적으로는 글로벌 팝 음악과 보편적인 특징을 공유하지만, 한국어로 된 가사가 케이팝에 '한국성(韓國性, Korean-ness)'이라는 특수성을 부여하는 것이다. 일본의 문화 연구자인 모리 요시타카(毛利嘉孝)가 주장하듯이, 아무리 글로벌한 음악 형식을 따른 대중음악이라고 할지라도 가사가 (영어가 아닌) 지역 언어로 되어 있다면 그 음악은 글로벌 수용자들에게 자동적으로 해당 지역의 것으로 인식되기 때문이다(Mori, 2009).

이는 해외, 특히 미국 등 서양 시장에 진입하기 위해서는 한국적인 색채를 최대한 지우고 글로벌 수용자들의 보편적인 감성에 맞춰야 한다는 기존 한국 문화 산업의 생각, 즉 매운 고추장 양념이 아닌 간장 양념 기반의 '단짠' 떡볶이를 만들어야 서구 시장에서 성공할 수 있다는 식의 사고와는 상반된 것이다. 실제로 이러한 전략을 가장 노골적으로 추구해 온 기획사가 바로 SM이다. 이들은 보아의 미국 시장 진입을 위해 해외 작곡가가 작곡한 곡에 영어로 된 가사를 붙여 앨범을 발매했고, 소녀시대의 미국 시장 진입을 위해 1990년대에 마이클 잭슨(Michael Jackson)의 히트 앨범 〈Dangerous〉(1991)를 프로듀싱 한

11 물론 세부적인 면에서는 차이가 있다. 가령 다른 글로벌 댄스음악과 달리 케이팝은 한 곡 안에서 여러 가지 장르가 교대로 나타나며, 복잡한 구성을 지니면서도 동시에 일명 '후크송(hook song)'이라고 하여 쉽게 기억에 남는 대중적인 후렴구를 집요하게 여러 차례 반복한다. 더불어 무대 위에서의 화려한 퍼포먼스를 부각시킬 수 있는 음악적 패턴이 곡 안에 반드시 존재한다.

것으로 유명한 작곡가 겸 프로듀서 테디 라일리(Teddy Riley)와 함께 작업한 곡인 「The Boys」(2011)에 영어 가사를 붙여서 공개하기도 하는 등 꾸준히 이 전략을 실행해 왔다. 과거 일본의 인기 가수들 역시 이런 전략에 의존하여 글로벌 시장 진입을 시도한 바 있다. 한 시대를 풍미했던 일본 가수 마쓰다 세이코(松田聖子), 구보타 도시노부(久保田利伸), 우타다 히카루(宇多田ヒカル) 등은 모두 글로벌 수용자들의 취향을 겨냥하여 해외 작곡가들이 만들고 영어 가사를 붙인 노래들을 수록한 해외(미국) 시장용 앨범을 발매한 바 있다. 이에 대해 일본의 문화 연구학자인 이와부치 고이치(岩淵功一)는 '(지역색이 결여된) 무취의 문화(odorless culture)를 만드는 것이야말로 일본 (및 동아시아) 문화가 해외 시장에서 성공하기 위해 필요한 전략'이라고 주장하기도 했다.

그러나 '무취의 문화' 전략을 사용한 SM이나 일본 가수들의 뜨뜻미지근한 성공(혹은 본격적인 실패)[12]은 스웨디시 팝 혹은 호주에서 만들어진 팝 음악처럼 영미 음악의 주류인 북유럽계 백인(서양인)이 부르는 음악이 아니라면 영어로 만들고 부르면서 최대한 영미 음악과 유사하게 만드는 전략은 통하지 않는다는 것을 입증했다. 케이팝이 한국계를 중심으로 구성된 이상 아무리 글로벌 보편성을 갖기 위해 노력해도 겉모습부터 케이팝은 스웨디시 팝처럼 '보편적'이 될 수는 없다. 게다가 옷차림과 무대 퍼포먼스, 독자적인 스타일의 뮤직비디오 등에서도 케이팝은 전형적인 주류 영미 음악과 차별화되며, 이 '다름'이야말로 셀링 포인트(selling point)가 된다. 케이팝 최고의 인기 그룹 방탄소년단의 경우 해외 작곡가에게 곡을 받거나 영어 앨범 발매를 피하고, 오히려 적극적으로

---

12 보아의 영어 앨범 〈BoA〉(2009)는 빌보드 앨범 차트(빌보드 200) 127위에 오르며 한국인 최초로 빌보드 메인 앨범 차트에 진입하는 기록을 남겼지만 곧바로 차트에서 사라졌으며, 소녀시대의 「The Boys」는 아예 차트 진입에 실패했다. 일본 가수들의 영어 앨범 역시 헤비메탈 밴드 라우드니스(Loudness)를 제외하면 만족할 만한 성과를 올리지 못했다.

한국어 속어와 유행어, 심지어 한국 전통 음악의 추임새까지 활용하며 한국의 특색을 적극적으로 드러내고 있다. 이에 대해 방탄소년단의 소속사 빅히트의 방시혁 대표는 "미국 시장을 타깃으로 미국에 진출해서 영어로 된 노래를 발표하는 부분은 또 저희가 가고자 하는 것과는 다르다고 생각한다"라고 언급하며 해외시장 진출을 위해 한국 색을 지우는 것에 대한 거부감을 분명히 드러낸 바 있다.[13] 이렇듯 한국어 가사는 케이팝의 필수 요소이자 정체성이다.

그렇다면 한국어 가사와 인터넷 개인 미디어 플랫폼은 어떻게 연결되어 있을까? 케이팝에서 글로벌 팝 음악의 보편성과 이국적인 다름이 주는 특수성을 동시에 발견하고 그것을 있는 그대로 즐기기를 선호하는 해외 케이팝 팬이라 할지라도, 한국어로 된 가사가 도대체 어떤 의미인지를 궁금해하는 것은 당연한 일이다. 특히 한국어가 매우 생경한 동아시아 바깥의 팬들은 더욱 그러한데, 케이팝이 막 이들에게 알려지기 시작했던 2000년대 말에서 2010년대 초반에는 그들에게 익숙하지 않은 한국어 발음이 비웃음의 대상이 되거나 종종 오해를 불러일으키기도 했다.[14]

그러나 케이팝이 국제적인 인기를 얻게 된 후 음악과 춤뿐만 아니라 한국어 가사의 내용에도 관심을 갖게 된 해외 팬들은 스스로 자신들의 언어로 가사를 해석하기 시작했다. 이렇게 다양한 언어로 번역된 가사는 팬들이 직접 덧붙인 유튜브 자막으로, 혹은 소셜미디어(주로 트위터)를 통해 공유되었다.[15] 이들은

---

13 또한 해외 팬들 역시 영어 앨범을 내지 말고 한글 앨범을 꾸준히 발매해 줄 것을 요구한다. 한국의 영어 방송인 아리랑TV의 방탄소년단에 대한 보도에 달린 팬들의 댓글 참조(https: //youtu.be/1W04ZqZVpk8).

14 일례로 주로 '니가'라고 발음되는 가사 속의 '네가'라는 표현이 흑인 비하 표현인 '니거(nigger)'와 비슷해 해외 팬들에게 오해를 사기도 했다(https://www.yna.co.kr/view/AKR201903 29152200011 참조).

15 방탄소년단의 경우 20여 명 이상의 팬들이 방탄소년단이 트위터에 올리는 문구, 노래 가사, 영상 속 대사 등을 실시간으로 영역(英譯)해서 올린다. 또한 열다섯 명의 운영진이 관리

단순히 한국어 가사를 다른 말로 바꾸는 것뿐만 아니라 한글 가사를 직접 읽고 부를 수 있게 발음을 영문으로 표기하거나 사투리나 신조어, 속어 등의 경우 그것의 문화적·역사적 배경까지 설명을 붙이기도 한다. 이런 번역은 돈 한 푼 받지 않고 이루어진 팬들의 자발적인 행위로, 이 '번역가'들은 주류 언어 사용자와 비주류 언어 사용자의 위치를 역전시키면서 아울러 케이팝 가수와 외국 팬들 사이의 연결고리 역할을 했다고 볼 수 있다(이지행, 2019). 이처럼 한국어 가사가 초기 글로벌 팬들의 뜨악한 반응을 뒤로하고 케이팝의 기본 형식이자 특성으로 자리한 데에는 인터넷 개인 미디어 플랫폼을 기반으로 한 수용자들의 자발적이고 적극적인 노력이 큰 역할을 했다고 볼 수 있다.

최근 케이팝 업계에서 해외시장이 갖는 중요성이 더욱 커지면서 수용자들의 자발적인 '재능 기부'에 맡겨져 있던 한국어 가사 번역과 유통이 이제는 기획사와 미디어 플랫폼이 기본적으로 제공하는 서비스 영역으로 변화하고 있다. 이 장의 서두에서 언급한 바와 같이 새로운 뮤직비디오를 공개할 때 기획사가 직접 제작한 공식 영어 자막을 포함시키는 것은 이제 필수가 되었으며, 영어 외의 다양한 언어를 포함하는 일도 흔하다. 또한 케이팝 아이돌들이 해외 팬들과 직접 소통하는 주요 창구인 실시간 인터넷 방송 플랫폼 브이앱에서는 아예 영어, 중국어, 일어, 베트남어, 태국어, 스페인어 등 다양한 언어의 자막을 실시간으로 제공하여 해외 사용자들의 편의를 적극적으로 지원하고 있다. 예고 없이 진행되는 아이돌들의 개인방송을 방송국 역할을 하는 인터넷 미디어 플랫폼이 다양한 언어로 동시통역해 주는 셈이다. 이처럼 케이팝의 한국어 가사가 보편화되는 데 인터넷 개인 미디어 플랫폼의 역할은 매우 크다.

하는 트위터 계정 'bts-trans'는 150만 명에 가까운 팔로워들에게 영어, 중국어, 프랑스어, 루마니아어 등 다양한 언어로 가사와 관련 기사 번역 등을 제공한다[김수경(2019) 참조].

5) 가수 - 팬 - 기획사 간의 직접 소통

가수와 팬의 직접 소통과 그로 인한 둘 사이의 독특한 친밀함은 케이팝의 중요한 특징이다. 그리고 가수와 기획사의 관계가 매우 밀접한 케이팝의 특성상 가수와 팬의 직접 소통은 곧 기획사와 팬의 직접적인 소통이기도 하다. 이것은 케이팝을 다른 장르와 차별화하는 중요한 부분이다.

직접 소통은 주로 브이앱이나 인스타 라이브 등과 같은 실시간 인터넷 개인 방송과 소셜미디어를 통해 이루어진다. 케이팝 가수들은 뮤직비디오나 공연 실황 같은 음악 관련 영상뿐만 아니라 자신들의 소소한 일상까지도 자주 공개하며 팬들과 직접 소통한다. 이 중 꾸준히, 그리고 진솔하게 직접 소통을 하는 케이팝 아이돌은 팬들로부터 '진정성이 있다'라는 평가를 받게 된다. 한국의 학술 담론에서 이야기하는 '진정성'은 보통 '진짜임' 혹은 '진실함'이라는 의미를 가진 'authenticity', 'being real'을 번역한 용어인데, 이와 달리 케이팝 내에서의 진정성이란 곧 '성실함' 혹은 '진심 어린 태도(sincerity)'를 의미한다.

이와 같은 소통을 통해 큰 성공을 거둔 대표적인 그룹이 바로 방탄소년단이다. 방탄소년단뿐 아니라 많은 케이팝 아이돌이 소셜미디어와 유튜브, 브이앱 등을 활발히 이용하여 국내외 팬들과 직접적으로 소통하고 있으며, 이러한 소통을 방탄소년단이 처음으로 시도한 것도 아니다. 하지만 방탄소년단은 다른 아이돌들과 비교해서 가장 자주, 가장 많은 개수의 콘텐츠를 예고 없이 지속적으로 올리고 실시간으로 팬들과 만나는 데 주저하지 않았다. 여기에 3대 기획사에 속해 있지 않아서 미디어와 팬들의 주목을 받기 어려웠던 방탄소년단을 스타로 만든 것은 대형 기획사의 자본력과 전략 및 미디어의 억지스러운 지원 사격이 아니라 팬들의 자발적인 선택과 힘이었다는 점이 겹쳐지며 이들이 구축한 '진정성 서사'와 이미지는 더욱 강화되었다. 이에 방탄소년단의 성공 이후 '진정성 있는' 직접 소통을 통해 팬들과 가까워지려고 노력하는 그룹들이 크게 늘어났다.

방탄소년단이 보여준 진정성이 담긴 직접 소통을 음악 산업의 관점에서 분석해 보면, 이들은 가수라는 직업인으로서 수익을 얻기 위해 시장에 내놓는 대표적인 상품인 음악 상품(여기에서 음악 상품은 디지털 음원, 스트리밍, 실물 음반, 뮤직비디오, 공연 등을 모두 아우르는 개념이다) 외에도 자신들의 거의 대부분의 삶을 콘텐츠화하여 그것을 통해 자신들의 이미지를 구축하는 작업을 성공적으로 수행했다고 볼 수 있다. 이는 일종의 브랜딩(branding)[16]인데, 사실 이러한 브랜딩 작업은 방탄소년단뿐 아니라 최근 케이팝 아이돌과 기획사들의 기본적인 인터넷 개인 미디어 활용 방식이기도 하다. 팬들과 실시간으로 직접 소통을 하며 음악뿐만 아니라 음악 외적인 부분까지도 모두 콘텐츠화하는 것이다.

미국 뉴욕 대학교의 음악 산업 연구자인 캐서린 래드빌(Catherine Radbill) 교수는 음악 관련 상품의 유통뿐만 아니라 패션과 사생활 등 자신의 모든 부분을 다양한 미디어를 활용해 노출하고 그것을 또 다른 콘텐츠로 활용하는 최근 음악 산업의 흐름을 '360도 마케팅(360-degree marketing)'이라는 용어로 표현한다(Radbill, 2012). 가수의 음악적 역량(여기에는 노래나 악기 연주뿐만 아니라 춤과 무대 퍼포먼스 실력 등이 모두 포함된다)이라는 특정한 각도만을 보여주는 것이 아닌, 모든 각도에서 자신을 볼 수 있도록 노출하는 360도 마케팅은 음악인뿐만 아니라 토털 패키지로서의 종합 연예인을 꿈꾸는 케이팝 아이돌에게 사실 오래전부터 필수 요소나 다름없었다. 특히 케이팝 시장의 세계화 정도가 날로 깊어지면서 국내뿐만 아니라 세계 곳곳에 산재되어 있는 해외 팬들에게

---

16 '브랜딩'이란 경영학 용어로, 제품의 이미지와 정체성을 구축하기 위한 일련의 전략을 의미한다.

효율적으로 접근하기 위한 방식으로 인터넷 개인 미디어 플랫폼을 활용한 360도 마케팅은 점점 더 중요해지고 있다. 뮤직비디오, 공연 영상, 다른 가수의 곡을 다시 부른 '커버 곡' 영상, 악기 연주 영상과 같은 음악 관련 콘텐츠는 물론 음악 외적인 자체 콘텐츠를 꾸준히 제작하고 그것을 인터넷 개인 미디어 플랫폼을 통해 유통하여 자신들의 다양한 면모를 노출하며 온갖 종류의 이야깃거리인 속칭 '떡밥'을 팬들에게 끊임없이 필수적으로 제공하게 된 것이다.

즉 케이팝 팬과 가수 사이의 직접 소통은 단지 유튜브와 소셜미디어, 브이앱과 같은 인터넷 개인 미디어 플랫폼을 통해 이루어지기 때문에 직접적인 것이 아니라, 이들 플랫폼을 통한 '떡밥' 제공이 팬들이 '나와 그들(케이팝 가수들)이 직접적으로 커뮤니케이션하고 있다'라는 인식을 갖도록 만들기 때문에 직접적이라고 할 수 있다. 게다가 이러한 관계는 (종종 기획사가 인위적으로 개입하여 만들기도 하지만) 팬과 가수 사이에서 자연스럽게 형성되었다는 믿음을 바탕으로 한다. 불특정 다수인 '팬 여러분'이 아니라 '아미'·'원스'·'위즈원'[17]이라고 특정지어 호명(呼名)함으로써 케이팝 가수들은 '우리의 음반을 사주고, 우리 콘서트에 와주고, 우리가 만드는 콘텐츠를 적극적으로 즐겁게 향유해 주며 우리를 물심양면으로 지원해 주는 바로 너희'를 특별히 생각하고 있음을 드러내고 결속력을 강화한다.

이로 인해 팬과 케이팝 가수 사이의 관계는 과거 1세대 혹은 2세대 아이돌과 팬의 관계처럼 가수가 일방적으로 시혜적인 위치에 있던, 즉 가수는 팬에게 사랑을 베풀고 팬들은 거기에 감동하는 일방통행식 관계에서 벗어났다. 케이팝 아이돌과 팬들이 친밀감과 신뢰를 바탕으로 과거보다 더욱 밀접하게 연결된다는 것은 이들이 상호적 관계가 될 수밖에 없음을 뜻하기 때문이다. 특히

---

17 '아미'는 방탄소년단, '원스'는 트와이스, '위즈원'은 아이즈원(IZ*ONE)의 팬클럽 이름이다.

수많은 아이돌이 등장하고 서로 간의 경쟁이 치열해지면서 팬들은 자신이 선택한 아이돌과 그들이 속한 그룹을 물심양면으로 지원하여 성공시키는 것을 목표로 하는 경우가 늘어났다. 즉 스스로 손위 형제나 삼촌·이모 같은 보호자를 자처함으로써 이들을 '양육'하고 돌보는 '성장 서사(敍事)'가 중요해진 것이다(신윤희, 2019). 과거의 케이팝 팬덤이 '유사 연애'에 치우쳐 있었다면 최근의 케이팝 팬덤은 유사 연애와 보호자 사이의 위태로운 줄타기를 특징으로 하는데, 어느 경우에서나 팬들은 자신이 그들의 성공을 위해서 시간과 돈, 정성을 투자한 만큼 그에 대한 정서적인 보상을 받기를 원한다. 쉽게 말하면, '내가 이만큼 지원해서 성공하게 만들어줬으니 너희들은 내 말을 잘 들어주어야 한다'는 요구다. 그 결과 가수와 그들을 관리·감독(통제)하는 기획사는 팬들의 요구에 귀를 기울이고 발 빠르게 대처하며 피드백해 주는 것이 필수적이 되었다. 가수와 팬의 관계는 과거에 비해 평등해졌으며, 때로는 가수 - 팬 - 기획사라고 하는 세 주체가 일종의 삼각관계를 형성하여 서로가 서로를 돕고 지원하는 동시에 서로를 감시하는 역할을 하기도 한다. 방탄소년단과 아미, 빅히트의 경우가 대표적인데 이들은 한쪽이 일방적으로 다른 쪽의 우위에 있는 것이 아니라 서로 간의 힘의 균형을 바탕으로 협업과 견제를 동시에 실행하고 있다(김정원, 2018).

인터넷 개인 미디어 플랫폼은 이러한 관계를 구축하는 데에서 중심 역할을 수행해 왔다. 유튜브, 브이앱, 트위터, 인스타그램, 페이스북, 틱톡 등 다양한 미디어 플랫폼을 통해 케이팝 가수들은 팬들과 만나고 직접 소통을 시도하며 '하늘 위에 떠 있는 별처럼 멀리 떨어져 있는' 스타가 아닌 팬들의 생활 속 깊이 침투하는 '잘생기고 예쁜 동네 형·누나·오빠·동생', 심지어 '귀여운 조카'의 이미지를 구축한다. 케이팝 아이돌은 남녀를 불문하고 음악적인 역량 외에 훌륭한 인성, 즉 "팬에 대한 겸손과 헌신, 그리고 팬들의 요구에 응하는 데 있어

거리낌이나 불편함이 없어 보이는 태도"(김수아, 2018)를 지니는 것이 필수적인 요소가 된 지 오래다. 재미있는 것은 이러한 태도가 국내 팬은 물론 글로벌 케이팝 팬들에게도 호소력을 지닌다는 점이다. 케이팝 아이돌의 성실함과 친근감, 우호적인 분위기는 다른 세상에 살고 있는 듯한 거리감을 주는 해외 팝스타들과 차별화되는 장점으로 자리 잡았다. 언제나 열정적이고 겸손하며 동시에 친근한 이미지를 보여주어야 하는 케이팝 아이돌의 "감정 노동"(김수아, 2018)은 인터넷 미디어를 통한 직접 소통의 활성화와 케이팝 산업의 세계화로 인해 그 강도가 더욱 세졌다. 팬들과 꾸준히 소통하며 그들의 의견을 적극적으로 반영해 실천에 옮기고, 때로는 자신들의 뜻도 굽히는 것은 팬과 가수, 기획사의 관계를 좀 더 새롭고 평등하게 만들었지만 아티스트로서 자유롭게 자신의 창작력을 펼치는 데에는 족쇄가 되기도 한다. 거기에 자신들의 거의 모든 것을 팬들과 공유하고 콘텐츠화하는 생활은 행동의 제약과 더불어 엄청난 스트레스를 동반한다. 직접 소통의 명(明)과 암(暗)인 셈이다.

3. 글로벌 케이팝 팬덤과 인터넷 개인 미디어 플랫폼

이렇듯 케이팝의 특성, 특히 3세대 이후 케이팝의 특성은 케이팝의 주요 유통·전파 수단인 인터넷 개인 미디어 플랫폼과 깊은 연관을 맺은 채 발전해 왔으며, 이들 미디어 역시 케이팝의 세계화로부터 큰 영향을 받으며 상호 의존 관계를 형성했다. 특히 글로벌 케이팝 팬덤은 인터넷 개인 미디어를 통해 케이팝을 소비하는 것은 물론 해당 플랫폼들을 자신들의 케이팝 커뮤니티이자 케이팝 관련 2차 창작물의 생산과 공유를 위한 장으로 활용해 왔다. 더구나 케이팝의 글로벌 시장 비중이 커진 2010년대 후반 이후로 글로벌 케이팝 팬덤의

'놀이터'이자 '창작소'인 인터넷 개인 미디어 플랫폼의 중요성은 더욱 커지고 있다.

1) 3세대 케이팝의 세계화 현황: 수출형 아이돌[18]

케이팝의 세대 구분에 관해서는 몇 가지 서로 다른 의견이 있지만, 대체로 H.O.T.로부터 시작된 아이돌 - 기획사 시스템의 초창기를 1세대(1996~2006), 원더걸스로 촉발된 새로운 흐름 이후 소녀시대·빅뱅·「강남스타일」로 대표되며 글로벌 음악 수용자와 미디어로부터 '케이팝'이라는 이름을 부여받은 시기를 2세대(2007~2012), 방탄소년단과 트와이스로 대표되며 「강남스타일」의 성공 이후 인기 범위를 비약적으로 확장한 시기를 3세대(2013~)라고 부른다.[19]

이와 같은 세대 구분은 가수들의 연령대부터 음악 스타일, 실력, 이미지 등 다양한 요소를 고려하여 설정된다. 그중 가장 중요한 기준은 음악 시장의 변화다. H.O.T.나 N.R.G., 베이비복스, S.E.S. 등 해외시장 진입에 성공하여 인기를 누린 이들도 있었지만, 1세대 케이팝 가수들은 사실상 국내 시장만을 대상으로 음악을 만들고 활동하며 해외 수용자들이 자신의 음악을 들을 것이라는 기대를 하지 않은 채 한국 수용자들의 취향을 만족시키는 것만 목표로 삼았다. 해외시장에서의 성공은 예기치 않은 행운 또는 부수적인 목표에 지나지 않았다.

그러나 2세대로 들어오면서 상황은 달라졌다. 1세대와 2세대 사이인 2000년대 초중반에 등장해 국제적인 인기를 얻었던 보아와 동방신기처럼 해외 수

18 이 절은 이규탁(2019a)을 요약·수정했다.

19 최근 '4세대'의 등장에 대한 논의가 이루어지고 있긴 하지만, 3세대와 뚜렷한 차별성을 보여주지는 못하고 있다[김윤하(2020) 참조].

용자들의 취향을 적극적으로 공략하는 현지화 전략을 통해 본격적인 해외시장 진입을 목표로 하는 기획사와 가수들이 나타나기 시작했다. 이러한 경향은 한국이라는 특정 지역(local)의 음악이었던 케이팝이 본격적으로 '국제적 음악'이 된 2000년대 후반부터 더욱 강해졌다. 기획사들은 소속 가수가 국내 시장뿐만 아니라 중국과 일본을 중심으로 한 해외시장에서 활동할 것을 전제 조건으로 하여 그룹을 구성하고 음악을 만들기 시작했으며, 거기에 맞게 가수들을 준비시켰다. 중국과 대만, 일본, 태국 등 동아시아 출신 멤버를 그룹에 포함시킨다거나, 연습생 때부터 중국어와 일본어를 교육한다거나, 중국어와 일본어로 된 앨범·싱글을 발매하는 등의 활동은 모두 케이팝의 국제화를 위한 전략의 일부라고 할 수 있다.

특히 3세대는 케이팝의 세계화가 과거와 비교도 할 수 없을 만큼 심화되었다. 가령 3세대의 최고 인기 걸 그룹 중 하나인 트와이스는 아홉 명의 멤버 중 네 명이 외국인이며, 아이즈원은 일본 기획사와 한국 기획사가 함께 만든 합작 그룹으로 한국인과 일본인이 섞여 있다. 심지어 케이팝 그룹을 표방하는 이엑스피 에디션(EXP Edition)이나 지보이즈(Z-Boys)·지걸즈(Z-Girls) 같은 그룹에는 한국인 멤버가 아예 없으며, 한국 기획사 JYP가 일본 현지에서 일본인들로 구성한 그룹 니쥬(NiziU)는 현지에서 제이팝 그룹이 아닌 케이팝 그룹으로 분류된다. 현재 최고 인기 케이팝 아이돌 그룹인 방탄소년단조차 실은 한국보다 미국을 중심으로 한 해외에서 먼저 이름을 알린 후 그 인기를 바탕으로 한국에서 더 큰 인기를 얻게 된 역수입 사례다(이규탁, 2019b). 케이팝이 지역 음악의 범주를 넘어 글로벌 대중음악의 한 장르가 된 지금, 케이팝 가수들에게 해외시장 진입은 더 이상 신기하거나 놀라운 일이 아니다. 음악과 가수뿐만 아니라 국내 수용자들이 케이팝을 즐기는 방식까지도 해외 수용자들에게 '수출'되고 있다. 케이팝이 생산과 소비 양쪽에서 점차 지역성을 벗어나고 있는 셈이다.

이처럼 케이팝의 해외시장 비중이 커지면서 국내에서의 인기는 더 이상 필요조건이 아니게 되었다. 과거 2세대 때도 빅뱅, 슈퍼주니어 등 일부 정상급 가수들은 국내보다 해외에서 벌어들이는 수익이 훨씬 컸고, 일본·동아시아·월드투어 등을 돌며 국내를 오래 떠나 있기도 했다. 그러나 당시 이들의 최우선 목표는 여전히 국내 팬덤을 만족시키는 것이었다. 따라서 앨범이나 싱글을 발매하면 무조건 국내 지상파 및 케이블방송의 음악 순위 프로그램과 예능 프로그램에 출연하고 수차례 팬 미팅과 사인회를 했으며, 공연을 하거나 대학축제·지방축제를 포함한 크고 작은 행사 무대에 섰다. 해외 팬덤 역시 본국인 한국에서의 인기도와 활동 여부에 항상 크게 신경을 썼다. 그러나 3세대 아이돌은 그렇지 않다. 이들은 앨범이나 싱글을 발매해도 국내 활동은 1~2주 정도로 짧게 마무리하고, 곧바로 해외 콘서트와 팬 미팅 등에 집중한다. 그러니 국내 방송 프로그램에는 자주 나올 수 없어 대중적인 인지도가 낮고, 팬들과 직접 마주할 수 있는 기회가 적어 충성도 높은 팬덤의 규모도 크지 않다.

정식 데뷔 전부터 해외 팬들의 높은 관심을 받으며 상당한 인기를 누리고 있지만 국내에서는 큰 반향을 얻지 못하고 있는 그룹 카드(KARD)가 대표적이다. 이들은 젝스키스, 핑클, 카라 등을 배출한 기획사인 DSP 소속으로, 최근 케이팝 아이돌 그룹 사이에서는 보기 힘든 혼성 그룹(남성 2명, 여성 2명)이다. 카드는 한국보다 해외에서, 그중에서도 중국·일본 등 동아시아보다 북남미와 유럽 지역에서 좋은 반응을 얻고 있는 이례적인 케이스다. 이들이 2017년에 발매한 싱글 「Rumor」는 글로벌 음원 사이트 아이튠즈의 총 13개국 케이팝 차트에서 1위를 차지했는데, 미국과 브라질, 아르헨티나 등 미주 지역에서 가장 좋은 반응을 얻었다. 또한 카드 관련 유튜브 영상의 전체 조회수 중 4.3%만이 한국에서 발생하고 나머지 대부분은 남미 지역에서 조회되었을 정도다(한국국제문화교류진흥원, 2019). 이에 카드는 한국보다 남미 지역에서 더욱 활발히 활동하고 있다. 가령 2019년 이들은 국내에서는 디지털 싱글 두 곡만 발매하고 잠깐 활동했을 뿐 실물 음반도 내지 않고 공연도 하지 않았지만, 브라질에서는 상파울루(São Paulo)나 리우데자네이루(Rio de Janeiro) 같은 대도시는 물론 헤시피(Recife), 포르투알레그리(Porto Alegre) 등 지방 도시까지 순회하는 전국 투어를 성공적으로 완수했다. 카드는 2017년부터 매년 브라질에서 순회공연을 하고 있는데, 실제로 이들은 단기간에 브라질을 가장 많이 찾은 케이팝 가수로서 알려져 있다. 이들 외에도 몬스타엑스, 갓세븐(GOT7), 세븐틴(Seventeen), 스트레이 키즈(Stray Kids), 뉴이스트(NU'EST), 에이티즈(ATEEZ), 모모랜드(Momoland) 등 다수의 케이팝 그룹이 국내보다 해외에서 더 큰 인기를 누리고 있다. 심지어 다양한 장르의 주류·인디 음악인들이 총출동하는 미국의 대형 음악 페스티벌 코첼라(Coachella)에 2019년 케이팝 걸 그룹으로서는 최초로 출연하여 해외에서 큰 화제가 되었던 블랙핑크 역시 국내보다 해외 팬덤의 규모가 훨씬 크고 충성도도 더 높다.

이런 그룹들은 일명 '수출형 아이돌'이라고 불린다. 카드처럼 국내 케이팝 팬덤의 일반적인 취향에 부합하지는 않지만 해외 수용자를 만족시킬 수 있는 음악과 이미지, 퍼포먼스로 해외시장에 주력하기 때문이다. 3세대에 들어오면서 '내수 시장'이 아닌 '수출 시장'에 주력하는 케이팝 그룹이 대폭 증가한 이유는 케이팝의 글로벌 시장이 양적·질적으로 크게 성장했기 때문이다. 2세대 때만 해도 월드투어나 일본에서 5대 돔(돔 구장) 또는 아레나(arena) 급[20] 투어로 관객을 동원할 수 있는 정상급 가수가 아닌 이상, 보통의 케이팝 가수들에게

---

20 5대 돔은 4만 명 이상을 수용할 수 있는 대형 돔 공연장인 도쿄 돔, 삿포로 돔, 오사카 교세라 돔, 후쿠오카 야후 옥션 돔, 나고야 돔을 말한다. 아레나급은 대략 8000~2만 명 정도 수용 가능한 공연장으로 사이타마 슈퍼 아레나, 요코하마 아레나, 일본 무도관(부도칸) 등이 대표적이다.

해외시장은 지출 대비 수입이 높지 않거나 아예 손해를 봐야 할 정도로 수익성이 크지 않았다. 그러나 방탄소년단의 대성공을 전후로 해외 케이팝 팬덤이 대폭 확장되며 규모 면에서 국내 팬을 압도하게 되고, 특히 미국이나 유럽 등 구매력 있는 나라들이 케이팝 팬덤의 영역으로 들어오면서 케이팝 해외시장의 파이는 매우 커졌다. 케이팝 팬덤 연구소 블립(Blip)의 자료에 따르면 2019년 8월 전 세계에서 발생한 케이팝 관련 유튜브 영상의 조회수 중 한국의 비중은 단 10.1%에 그쳤을 정도다(블립, 2019). 이제 케이팝은 해외에서 훨씬 더 많이 소비된다.

그 결과 아이돌 그룹과 기획사는 해외 팬덤만 확보해도 어느 정도 수익을 낼 수 있게 되었다. 이에 따라 국내와 해외 팬덤 사이의 취향 분화는 국내 케이팝 기획사와 가수들에게 또 다른 가능성을 제공하게 되었다. 아울러 케이팝 업계 전반에 대한 해외 팬덤의 영향력도 크게 증가했다. 해외 팬들은 국내 팬들과 다른 자신들의 요구를 기획사와 아이돌에게 표현하기 시작했다. 팬덤에서 쓰는 용어를 빌리면, 해외 팬들의 '고나리'[21]가 시작된 것이다. 이로 인해 국내 팬들과 해외 팬들이 대립각을 세우는 일도 잦아졌다. 국내 팬들은 해외만 신경 쓰고 국내는 소홀히 하는 기획사와 가수에게 서운함을 토로하고 있고, 동시에 자신들의 아이돌을 '빼앗아가는' 존재인 해외 팬들을 향해 불만을 터뜨리기도 한다. 케이팝에 관심을 갖고 아이돌을 좋아해 주는 외국인 팬들을 '외랑둥이'[22]라는 애칭으로 불렀던 국내 케이팝 팬들이 외국인 팬들의 영향력이 강해지자 이들을 바퀴벌레를 합성한 멸칭인 '외퀴'로 부르는 경우가 늘어난 것, 해외 팬들이 '화이트워싱(whitewashing)'[23]을 비판하거나 국내 팬들의 인종차

---

21 '고나리'는 '관리'의 오타에서 비롯된 말로, 지나치게 간섭하고 잔소리하는 행위를 일컫는다.

22 방탄소년단의 팬클럽 '아미'에서 외국인 팬들을 지칭했던 용어다.

23 백인이 아닌 사람을 백인으로 만드는 행위를 일컫는다. 케이팝에서는 동아시아계 멤버들

별적인 경향과 지나친 도덕주의를 비난하는 일 등이 그것이다.[24]

이러한 3세대 이후 케이팝의 본격적이고 폭넓은 세계화와 해외시장의 양적·질적 성장에는 "브이앱, 틱톡 등 물리적인 시간과 거리와 상관없이 케이팝을 실시간으로, 더욱 가깝게 즐길 수 있는 다양한 채널들의 성장"(김윤하, 2020)이 가장 큰 역할을 했음은 분명하다. 다양한 인터넷 개인 미디어 플랫폼을 통해 쉽게 해외 팬들과 접촉하고 해외시장에 음악을 유통할 수 있게 된 덕분에 케이팝은 시공간의 한계를 넘어 해외시장 진입에 성공할 수 있었다. 그리고 이들 미디어 플랫폼 역시 젊은 글로벌 수용자들을 끌어들이기 위해 가장 뜨겁고 신선한 화젯거리로 떠오른 케이팝을 적극적으로 활용했다.

2) 케이팝과 '젠지'[25]

국내 케이팝 팬덤의 범위는 2세대부터 크게 확장되었다. 우선 여성으로 한정되던 열성 팬의 성별이 확장되어, 특히 여성 팬에 비해 비교적 소극적인 태도를 보여온 남성 팬들의 행동이 훨씬 더 적극적이고 활발해졌다. 그리고 10대에서 20대 초반에 한정되어 있던 대다수 팬의 연령대가 30대를 넘어 40대, 심지어 50대 이상으로까지 확대되었다. 종종 자기보다 훨씬 어린 아이돌을 유사연애, 심지어 성적 대상으로 바라본다는 의심과 비판을 받기도 하지만, 이들은 '이모 팬' 또는 '삼촌 팬'이라는 이름으로 불리며 스타의 든든한 지원군이자 보호자를 자처한다. 이러한 분위기에 힘입어 이제는 중장년층의 성인이 아이돌

의 얼굴을 지나치게 하얗게 분장하거나 보정한 사진 등의 형태로 나타낸다.

24 몬스타엑스 소속으로 대마초 흡연 혐의를 받은 멤버 원호에 대해 많은 국내 팬들은 "빨리 탈퇴시켜라"라고 요구한 반면, 해외 팬덤은 탈퇴에 적극적으로 반대한 것이 대표적이다.

25 이 절은 이규탁(2019b)의 내용 중 일부를 수정·편집한 것이다.

의 팬임을 밝혀도 과거와 달리 부끄러운 일로 여겨지지 않는다.

그러나 해외 케이팝 팬덤은 여전히 10~20대가 대다수를 이룬다. 가령 2018년 10월 세계적인 시사 전문지 ≪타임≫은 인터내셔널 버전의 표지 모델로 방탄소년단을 선택하며 그들에게 '차세대 리더(Next Generation Leader)'라는 수식어를 붙였다. 많은 인기 가수 중에서도 이들을 '글로벌 Z세대(Generation Z)', 혹은 줄여서 '젠지'라고도 불리는 새로운 세대의 문화적 특징을 상징적으로 드러내는 존재로 인식하기 때문이다. 방탄소년단뿐만이 아니다. 케이팝 가수들의 콘서트를 찾고 이들의 음반을 구매하는 등 적극적인 팬 활동을 펼치는 글로벌 케이팝 팬들은 대체로 '젠지'들이며, 인터넷 개인 미디어 플랫폼에서 케이팝이 높은 위상과 중요도를 가지게 된 원인도 역시 해당 미디어를 가장 활발히 적극적으로 이용하는 이들이 바로 '젠지'이기 때문이다.

나이로 보면 '젠지'는 1990년대 중반에서 2000년대 중반에 출생한 세대를 가리킨다. 젠지를 특징짓는 키워드는 바로 인터넷 세상과 인터넷 미디어 플랫폼으로, 이들은 아주 어릴 때부터 디지털 미디어를 활용하여 소셜미디어를 통해 세상과 접속하고 다른 사람들과 커뮤니케이션을 해온 '디지털 원주민', 그 중에서도 '포스트 디지털 세대'다(정일권, 2019). 이들에게 인터넷 미디어 세상은 실재 세계를 지각하고 구성하는 장이 되고, 젠지는 이 사이버 세상 속에서의 활동을 통해 자신의 정체성을 형성한다(정일권, 2019). 더불어 이들은 새롭고 흥미로운 것을 경험하는 데 주저하지 않기 때문에, 이전 세대들이 낯설어 했던 문화를 향유하는 데 있어서 상대적으로 적극적이다(이호영 외, 2012). 지역 간 다소 차이는 있지만 이는 우리나라뿐만 아니라 전 세계를 아우르는 공통적인 현상으로, '젠지'들이 글로벌하게 비슷한 사고방식과 감성, 행동 양식을 공유하는 기반이 된다.

이는 과거에 특정한 시대를 대표했던 세대들과 젠지를 차별화한다. 가령

1960년대를 대표한다고 여겨지는 히피 세대는 서구, 그것도 백인 중산층을 중심으로 형성된 문화로, 동년배라 할지라도 다른 지역·인종·계급들과 그 특성을 공유하지 않았다. 1960년대 한국의 20대, 미국의 흑인 20대, 베트남의 20대, 멕시코의 20대, 브라질의 20대들이 모두 히피 세대의 특성을 공유하지 않으며, 어떤 점에서는 히피 세대와 굉장히 대조적인 부분도 있다. 그러나 '젠지'는 다르다. 인터넷을 기반으로 한 유튜브, 트위터, 페이스북, 인스타그램 등의 글로벌 인터넷 미디어 플랫폼으로 연결된 이들은 그들의 인종·계급적 차이에도 불구하고 많은 유사점을 지니며, 이러한 현상은 세계적으로도 전례가 없는 일이다.

그렇다면 케이팝이 글로벌 '젠지'들의 감성에 호소할 수 있었던 이유는 무엇일까? 무엇보다도 과거와 달리 젠지들이 '다른' 문화에 대해 매우 개방적이라는 점을 들 수 있다. 일찍부터 인터넷 미디어 플랫폼을 통해 주류문화뿐만 아니라 다양한 종류의 비주류문화 콘텐츠를 향유해 온 '젠지'들에게는 — 물론 영미 음악에 비해 여전히 생경한 요소가 있지만 — 음악과 춤, 시각적 이미지가 자신들에게 만족감을 줄 수 있다면 비서구·비영어권 음악이라는 점이 과거만큼 커다란 문화적 장벽으로 작용하지 않는다. 오히려 케이팝을 통해 '젠지'들이 한국어로 대표되는 한국적인 요소를 일종의 '쿨 함'으로 받아들이게 만들었다는 지적도 있다(최진영, 2019).

더불어 앞서 언급한 케이팝의 특성인 '직접 소통' 역시 젠지의 감수성과 들어맞는 부분이 있다. 인터넷 미디어 플랫폼에 뮤직비디오·공연 등 음악 관련 영상뿐만 아니라 자신들의 극히 소소한 일상들까지도 자주 올리고 댓글로 직접 대화하며 끊임없이 팬들과 직접적으로 소통하는 케이팝 아이돌들의 소통 방식은 '젠지'들이 문화 차이를 넘어 소셜 미디어 등을 기반으로 글로벌하게 소통하는 방식과 매우 유사하다. 물리적인 거리로 인해 케이팝 가수들을 쉽게 만나기 힘든 글로벌 팬들에게 지속적으로 콘텐츠를 제공함으로써 언제 어디서나 연결된 느낌, 즉 '유비쿼터스(ubiquitous)적인 친밀감'을 형성하는 케이팝의 소통 방식이 언제나 인터넷 개인 미디어 플랫폼에 연결된 상태로 서로 짧지만 자주 소통하는 '젠지'들의 감성에 호소할 수 있었던 것이다.

3) 수용자이자 창작자로서의 글로벌 케이팝 팬덤

케이팝 팬덤, 특히 해외 케이팝 팬덤이 단순히 케이팝 산업이 제공하는 '상품'을 소비하는 데 그치지 않고 그것을 가지고 다양한 2차 창작물을 만들고 공유하며 즐긴다는 사실은 이미 널리 알려져 있다. 케이팝 뮤직비디오를 보면서 영상과 음악에 대해 보이는 반응을 녹화한 반응 동영상과 케이팝 그룹의 춤을 따라하거나 재창작하는 커버댄스 영상, 공연 영상을 팬들이 직접 찍은 '직캠'은 2000년대 후반 이후 해외 케이팝 팬들이 가장 흔하게 만드는 팬 제작(fan-made) 영상이며, 이는 케이팝을 사람들이 꾸준히 소비하는 이야깃거리로 만들어주었다. 이들 영상은 모두 인터넷 개인 미디어 플랫폼을 통해 생산·공유·소비된다.

전통적으로 음악 산업에서 가수와 노래의 인지도를 올리기 위한 홍보는 레이블과 방송사의 카르텔 속에서 라디오 방송, 음반 판매, 그리고 끊임없는 순회공연에 의존하는 것이 보통이었다. 그리고 실물 음반 판매량이 과거에 비해 큰 폭으로 감소하고 라디오 대신 인터넷 스트리밍 서비스가 그 자리를 대신하게 된 지금도 대부분의 음악·가수 홍보는 레이블과 방송사라는 주류 미디어의 주도하에 있다.

그러나 글로벌 주류 미디어 산업의 바깥에 위치하고 있던 케이팝 기획사와 가수들은 글로벌 미디어 대기업들이 공고히 구축한 카르텔 속으로 들어갈 수가 없었다. 대신 팬들이 만든 각종 2차 창작물이 인터넷 개인 미디어 플랫폼을 통해 공유되는 것에 대해 저작권 적용 등 규제의 측면에서 굉장히 너그러운 태도를 취했으며, 이는 케이팝이 단순히 음악이 아니라 새로운 창작을 위한 소재가 되는 데에 큰 기여를 했다. 특히 스마트폰의 보급으로 글로벌 소셜미디어가 크게 성장한 2010년대 초반 이후 독특한 영상미와 음악 스타일을 가진 케이팝은 젊은 세대가 적극적으로 가지고 놀며 응용할 수 있는 일종의 '유희 도구(장난감)'가 되었다. 케이팝이 흔히 '프로슈머'라고 불리는, 소비자인 동시에 창작자가 될 수 있는 기회를 많은 이에게 제공한 셈이다.

케이팝 관련 팬 제작 2차 창작물이 케이팝을 구성하는 중요한 콘텐츠가 되자, 업계 역시 적극적으로 다양한 비공식 영상들을 제작하여 인터넷 미디어 플랫폼을 통해 유통하고 있다. 신곡의 공식 뮤직비디오를 공개하기 전에 해당 곡의 콘셉트와 포인트 안무 등을 맛보기 식으로 짧게 보여주는 티저(teaser) 예고 영상은 이제 거의 모든 기획사가 제작하고 있다. 또한 커버댄스 영상을 제작하고 싶어 하는 팬들이 참고 자료로 쓸 수 있도록 안무와 전체적인 동선을 한눈에 조망할 수 있게 한 '댄스 프랙티스(dance practice)' 영상이나 유명 안무가 혹은 전문적인 커버댄스 팀을 초빙하여 만드는 커버댄스 영상 역시 기획사에서 직접 만들어 공유하는 대표적인 2차 창작물이다. 심지어 가수들이 직접 자신들의 뮤직비디오나 무대 영상을 보면서 스스로의 반응 동영상을 제작하기도 하며, 처음에는 팬 제작 영상으로 시작한 '직캠'을 방송사에서 직접 제작하여 공식 방영분 외의 '부록' 형식으로 유튜브와 소셜미디어를 통해 제공하는 것 역시 이제는 보편적이 되었다.

이렇게 수용자가 자발적으로 생산자의 역할까지 하면서 다양한 비상업적 콘텐츠를 만들고, 그것이 거꾸로 실제 생산자에게 영향을 끼쳐 해당 콘텐츠 형식이 산업의 일부가 되는 것은 케이팝이 갖고 있는 독특한 확장성이다. 그리고 이러한 확장성을 얻을 수 있었던 것은 동영상을 쉽고 빠르게 전 세계로 공유할 수 있는 인터넷 개인 미디어 플랫폼과 케이팝의 상호 의존적 관계 때문이다.

4. 마치며

2000년대 후반 이후 벌어진 케이팝의 급격한 세계화는 스마트폰의 보급 및 3G·4G 데이터 서비스를 기반으로 하는 인터넷 개인 미디어 플랫폼의 확산과 불가분의 관계에 있다. 국내에서는 2007년 발표된 원더걸스의 히트곡 「Tell Me」를 바탕으로 한 각종 패러디와 커버댄스 영상 등이 인터넷을 통해 공유된 일명 'UCC 열풍'이 케이팝의 새로운 변화와 중흥을 이끌었으며, 해외에서는 커버댄스와 반응 동영상이 '케이팝 즐기기'를 젊은 세대의 놀이 문화로 만들었다. 물 밑에서 이루어지던 이런 흐름은 「강남스타일」의 히트 이후 수면 위로 떠올랐고, 방탄소년단의 세계적인 대성공의 기반이 되었으며, 이에 케이팝은 글로벌 인기 대중음악 장르 중 하나로 자리 잡았다.

케이팝이 글로벌 인터넷 개인 미디어 플랫폼과 결합할 수 있었던 것은 다른 음악 장르와 차별화되는 케이팝만의 특징인 시각 이미지 중심의 트랜스미디어적 요소나 이국적인 감성, 팬들과의 독특한 관계 맺음 방식이 인터넷 개인 미디어 플랫폼의 특성과 잘 맞는 부분이 있었기 때문이다. 이에 해당 미디어의 주 수용자 층인 글로벌 '젠지'들이 케이팝을 자신들이 인터넷 세상에서 놀 때 같이 가지고 노는 유희 도구로 적극 활용했으며, 여기에 케이팝 업계가 발 빠르게 성공적으로 대응함으로써 현재 케이팝의 글로벌한 융성을 만들어냈다고 볼 수 있다.

케이팝이 음악만이 아닌 다양한 문화 양식이 결합된 토털 패키지인 이상,

인터넷 미디어 플랫폼에 대한 케이팝의 의존도는 꾸준히 높을 수밖에 없다. 그렇다면 새롭고 이국적이며 흥미로운 인터넷 미디어 플랫폼상의 놀이 문화라는, 변덕스럽고 자칫하면 금방 휘발될 수도 있는 매력을 통해 글로벌 수용자에게 인기를 얻고 있는 케이팝의 미래가 어떠할 것이냐는 물음에 대한 답은 인터넷 개인 미디어 플랫폼의 진화 방향과 깊은 관계를 맺고 있을 것이다.

▸ 참고문헌

김수경. 2019.10.14. "영어 중심 팝시장 뒤흔든 '아미'의 번역 품앗이." ≪조선일보≫, http://news.chosun.com/site/data/html_dir/2019/10/14/2019101400217.html(검색일: 2020.8.10).

김수아. 2018. 「아이돌 육성 프로그램, 아이돌 그룹의 '공정한' 선발을 위한 모험」. ≪문화과학≫, 92호, 285~298쪽.

김수철·강정수. 2013. 「케이팝에서의 트랜스미디어 전략에 대한 고찰: 〈강남스타일〉 사례를 중심으로」. ≪언론정보연구≫, 50권 1호, 84~120쪽.

김영대. 2019. 『BTS: The Review』. RHK.

김윤하. 2020.6.25. "케이팝 4세대가 온다." ≪ize≫, https://entertain.naver.com/read?oid=465&aid=0000004315&fbclid=IwAR0jPC861LokP67PKQGmOaNKQwAp4mAuImH32A77Si6tAxyWoDV2SR0kGD0(검색일: 2020.8.10).

김정원. 2018. 「BTS 트라이앵글」. 한국대중음악학회 제24회 정기학술대회 발표 논문.

박진수. 2020. 「마블: 무한히 팽창하는 우주」. 백정현 외 지음. 『브랜드의 브랜드』. 스리체어스.

블립(Blip). 2019. "K-Pop의 세계화는 현재 진행형?" https://www.kpop-radar.com /brief/37(검색일: 2020.8.10).

신윤희. 2019. 『팬덤 3.0』. 스리체어스.

신현준. 2013. 『가요, 케이팝, 그리고 그 너머: 한국 대중음악을 읽는 문화적 프리즘』. 돌베개.

이규탁. 2016. 『케이팝의 시대』. 한울엠플러스.

_____. 2019a. 「케이팝의 새로운 지형: 수출형 아이돌과 'K' 없는 K-Pop」. 한국언론학회 특별세미나 'BTS 너머의 케이팝'의 발표 자료.

_____. 2019b. 「젠지, 진정성, 'K': BTS의 성공이 보여 주는 것들」. ≪안과밖≫, 47호, 208~234쪽.

이와부치 고이치(岩渕功一). 2004. 『아시아를 잇는 대중문화』. 히라타 유키에(平田紀江)·전오경 옮김. 또 하나의 문화.

이지행. 2019. 『BTS와 아미 컬처』. 커뮤니케이션북스.

이혜인. 2017.12.10. "방시혁이 말하는 '방탄소년단' 성공 요인?" ≪경향신문≫, http://news.khan.co.kr/kh_news/khan_art_view.html?art_id=201712101916001#csidxb5250e420f420968fde961dfab603fe(검색일: 2020.8.10).

이호영·조성은·오주현·김석호·이윤석. 2012. 『디지털 세대와 기성세대의 사고 및 행동양식 비교 연구』. 정보통신정책연구원.

정일권. 2019. 「소셜미디어에서의 직·간접적 탈규범 경험이 청소년의 사회 규범 인식에 미치는 영향」. ≪한국언론학보≫, 63권 4호, 123~158쪽.

차현아. 2019.3.22. "10대 케이팝 '덕질'이 트위터 살렸다… 공론장으로 거듭날 것." ≪조선일보≫, http://it.chosun.com/site/data/html_dir/2019/03/22/2019032201652.html(검색일: 2020.8.10).

최진영. 2019.4.22. "최신 '미드<미국 드라마>' 한국인 주인공은 한국어로만 얘기한다." ≪조선비즈≫, http://economy.chosun.com/client/news/view.php?boardName=C03&page=1&t_num=13606890

추승현. 2020.7.9. ""벌써 네 번째"… (여자)아이들 'Oh my god' MV, 유튜브 1억뷰 돌파." ≪서울경제≫, https://www.sedaily.com/NewsVIew/1Z58K0EA29

한국국제문화교류진흥원(KOFICE). 2019.10.28. "K-Pop 그룹 카드(KARD), 10월 브라질 공연 4회 개최." http://kofice.or.kr/c30correspondent/c30_correspondent_02_view.asp?seq=17663 (검색일: 2020.8.10).

한은화. 2016.6.15. "아이돌만으론 한계 … 음원 플랫폼 만들고 '인디' 키우고." ≪중앙일보≫, https://news.joins.com/article/20171714(검색일: 2020.8.10).

BBC Korea. 2020.6.22. "트럼프 유세장 텅 비게 한 케이팝 팬들 … 한국에서는 왜 볼 수 없을까?" https://www.bbc.com/korean/news-53135303(검색일: 2020.8.10).

Jenkins, Henry. 2006. *Convergence Culture: Where Old and New Media Collide*. New York: NYU Press.

Kim, Arin. 2019.1.31. "Twitter: K-pop's great leveler: Twitter and K-pop find niches in each other, drive mutual growth." *The Korea Herald*, http://www.koreaherald.com/view.php?ud=20190129000849

Mori, Yoshitaka. 2009. "Reconsidering Cultural Hybridities: Transnational Exchanges of Popular Music in Between Korea and Japan." in Jonathan Mackintosh et al.(eds). *Cultural Studies and Cultural Industries in Northeastern Asia*, pp.213~230. Hong Kong: HKU Press.

Mukasa, Edwin. 2011.12.15. "Bored by Cowell pop? Try K-pop." *The Guardian*, https://www.theguardian.com/music/2011/dec/15/cowell-pop-k-pop

Radbill, Catherine. 2012. *Introduction to the Music Industry: An Entrepreneurial Approach*. New York: Routledge.

제3부 개인 미디어 플랫폼의 정치사회적 기회

제6장

유튜브 뉴스 생태계, 건전한 경작법 찾기

| 김성해(대구대학교)

1. 꽃과 유튜브

김춘수 시인은 꽃과 관련한 작품을 많이 남겼다. 대표작 중에 「꽃을 위한 서시」가 있다. "나는 시방 위험한 짐승이다/ 나의 손이 닿으면 너는/ 미지의 까마득한 어둠이 된다/ …… 나의 울음은 차츰 아닌 밤 돌개바람이 되어/ 탑을 흔들다가/ 돌에까지 스미면 금이 될 것이다/ ……"라는 알 듯 모를 듯한 구절을 담고 있다. 꽃을 대신해 유튜브라는 매체를 대입해도 별 무리가 없다. 그렇게 볼 수 있는 근거가 있다. 그중 하나는 공동체라야 발견할 수 있는 밀접한 '관계'다. 1935년 영국의 환경학자 아서 텐슬리(Arthur Tansley)가 제안한 생태계(ecosystem) 개념이 도움이 된다.

1) 유튜브의 뉴스 생태계

꽃의 종류는 많다. 꽃만 혼자 있는 게 아니라 잡풀과 식물, 벌과 나비 등이 함께한다. 꽃이 인간을 만나는 양상도 다양하다. 들판에서, 호숫가에서, 높은 산에서 꽃은 한 폭의 그림이다. 사랑하는 사람을 위해 선물할 때의 꽃은 경건함과 행복이 된다. 꽃을 가꾸는 사람, 파는 사람, 사는 사람, 선물하고 받는 사람 등 이해 관계자도 엄청나다. 꽃을 함부로 밟지 않고, 꺾지 않고, 함께 가꾸어야 한다는 문화도 있다. 공원이나 아파트 정원에 탐스럽게 피어 있는 꽃을 훼손하면 윤리적으로 꾸짖고, 규범적으로 벌금을 매겨야 한다는 공감대도 만들어졌다. 인간의 삶만 바꾼 게 아니다. 꽃이 내뿜는 향기는 공기를, 꽃의 잔해는 땅의 성질을 바꿨다. 기후와 토양이라는 환경도 영향을 받는다.

유튜브가 첫 서비스를 시작한 때는 2005년 2월이다. 겨우 15년 정도가 지났을 뿐인데 일상의 풍경이 될 만큼 성장했다. 일반인이 만든 짧은 동영상과 텔레비전 프로그램, 음악 비디오 등을 공유하는 플랫폼이 시작이었다. 누구나 영상을 올리고, 공유하고, 다른 사람의 작품을 평가하고, 제약 없이 구독할 수 있게 한 것이 효과를 봤다. 전 세계 시장을 장악한 검색엔진 회사 구글에 합병되면서 도약을 한다. 인도의 크리켓 경기를 무료로 보여주는 게 출발이었는데 불과 몇 년 만에 거의 모든 분야로 확산됐다. 꽃이 들판을 잠식해 동물, 식물, 미생물과 교류하는 것과 비슷하다. 영화를 볼 때, 음악을 들을 때, 멋진 여행지를 찾을 때, 맛난 음식을 하고 싶을 때, 귀여운 반려동물을 구경하고 싶을 때 유튜브는 항상 옆에 있다. 전혀 예상치 못한 영역도 곧 침식을 당했다.

뉴스와 정치가 그중 하나다. 지금까지는 언론사라는 특정한 집단이 독점하던 영토였다. 뭔가 채워지지 않는 욕구가 있었고, 유튜브 뉴스 채널은 그 틈새를 파고들었다. 잘 알려진 신문, 방송, 인터넷 언론사는 알려주지 않는 새로운 소식을 전해주었고, 정보를 가공하거나 편집하지 않은 채 직접 전달했다. 박근혜 대통령의 탄핵, 문재인 정부의 대북 정책, 검찰 개혁과 같은 복잡한 문제에 대해 알아듣기 쉽도록 친절하게 반복해서 설명해 줬다. 외부 세계와 고립되어 있다고 느끼는 이들에게는 인지부조화를 일으키지 않을 정도의 친숙하고, 달콤하고, 편한 얘기만 했다. 흉허물을 탓하지 않는 오랜 친구를 만나 묵은 감정을 쏟아놓는 카타르시스를 느끼도록 도왔다. 거부할 수 없는 '존재감'이 두 번째다.

2) 참을 수 없는 존재의 무거움

꽂을 모를 수 없고, 외면하지 못하고, 한번 맺은 인연은 추억으로 영원히 남는 이치다. 국내외에서 마주치는 장면 몇 개를 통해 알 수 있다. 2019년 12월 13일, 국회에서는 보수와 진보 성향의 유튜버가 몸싸움을 벌였고 그 장면이 고스란히 생방송으로 중계됐다. 며칠 뒤 16일에는 보수로 분류되는 유튜버들이 국회를 봉쇄하고 자유한국당의 '2대 악법 날치기 통과 반대' 행사 전체를 내보냈다. 자유한국당 황교안 대표가 "유튜버가 모이면 힘이 된다. …… 유튜버들에게 입법보조원 자격을 줘서 (국회에) 들어올 수 있게 하자"라고 주장하게 된 배경이다(JTBC, 2019). 관점은 달라도 관심이 높다는 것은 민주당에서도 확인된다. 한 사례로, 민주당 '허위조작정보대책특위'가 연 기자회견이 있다. "플랫폼 사업자가 허위 조작 정보를 제대로 거르지 못하면 매출액의 최대 10%에 해당하는 과징금을 부과하자"라는 종합 대책이 발표된 자리다(심새롬, 2019). 정치와 법이라는 공적인 영역에서 화젯거리가 되고 있다. 관찰자에 속하는 학계에서도 주목받는 대상이다.

'유튜브 저널리즘의 현황 진단과 새로운 모색.' 한국프레스센터에서 2019년 9월 19일 개최된 세미나 제목이다. 최근의 양상을 두고 '유튜버 저널리즘'이라고 규정할 수 있을지, 순기능과 역기능은 무엇인지, 종이신문·방송·인터넷·포털과 비교했을 때 이들이 운영하는 공론장은 어떤 차별성이 있는지 등을 논의한 자리다. 구본권의 『유튜브에 빠진 너에게: 인스타그램부터 가짜 뉴스까지 Z세대를 위한 미디어 수업』(2020)과 오세욱과 송해엽의 『유튜브 추천 알고리즘과 저널리즘』(2019) 등 관련 서적도 잇따라 나왔다. 논문은 훨씬 많다. 뉴스 생태계와 관련해 최근에 발표된 것만 해도 「뉴스 유통의 변동과 지상파 뉴스 콘텐츠의 대응전략에 대한 탐색적 연구」(유승현·정영주, 2020), 「유튜브 공간에서 '가짜 뉴스의 뉴스화'」(김춘식·홍주현, 2020), 「유튜브 저널리즘 현상 논쟁하기」(유용민, 2019), 「유튜브 저널리즘의 시대, 저널리즘의 대응 현황과 과제」(양선희, 2020) 등이 있다. 경쟁 관계에 있는 언론계에서도 관심이 높다. ≪미디어오늘≫이 기획으로 내보내는 '2020 유튜브 저널리즘'을 비롯해 ≪관훈저널≫의 2019년 봄호 특집 논문인 「유튜브 속으로 뛰어든 기자들」, 「알고리즘으로 본 유튜브의 미디어 지향」, 「유튜브 격랑 속 전통 미디어」 등에 잘 드러난다. 국제 사회에서 불거지는 다음과 같은 사례도 관련이 깊다.

2020년 7월 월간 ≪신동아≫에는 북한의 유튜브 활용에 관한 기사가 나온다. 대표적인 사례로 〈에코 디피알케이(Echo DPRK)〉라는 채널이 등장한다. 진행자는 영어를 유창하게 사용하는 '은아'라는 여성이다. 북한의 코로나 상황, 백화점과 쇼핑 풍경, 대동강에서 아침 운동을 하는 주민의 모습이 동영상과 함께 소개된다. 북한 당국의 기관지로 알려진 ≪노동신문≫이나 북한 국영통신인 조선중앙통신 등에는 관심도 두지 않던 국제 사회가 관심을 보였다. 영국의 BBC, 미국의 CNN, 중국의 CGTN처럼 국제적 언론사가 없는 약소국이 유튜브를 어떻게 활용할 수 있는지 잘 보여준 사례다.

2020년 8월 5일 ≪조선일보≫에 소개된, 구글이 중국과 연결된 2500개의 유튜브 채널을 삭제했다는 소식도 흥미롭다. 미국의 대선을 앞두고 중국이 개입하는 온라인 허위 선전을 차단하기 위해 취해진 조치라고 설명한다. 유튜버를 통한 가짜 뉴스 확산이라는 문제가 국경을 넘어 진행되는 증거다. 미국 정부가 관리하는 중동방송 네트워크(Middle East Broadcasting Networks), 자유아시아방송(Radio Free Asia), 자유유럽방송(Radio Free Europe), 자유방송(Radio Liberty), 라디오 마르티(Radio Marti), 미국의 소리(Voice of America)와 같은 프로파간다 매체의 경쟁자가 될 정도로 유튜브 채널이 성장했음을 보여준다.

마지막으로 '열린 미래'라는 닮은 점이 있다. 자칫하면 '위험한 짐승'으로 남고, 잘하면 '신부'를 기다리는 행복하고 성실한 신랑이 된다.

3) 양날의 칼

"'조국 명예훼손' 유튜버 법정구속 … "심각한 허위""(고은상, 2020), "고 김민식군 부모, 유튜버 고소 … "허위사실 유포로 명예훼손""(임성호, 2020), "경찰, 故 박원순 명예훼손 '가세연' 수사 착수"(심재현, 2020). 유튜브가 인간다운 삶을 방해하고, 기본권을 훼손하는 위험한 흉기가 되고 있음을 잘 보여주는 사례다. 집단사고에 빠져 현실을 왜곡하고 잘못된 대응으로 이끈다는 부작용도 무시할 수 없다. 잘 알려진 사례가 지난 4월 15일 치러진 총선이다. 황교안 대표를 비롯해 미래통합당 지도부는 언론을 통해 전달되는 여론조사보다 〈신의한수〉, 〈가로세로연구소〉, 〈공병호TV〉, 〈뉴스타운〉 등을 더 믿었다. 정권심판론이 먹힐 것으로 봤고, 유튜브 구독자에게 각별한 공을 쏟았으며, 보수 유튜버의 조언을 받아 선거 전략을 짰다. 결과는 참패였다. 확증편향으로 알려진 '믿고 싶은 것만 믿고 보고 싶은 것만 보는' 문제는 선거 이후에도 이어졌다. 패배에 승복하는 대신 '선거부정설'을 제기하는 유튜버에게서 벗어나지 못했고, 지금 현재도 수렁 속에 빠져 있다. 그렇지만 유튜브가 가진 긍정적인 면도 적지 않다. 사회적 약자에게 발언권을 주고, 다양한 관점이 자유롭게 경쟁하게 하며, 주류 언론이 외면하는 모순을 폭로한다.

2018년 12월 30일, 전직 기획재정부 사무관 신재민이 유튜브에 등장했다.

문재인 정부가 KT&G의 백복인 사장을 교체하도록 압력을 넣었다는 사실이 폭로된다. 과거에 양심선언을 했던 이문옥, 윤석양, 이지문의 경우와 여러 점에서 달랐다. 대중에게 알리는 권한을 언론이 결정할 수 있었던 '기자회견' 형식이 아니라 1인 방송에 직접 나왔다. 특별한 형식도 없었고, 그냥 친구와 대화하는 듯한 편안한 분위기였다. 언론사를 대상으로 한 정부의 홍보 활동은 거의 먹혀들지 않았다. 영상을 시청한 구독자들은 자발적으로 링크를 걸었고, 페이스북과 카카오톡, 인스타그램, 네이버 밴드 등을 통해 공유됐다. 약자로서는 억울하거나 부당한 일을 당할 때 더는 침묵하지 않을 수 있는 든든한 무기가 생긴 셈이다. 언론만 잘 관리하면 웬만한 흉허물은 덮을 수 있었던 정부, 대기업, 종교기관, 법원과 검찰 등 권력기관의 투명성은 훨씬 높아졌다.

〈유시민의 알릴레오〉가 조국 가족의 재산 관리인으로 일했던 김경록 씨의 인터뷰를 내보낸 일도 주목할 필요가 있다. 일개 유튜브 방송이 전통과 권위를 누리는 언론사들과 거의 대응한 상황에서 여론 경쟁을 할 수 있다는 것을 보여줬다. 검찰과 언론의 유착 관계를 의심하던 많은 시민은 이 인터뷰를 계기로 자신의 신념을 굳혔고, 그중 일부는 검찰 개혁을 요구하는 거리 시위에 나섰다. 인터뷰를 왜곡했다는 비판을 받은 KBS의 검찰 출입 기자는 '검언유착'의 의혹을 받았고, 외부 인사가 참여하는 조사위원회가 꾸려지기도 했다. 관행이라는 이름으로 안주해 왔던 취재와 보도를 다시 돌아보는 계기였다. 전혀 생각지 않았던 경쟁자의 등장으로 저널리즘의 품격이 높아질 수도 있음을 보여준다.

2. 생태계 답사

고산지대에 가면 광활한 초원에 꽃이 군락을 이루고 있는 풍경을 만난다. 물리적이면서 상징적인 존재로서 뉴스 생태계도 이와 비슷하다. 매체를 기준으로 했을 때 유튜버는 종이신문, 방송, 인터넷, 포털, SNS 등과 경쟁한다. 역할로 보면 환경에 대한 감시, 정보의 제공, 지식의 창고, 소통의 무대, 집단기억의 저장소, 집단정서의 훈련소 등으로 나뉜다. 겉으로는 평화롭고 정지된 듯 보이지만 초원 내부에서는 생존을 위한 치열한 몸부림이 진행된다. 유튜브라는 명칭을 가진 이 생태계가 작동하는 방식도 이와 비슷하다고 볼 수 있다. 주어진 환경에 적응해야 하고, 구성원의 인정을 받으며 몸집과 영향력을 키워야 한다. 상호작용은 기본이고, 확정된 것은 없다.

1) 지형

국내 뉴스 생태계에서 유튜브라는 군락은 어디에 자리 잡고 있을까? 얼마나 클까? 성장 속도는 빠를까? 다른 군락을 침범하는 속도와 범위는 어느 정도일까? 정답은 없어도 대략 짐작할 수 있는 연구와 자료는 꽤 축적된 상태다. 그중 하나가 『디지털 뉴스리포트』다. 영국 옥스퍼드 대학교 부설 로이터저널리즘 연구소와 한국언론진흥재단이 공동 작업한 결과물이다. 국제 사회에서 한국 유튜브가 차지하고 있는 지형을 알 수 있는 자료다. 2019년 조사에서 한국과 관련한 흥미로운 사실이 몇 가지 발견됐다. 먼저 "유튜브에서 지난 일주일 동안 뉴스 관련 동영상을 시청한 적이 있다"라는 응답에서 한국은 40%였다. 38개 조사 대상국의 평균치인 26%보다 훨씬 높다. "지난 1년 동안 유튜브 이용이 늘었다"라고 응답한 비율도 전체 평균보다 15%가 높은 45%에 달했다.

뉴스를 이용하는 양상도 한국은 달랐다. 대부분의 나라에서 유튜브로 뉴스를 이용한다는 비율은 연령대가 높아질수록 낮아졌다. 한국은 나이에 따른 차이가 없다. 특히 55세 이상 연령대에서의 이용률은 42%로 전체 평균보다 20% 정도가 높다(김선호·김위근, 2019). 한국리서치가 발표한 '여론 속의 여론'의 2020년 보고서에는 국내 지형을 파악하는 유용한 정보가 나온다(박태훈, 2020).

정치와 사회 이슈를 접하는 경로가 무엇인가에 대한 질문에서 유튜브는 25%를 차지했다. 지상파와 종합편성채널(79%), 종합지와 일간지(45%), 페이스북과 트위터(27%)보다 낮지만, 라디오(17%)와 팟캐스트(5%)보다는 높다. "매체를 얼마나 신뢰하는가?"라는 질문에서는 77%가 '약간' 또는 '매우 신뢰한다'라고 답했다. 라디오(86%), 지상파와 종편(82%)과 거의 비슷한 수준이다. 영향력에서는 다른 어떤 매체보다 앞서 있다. 의사 결정 과정에서 영향을 받고 있다고 생각하는지 물었을 때 '그렇다'로 대답한 비중은 무려 56%였다. 팟캐스트(53%), 방송(51%), 라디오(47%), 눈(46%), 종이신문(42%)보다 높다. 영향력이 꾸준히 상승하고 있다는 것을 보여주는 자료도 있다. 주간지 ≪시사IN≫이 발표한 '2019 대한민국 신뢰도 조사'다. 가장 신뢰하는 언론 매체 두 곳을 순서대로 답해 달라는 질문에 유튜브는 12.4%로 2위에 올랐다. 작년보다 10.4%나 상승한 수치다. 1위는 15.2%의 JTBC, 3위는 9.6%의 KBS, 4위는 7.8%의 네이버였다. 그 뒤를 조선일보, TV조선, 다음, YTN, MBC 등이 따랐다.

2) 작동 방식

유튜브는 겨우 15년 된 회사지만 2019년 기준으로 매출액은 151억 달러(약 18조 원)에 달한다. 그중 한국 시장에서 벌어들인 액수는 대략 5조 원에서 적게 잡아도 3조 원으로 알려진다. 국내 1위 인터넷 기업인 네이버의 6조 5000

억 원과 비슷하고 2위 카카오의 3조 7000억 원보다 상당히 많다. 유튜버라는 군락이 뉴스 생태계에서 얼마나 급성장하고 있는지를 보여준다. 과연 이러한 성장세는 어떻게 가능했을까? 먹이사슬의 중요한 이해 관계자인 생산자와 소비자에 대한 분석을 통해 짐작할 수 있다. 먼저, 생산자에 속하는 집단은 크게 방송사, 디지털 언론사, 인플루언서, 개인 등으로 구분된다. 그중 전통적인 언론사는 뉴미디어가 발전하면서 자연스럽게 영토를 확장한 경우다. 인터넷 사이트를 시작으로 페이스북, 카카오와 같은 SNS를 거쳐 최근에는 유튜브에 뛰어들었다. SBS의 〈스브스뉴스〉와 〈비디오머그〉를 비롯해 MBC의 〈MBC 뉴스〉와 〈14F 일사에프〉 등이 대표적이다. 그렇지만 군락 내부에서 일종의 파격을 불러온 장본인은 보수적 성향의 정치 채널이다. 박근혜 대통령에 대한 헌법재판소의 탄핵 결정이 내려진 직후다. 광화문과 시청 일대에서 태극기집회에 참석한 시위대는 주류 언론을 극도로 불신했고, 유튜버는 그 틈새를 파고들었다. ≪시사IN≫ 제493호 「겨울 광장의 웃픈 풍경」에 당시 상황이 잘 설명되어 있다.

광장에 모인 개신교인과 노령층은 황장수, 신혜식, 변희재 등 보수 논객의 영상을 카카오톡이나 네이버 밴드를 통해 공유하면서 자신들만의 상상적 공동체를 만들기 시작했다. 정치적 갈등을 증폭시키는 선거도 한몫했다. 도약기는 2017년 대선이었고 2020년 4월의 총선은 팽창기에 해당한다. “보수 유튜브를 움직이는 원동력은?”이라는 기사에 따르면 이 과정에서 등장한 보수 유튜브는 네 개의 유형을 갖는 것으로 알려진다(김동인, 2019). 첫 번째 유형에는 탄핵 이전부터 활동하던 〈신의한수〉, 〈정규재TV〉, 〈황장수의 뉴스브리핑〉 등이 속한다. 보수적 개신교, 반공주의, 친미주의 성향으로 분류되는 〈조갑제TV〉와 〈이승만TV〉, 〈김정호TV〉, 〈공병호TV〉, 〈이병태TV〉, 〈김동길TV〉 등이 두 번째 유형이다. 탄핵 정국 이후에 등장했다는 점과 기존 인터넷 매체의 영역을 유튜브로 확대했다는 특징이 있다. 월간조선 편집장 출신의 조갑제는 2000년대 초반부터 보수를 위한 이념 투쟁을 주장해 왔던 인물이다. 개신교 장로인 그의 영향으로 '순복음교회', '소망교회', '지구촌교회', '사랑의교회', '한국기독교총연합회' 등이 주도하는 태극기집회가 시작된다(김성해·강국진, 2019). 김정호, 공병호, 이병태 등은 모두 학자 출신이다. 문재인 정부에서 추진 중인 '복지 정책, 최저 임금 제도, 비정규직 개혁' 등에 반대한다. 보수적 정치인을 중심으로 2019년에 문을 연 방송이 또 다른 영역이다.

그중에서 〈TV홍카콜라〉는 2020년 총선에서 대구 수성구에서 무소속으로 당선된 전직 자유한국당 대표 홍준표가 운영한다. 〈진성호방송〉은 조선일보 기자 출신으로 이명박 대통령의 인터넷 본부장을 했던 진성호 전 의원의 작품이다. 민주통합당에서 국회의원을 지낸 후 '국민의당'을 거쳐 지금은 미래통합당에 있는 이언주 전 국회의원의 〈이언주TV〉도 있다. 제4의 유형에는 전직 언론인, 시사평론가, 군사 전문가, 일반인 등이 두루 포함된다. 잘 알려진 채널로는 TV조선의 프로그램인 〈강적들〉에서 고정 패널로 출연하다 퇴출을 당한 이봉규의 〈이봉규TV〉, 황교안 대표의 선거 일정에 동참했던 〈TV안중규〉, TV조선에서 정치대담 프로그램을 진행하던 고성국이 운영하는 〈고성국TV〉 등이 있다. 진보로 분류되는 채널로는 〈유시민의 알릴레오〉와 〈김용민TV〉 정도가 있다. 2019년 4월 기준으로 구독자 1만 명 이상의 뉴스 채널 계정 306개 중 개인은 150개로 가장 많다. 디지털 언론사 62개, 방송사 56개, 인플루언서 38개 등의 순서다(정철운, 2019).

지형에 대한 추가 정보는 '녹스 인플루언서(Nox Influencer)'에도 나온다. 유튜브를 포함해 인스타그램, 틱톡, 트위치 등의 인기 콘텐츠 순위가 정리되어 있다. 2020년 8월 7일 현재 국내에서 '뉴스/정치' 분야의 1위 채널은 〈아시안 보스(Asian Boss)〉라는 영어 채널로 258만 명이 구독한다. 2013년에 시작했는데 한국, 북한, 일본, 인도 등 아시아의 교육, 문화, 벤처기업 등에 관한 동영상을 제공한다. 지상파와 종편이 그 뒤를 따르면서 상위 10위권에 올라 있다. YTN, JTBC, SBS, TBS, 채널A, KBS 등의 순서다. 그렇지만 언론사와 거리가 먼 채널의 순위도 상당히 높다. 구독자 규모가 126만 명에 이르는 〈신의한수〉는 4위다. 5위는 〈사람사는세상노무현재단〉으로 117만 명, 〈딴지방송국〉은 78만 명(12위), 〈신인균의 국방TV〉는 75만 명(13위), 〈펜앤드마이크TV〉는 64만 명으로 18위다. 그 밖에 〈가로세로연구소〉, 〈이봉규TV〉, 〈배승희변호사〉, 〈공병호TV〉, 〈고성국TV〉, 〈황장수의 뉴스브리핑〉, 〈전욱현 안보정론TV〉, 〈뉴스타운TV〉 등도 30위권에 속한다. 도대체 누가 이들 채널을 찾고 자발적으로 구독료를 낼까? 동기는 무엇일까? 신문 읽기, 방송 시청, 포털 방문과 비교했을 때 유튜브 사용에는 어떤 특성이 있을까?

분야를 가리지 않고 봤을 때 국내에서 가장 인기 있는 채널 분야는 여전히 음악과 엔터테인먼트다. 구독자 4360만 명을 자랑하는 〈블랙핑크(BLACK-PINK)〉와 970만 명의 〈빅히트 레이블(Big Hit Labels)〉, 비슷한 규모의 〈방탄TV(BANGTANTV)〉가 1위에서 3위를 차지한다. 〈원 밀리언 댄스 스튜디오(1 MILLION Dance Studio)〉는 2150만 명, 〈원더케이(1theK)〉는 2040만 명, 〈엠넷 케이팝(Mnet K-POP)〉은 1460만 명이나 된다.[1] 인문/블로그로 분류되는 〈보람 튜브 토이 리뷰(Boram Tube Toys Review)〉는 11위(1380만 명), 〈제인에이에스엠알(Jane ASMR)〉은 16위(899만 명)에 올라 있다. '교육' 분야의 〈핑크퐁〉과 〈베이비버스〉는 각각 18위(845만 명)와 49위(440만 명)다. '뉴스/정치'로 분류되는 채널에서 상위 10위권의 구독자가 100만 명에서 200만 명 정도라는 점을 고려하면 차이가 크다. 그렇지만 한국언론진흥재단에서 발간한 자

---

1 녹스 인플루언스의 2020년 8월 10일 기준 통계다.

료를 보면 좀 다른 그림이 보인다(오세욱·송해엽, 2019).

표본 1050명을 대상으로 "자주 시청하는 영상 분야"를 조사했을 때 '뉴스/시사'는 19.8%로 1위였다. 12.4%의 '예능/오락'보다 많다. '생활/정보'는 10.3%, '음악/댄스'는 10.2% 정도다. 온라인 서비스 중에서도 유튜브는 약 54%로 3위에 올라 있다. 83%의 점유율을 차지한 네이버와 55%의 점유율을 보인 카카오톡 바로 뒤다. 뉴스를 보기 위해 활용하는 매체 순위에서도 네이버와 다음에 이어 3위다. 온라인 서비스가 아닌 매체 전체를 대상으로 했을 때도 상위권이다. 정보 확인을 위해 가장 많이 이용하는 채널 중에서 유튜브의 비중은 61.4%에 달했다. 검색 사이트(96.5%), 포털 뉴스(95.1%)와 방송(86.1%)에는 뒤졌지만, 라디오(40.9%)와 종이신문(32.4%)은 크게 앞섰다. 남성의 이용률은 57.3%로 여성의 50.0%보다 높았으며, 특히 20대의 이용률에서는 1위 네이버의 바로 뒤를 잇는 것으로 밝혀졌다. 단순한 동영상 시청이 아닌 '뉴스와 정보'를 위한 플랫폼이라고 응답한 비율도 60.8%로 상당히 높다. 유튜브를 통해 '잘 모르는 내용을 배우고, 정보나 소식을 빠르게 접하면서, 필요한 정보를 손쉽게 찾는다'고 보면 된다. 그 밖에 이용 연령대로는 20대의 비중이 높고, 정치적 성향으로 봤을 때는 중도보다 진보와 보수 진영에 속하는 사람들이 좀 더 자주 이용한다는 점도 드러났다.

3) 성장 배경

"아니 땐 굴뚝에 연기 날까?" 모든 결과에는 원인에 해당하는 일이 있다는 뜻이다. 마찬가지로, 뉴스 생태계에서 유튜브의 영역이 세력을 떨치게 된 것에도 몇 가지 배경이 작용했다. 크게는 장기간에 걸쳐 진행되면서 쉽게 추세선을 바꿀 수 없는 구조적인 요인과 역사의 특정한 시점과 장소에 제약을 받는 상황 변수로 나뉜다. 구조와 관련된 첫 번째 요인은 미디어 관련 테크놀로지의 성장이다. 건축물에 비유하면 기초 토대를 만든 것은 인터넷이다. 오마이뉴스와 딴지일보 같은 온라인 언론사, 대자보라는 정치 웹진, 노무현을 사랑하는 사람들의 모임과 같은 정치인 팬클럽 사이트 등이 1층에 들어섰다. 포털 사이트인 네이버와 다음이 등장한 때도 이 무렵인 1999년이다. 증축을 앞당긴 것은 페이스북(2004년), 트위터(2006년), 인스타그램(2010년), 카카오톡(2010년), 밴드(2012년)와 같은 SNS다. 인터넷 방송 플랫폼 또는 동영상 플랫폼이 그 뒤를 따랐다. 구글에 인수된 유튜브를 시작으로 2014년 아마존에 인수된 트위치, 중국 기업 바이트댄스가 2016년 첫선을 보인 틱톡 등이다. 누구나 손쉽게 동영상을 제작하고, 저장하고, 공유하며, 편집할 수 있도록 돕는다. 통제를 받는 객체가 아니라 자기 운명의 주체가 되어온 인류의 진화가 두 번째 구조적 요인이다.

문자를 읽고 쓰지 못하고 제대로 활용하지 않으면 인간은 노예가 된다. 중세 유럽의 암흑기는 이런 문맹 때문에 발생했다. 교회 권력에 의해 철저하게 봉인되었던 인간의 이성은 15세기 이후 꿈에서 깨어나기 시작했다. 계몽주의(啓蒙主義) 시대라는 말에 잘 반영되어 있다. 몇 세기 전에 중동을 거쳐 유럽에 들어와 있던 종이가 금속활자를 만나면서 지식과 새로운 사상의 대량 보급이 이루어졌다. 라틴어로만 쓰여 있던 『성경』도 독일어와 영어 등으로 번역된다. 교회와 성직자를 통하지 않고 『성경』을 읽고 이해하기 시작하면서 교황을 정점으로 하는 교회 권력은 쇠퇴기를 맞는다. 금서 목록과 출판에 대한 면허제 도입과 같은 저항도 무기력했다.

뉴미디어의 등장은 더 자유롭고, 평등하며, 자신의 권리를 지키고자 하는 인간의 욕망을 부추겼다. SNS와 유튜브는 이런 흐름에 힘을 보탰다. 무기력했던 약소국과 개인도 이제는 자신의 목소리를 전달하고, 세상과 소통하며, 필요할 경우 연대를 할 수 있다. 안토니오 네그리(Antonio Negri)와 마이클 하트(Michael Hardt)가 『제국(Empire)』(2000)이라는 책에서 소환한 '다중(multitude)'(민세영, 2016)과 이준웅(2005)이 지적한 '비판적 담론 공중'의 탄생이다. 그러나 이런 요인을 인정하더라도 의문은 남는다. 왜 하필 '2016년 이후'라는 시간대에 '보수적 정치권'이 주도하고 '20대와 60대 이상이라는 특정 연령대'가 적극적으로 호응했을까? 채널 운영자와 구독자로 구분하면 몇 가지 상황적 요인이 드러난다.

정치 지형의 변화가 첫 번째다. 보수 유튜버로 불리는 '생산자' 집단에 더욱 절실하게 다가왔다. 앞에서도 잠깐 언급되었지만, 그들은 한국의 기득권 집단이다. 교회, 군부, 대구 - 경북(TK)이라는 지역, 서울대라는 학벌, 대기업, 미국 유학파 또는 친미파 등의 공통점이 있다. 북한과 절대 한 하늘 아래에서 살 수 없다고 믿는 사람들이며, 한미동맹 강화에 한국의 생존이 달려 있다고 믿는다. 자유시장주의 원칙에 어긋나는 복지 정책, 평등을 지향하는 분배 정책, 노동자와 중소기업을 대변하는 경제 정책은 대중의 환심을 얻기 위한 대중영합주의(populism)다. 국부인 이승만의 탁월한 지도력, 공산주의라는 악마로부터 한국을 지켜준 미국에 대한 의리, 세계에서 유례가 드문 기독교 공화국, 자유시장주의를 통한 경제적 번영 등은 절대 양보할 수 없는 본질이다. 그들이 봤을 때 김대중, 노무현, 문재인으로 이어지는 권력의 변화는 실질적인 위협이다. 자칫하면 우고 차베스(Hugo Chávez)가 망쳐버린 베네수엘라처럼 될 수 있다. 흔히 산업화 세대로도 불리는 그들이 보기에 2000년대 이후의 상황은 뭔가 정상적이지 않다. 광화문광장에 펄럭이는 성조기, 유독 자주 등장하는 대한민국의 정체성, 이승만과 건국절, 대형 교회 등이 모두 이런 인식과 관련이 있다.

보수적인 언론에 대항해 진보 진영을 중심으로 인터넷 언론, 정치 웹진, 정치인 펜클럽 사이트 등도 속속 출범했다. 잘 알려진 곳으로 오마이뉴스, 딴지일보, 서프라이즈, 대자보, 노무현을 사랑하는 모임 등이 있다. 인터넷의 영향력을 목격한 보수 진영의 반격으로 인터넷 지형은 곧 변했다. 첫 단추는 〈신의 한수〉라는 유튜브 채널을 운영하는 신혜식의 독립신문이었다. 설립 목적으로 "대한민국의 정체성과 자유시장경제, 자유민주주의를 지켜내는 것"을 내세울 정도였다. 그 뒤를 이어 2004년에는 데일리안이, 2005년에는 조갑제닷컴과 데일리엔케이(DailyNK) 등이 문을 열었다. 2008년 이명박 후보의 당선으로 보수 진영은 권력을 탈환했다. 그사이 10년이라는 세월이 흘렀다.

이명박 정부는 대북 정책, 경제 정책, 언론 정책 등에서 전임 정권과 다른 목표를 내세웠다. 국내외 정세는 전혀 유리하지 않았다. 관계 복원 차원에서 서둘렀던 미국과의 쇠고기 협상은 광우병 촛불 시위라는 부메랑으로 돌아왔다. 2008년의 금강산 관광객 피격 사건과 2010년의 천안함 사건 등을 거치면서 대북 정책도 냉전 시기로 돌아갔다. 북한은 핵무기 개발과 미사일 발사로 맞섰고 남북 관계는 파탄이 났다. MBC와 KBS 등 공영방송에 대한 무리한 개입에 따른 부작용도 쌓여갔다. 2012년 대선에서 집권 연장에는 성공하지만, 후임 박근혜 정부는 너무 무능했고, 불운이 겹쳤다. 2014년 4월 16일에는 세월호 참사가 일어났다. 그해 9월에는 국가정보원과 국군사이버사령부 등이 18대 대통령 선거에서 대규모 여론 조작을 했다는 법원의 판결이 내려졌다. 2015년에 접어들면서 정권 퇴진을 요구하는 시위도 잇따랐다. 한국사 교과서 국정화 논란, 농민운동가 백남기의 사망, 문화계를 대상으로 한 블랙리스트 파문 등이 불에 기름을 부었다. 2016년 최순실 국정농단 사건이 터지면서 결국은 돌이킬 수 없는 상황이 됐다. 국회에서는 12월 9일 대통령에 대한 탄핵안을 통과시켰다. 헌법재판소에서 최종 판결이 내려진 날은 2017년 3월 10일이다.

정권 교체를 가능하게 한 원동력은 촛불 집회다. 한겨울 광화문광장을 떠나지 않았던 그들이 즐겨 찾았던 매체 중 하나가 '팟캐스트'였다. 2011년 개국한 〈나는 꼼수다〉가 선두 주자다. 곧이어 〈김어준의 뉴스공장〉, 〈김용민 브리핑〉, 〈정봉주의 전국구〉, 〈청정구역〉, 〈정치, 알아야 바꾼다〉 등이 생겨났다. 진보 성향의 인물이 주도했다. 보수 정권을 싫어하는, 과거와 다른 질서를 원하는, 기득권을 해체하려는 집단이 모였고, 팟캐스트를 즐겨 찾으면서, 서로가 소통할 수 있는 사이버 광장에 각별한 공을 들였다. 보수 진영의 선각자들은 이를 보고 배운 바가 많았다. 그렇지만 팟캐스트에서는 제대로 경쟁할 수 없었다. 전쟁을 겪고, 이승만과 박정희 대통령에 대한 향수가 있으면서, 한미동맹과 기독교 공화국에서 위안을 얻는 대중을 찾아야 했다. 페미니즘에 대한 피해의식을 가지고 있으면서 이념만 앞세우는 진보 정권에 염증을 느끼는 젊은 세대도 목표 공략 층이다. 진보 매체와 다른 문법도 필수다. '엄근진'이라고 하는 엄숙하고, 근엄하고, 진지한 체하지 않는 콘텐츠라야 한다. 그들이 발굴하고 일군 군락이 유튜브다. 작동 방식은 다음의 설명에 잘 나와 있다.

> 우파 유튜버들을 잘 보면 정교한 역할 분담이 있다. 어떤 사안이 있으면 콘셉트를 나눠 잡고 누가 아이템을 띄우면 바통터치 하는 것처럼 확산시키는 방식으로 키운다. 이를테면 성제준TV는 사상이나 역사를 바탕으로 프로파간다의 베이스를 깔아주는 콘셉트다. 또 어떤 채널은 외신 기사를 끌어와 자기 마음대로 해석해서 마치 자신들의 견해가 공신력이 있는 것처럼 포장한다. 윤서인의 경우는 자극적인 언어로 비꼬는 식으로 프로파간다를 내놓고 있고, 신의한수TV는 방송국처럼 외형을 갖춰 공신력이 있는 채널처럼 비치게 한다(정용인, 2019).

정치적 목적을 달성하는 것만 해도 큰 수확이다. 게다가 유튜브는 '돈'이 된다. 돌멩이 하나로 두 마리의 새를 잡는 일석이조(一石二鳥)다. 구독자가 1000명이 넘고, 지난 12개월 동안 동영상이 4000시간 이상 재생됐다면 광고 이익을 얻는다. 얼마나 벌까? 유튜브 계정을 입력하면 예상 광고 수익을 보여주는 소셜 블레이드라는 사이트에 답이 있다. 2020년 8월 11일 현재를 기준으로, 〈신의한수〉는 매월 9500만 원에서 1억 6000만 원을 버는 것으로 나온다. 〈가로세로연구소〉는 430만 원에서 6억 9000만 원, 〈펜앤드마이크TV〉는 2400만 원에서 3750만 원, 〈이봉규TV〉는 420만 원에서 6600만 원 정도다. 돈벌이를 위해서만 채널을 운용한다고 할 수는 없지만, 기존의 언론사처럼 고정 지출이 적다는 점을 고려하면 수익도 괜찮다. 자율적으로 내는 구독료를 실시간으로 받을 수 있는 슈퍼챗(Super Chat)도 주요 수익원이다. 광화문집회나 자유한국당(미래통합당) 유세를 중계방송할 때 자막으로 제공되는 계좌번호를 통한 자율 구독료다. 광고 수익과 비교해도 적은 금액이 아니다. 2020년 6월 7일 방송된 MBC 탐사 기획 〈스트레이트〉에 자세한 내막이 담겨 있다. "가로세로연구소는 지난 5월 한 달 동안 1억 2000만 원, 올해 1월부터 5월까지 3억 7000만 원, 월평균 7000만 원 벌었다. GZSS TEAM은 지난 5월 한 달 동안 슈퍼챗으로만 1억 7000만 원을 벌었고 올해 1월부터 5월까지 3억 9000만 원 벌었다. GZSS TEAM을 운영하는 운영자가 같이 운영하는 GZSS TV 수익까지 합치면 실시간 채팅 후원금으로만 6억 500만 원의 수익을 올렸다"라는 부분이다.

"손바닥은 마주쳐야 소리가 난다." 유튜브 생태계에 잘 들어맞는다. 직장에서, 집에서, 버스를 타고 이동하면서 이들 채널을 구독하고, 후원금을 내면서, 응원 문자를 보내주는 다수의 구독자가 없으면 작동하지 않는 구조다. 그들을 움직이는 힘은 뭘까? 먼저 생각할 수 있는 것은 기존 언론에 대한 불신과 배신감이다. 어림잡아 60세 이상의 연령대에서 태극기집회에 적극적으로 참석하는 집단은 JTBC의 최순실 태블릿 보도를 조작이라고 믿는다. 공영방송과 종이신문도 자신의 이해관계에 따라 정파적 보도를 일삼는다고 생각한다. 팟캐스트를 비롯한 인터넷 매체는 북한을 추종하는 좌파에 의해 장악되었다는 의혹이 강하다. "신문이나 방송은 절대 믿을 수 없다. 유튜브 방송의 가장 큰 장점은 거짓말을 할 수 없다는 것이다. 언론은 거짓말을 하지만 유튜브 방송은 거짓말을 하지 않는다"라는 인터뷰 내용에 잘 나와 있다(김동인, 2019). 젊은 세대는 좀 다르다.

박근혜 탄핵에 반대하지 않았다. 증명할 방법은 없지만 2017년 11월 대전의 한 곰탕집에서 발생한 일이 하나의 변곡점이 되었다. 남자는 결백을 주장했지만, 법원은 피해자의 진술을 근거로 유죄 판결을 내렸다. 그 남성의 아내가 억울하다는 내용의 청와대 청원을 올렸고 전 국민적 관심을 끌었다. 특히 20~30대 젊은 남성 집단의 반응이 뜨거웠다. 그들이 봤을 때 "사회에서 차별받는 이들은 여성이 아니라 오히려 병역 의무를 다하면서도 취업 경쟁에서 밀려나는 자신들"이다(오원석, 2019). 진보 정권이 페미니즘에 휘둘린다는 게 불편하다. 그래서 문재인 정부에 대한 20대 남성의 지지율이 29.4%로 60대 이상 남성의 34.9%보다 더 낮다(송윤경, 2019). 공영방송과 종이신문도 진영을 가리지 않고 페미니스트로 불리는 기자 집단에 장악되어 있다고 생각한다. 그들 관점에서는 유튜브가 '보고 싶고 듣고 싶은 얘기'를 전달해 준다는 점에서 매력을 느낄 수밖에 없다. '뭔가 이상했어. 나만 그렇게 생각하는 게 아니었구나. 정말 너도 그렇게 생각했지. 그럴 줄 알았어. 정말 이제 좀 마음이 놓이네. 우리끼리만 이럴 게 아니라 주변에도 좀 알리자고.' 추측건대, 이런 심리 상태가 아닐까?

3. 빛과 어둠

"한 여름 핫플레이스", "남해안 핫플레이스 사천 바다 케이블카", "관광 핫플레이스, 부산 서구의 매력" 등은 인터넷에서 쉽게 볼 수 있는 뉴스 문구다. 영어 단어를 음만 빌려서 쓴 '핫플레이스'는 많이 사람이 즐겨 찾는 장소란 뜻으로 명소(名所)에 가깝다. 방문객 처지에서는 정말 좋은 곳이다. 방문객 견지에서 봤을 때는 정말 좋은 곳이다. 그렇지만 그곳에서 생활하는 사람의 생각은 다를 수 있다. 많은 사람이 모이면 도로도 막히고, 집값도 오르고, 불미스러운 사고도 생긴다. 뉴스 생태계에서 '핫플'이 된 유튜브도 마찬가지다. 관심 없는 사람이 드물고, 누구나 한 번쯤 시도해 보려고 하고, 모르면 왠지 시대에 뒤떨어지는 느낌이다. 모두가 좋게만 생각하지는 않는다는 게 문제다. 서로 반대편을 바라보고 있는 두 얼굴의 형상을 한 로마 신화에 나오는 야누스(Janus)와 같은 존재다. 각자 자신이 처해 있는 상황이나 이해관계에 따라 다른 그림이 보인다.

1) 야누스의 얼굴

국내에서 보수와 진보의 갈등은 날이 갈수록 심해진다. 전통적인 언론 지형이 보수에 유리하다고 판단한 진보는 그 대안으로 인터넷과 팟캐스트에 몰렸다. 담론 전쟁에서 패배를 경험했던 보수는 늦게나마 인터넷에 뛰어들었고, 최근에는 유튜브라는 새로운 매체를 선점하는 데 성공했다. 유튜브를 규제하려는 민주당에 대한 다음과 같은 지적은 이런 상황과 관련이 깊다.

> 박광온 의원이 지난 3일 가짜 뉴스의 온상이라며 유튜브에 대한 제재 필요성을 언급하고 나선 것에 대해서 황 교수는 "국내법상 인터넷은 통신 사업의 영역에 속하기 때문에 내용에 대한 규제는 불법"이라며 "다만 경제적 규제는 가능하지만 전 세계에서 유튜브 등에 과징금을 부과하는 국가는 없다"고 했다. …… 야권에서도 '보수 재갈 물리기'라며 반발하고 있다. 국회 과학기술정보방송통신위 소속 자유한국당 박성중 의원은 "이명박, 박근혜 정부에서 팟캐스트 방송 〈나는 꼼수

다(나꼼수)〉가 가짜 뉴스를 내보내도 규제하자고 한 적이 없다"며 "유튜브에서 자기들 비판이 나오니까 법으로 입을 막겠다는 것"이라고 했다(양연희, 2018).

전자신문이 "유튜브 부작용 대책 세워야"(2020.6.17)라는 사설을 내고, MBC에서 탐사 기획으로 '슈퍼챗과 막말, 혐오 유튜브 방송의 관계'를 다루는 것도 비슷한 맥락이다. 유튜브가 갖는 부정적인 측면이 없지는 않지만, 공론화를 통해 경쟁자를 견제하려는 목적도 있다. 구글코리아가 유튜브 운영 규정에 어긋나는 콘텐츠에 붙이는 '노란딱지'를 둘러싼 논란도 관점의 충돌과 관련이 깊다. 한 예로, 2019년 10월 21일 ≪조선일보≫는 다음과 같은 기사를 내보냈다.

> 한 보수 유튜버는 윤(윤상직, 당시 자유한국당) 의원실에 "공통적으로 문재인, 더불어민주당, 문정인, 임종석, 조국 등과 같은 이름을 붙인 동영상에 노란딱지가 붙는다"고 했다. 윤 의원 측 관계자는 "보수 유튜버의 영상에 대해 노란딱지가 붙을 경우 광고 수익이 급감하는 것을 노리고 특정 단체에서 소위 '좌표'를 찍었을 가능성이 있다(김보연, 2019).

극우 보수 성향의 ≪미래한국≫에도 이런 내용이 나온다.

> 노딱 현상으로 수익이 대폭 줄어든 정치시사 분야 일부 유튜버들은 "문재인 정부를 비판하니 노딱이 붙는다", "좌파들이 가짜 뉴스 신고를 해 광고가 안 붙는 것 같다" 등의 불만을 토로하고 있다. 특히 '조국 게이트' 정국 전후로 인기 유튜버들의 채널엔 "Fake News"라는 댓글이 달리는 경우가 눈에 띄게 늘었다. 친문·여권 성향의 이용자들이 조직적으로 '가짜 뉴스' 등 댓글을 달며 인기 있는 보수 우파 채널을 신고해 문재인 정부에 대한 비판 여론에 입막음을 시도하고

있는 것이다(박주연, 2019).

그러나 이런 주장에 대한 민주언론시민연합의 언론 모니터 내용은 다음의 사례처럼 전혀 다르다.

> 미디어오늘은 〈문정부, '노란딱지'로 정부비판 유튜버 탄압? 사실은〉(10/15, 정철운 기자)에서 "이 같은 일부 유튜버들의 불만은 '신임 방통위원장 취임 이후 정부비판 유튜버들이 언론 탄압을 받는다'는 식의 프레임으로 확산될 조짐이지만 사실과 다르다. 소위 '친정부' 성향 유튜버들도 노란딱지를 받고 있다"고 말했습니다. 노란딱지를 받은 유튜브 채널에는 '서울의 소리'가 있었는데, 콘텐츠의 90% 이상에 노란딱지가 붙고 있다고 합니다.
> KBS 유튜브 채널인 'KBS더라이브'도 〈우파 차별이라던 노란딱지, 더라이브에도 붙었다〉(10/22) 노란딱지 음모론을 다뤘습니다. KBS더라이브는 자사 콘텐츠 내역 가운데 노란딱지가 붙은 동영상을 공개했습니다. 노란딱지가 붙은 더라이브 콘텐츠로는 '조국 전 장관', '화성연쇄살인사건', '여상규 법사위원장 욕설' 등이 있었습니다.
> …… JTBC 역시 자사 콘텐츠에도 노란딱지가 부여된 경우가 있다고 말했습니다. 이어서 "광고주 입장에서는 최대한 논란거리가 없는 그런 영상에 자신의 광고가 붙기를 원하기 때문에 만약에 영상을 올린 사람이 수익을 내려면 그런 영상들을 올리라는 뜻입니다. 따라서 보수 유튜버 탄압이다, 또는 블랙리스트가 있다 이런 주장은 객관적인 근거가 더 없다면 말 그대로 주장일 뿐인 상황입니다"라고 전하며 음모론을 일축했습니다(민주언론시민연합, 2019).

진실은 뭘까? "서는 데가 바뀌면 풍경도 달라진다"라는 말처럼 정책에 대한 공감대 형성은 불가능할까? 뉴스 생태계의 관점에서 접근하면 어느 정도의 윤곽은 파악할 수 있다. 크게 희망적인 차원과 위협적인 측면이 있다. 정반대에 가까운 관점이지만 각자 그렇게 볼 수 있는 근거가 꽤 많다.

2) 희망

"방송은 상대적으로 소수이거나 이익 추구의 실현에 불리한 집단이나 계층의 이익을 충실하게 반영하도록 노력하여야 한다." 「방송법」 제6조 5항에 나오는 내용이다. 방송이라는 특수한 매체에만 해당하는 것이 아니라 언론계 전반에 적용된다. 언론이 권력과 자본으로부터 독립할 수 있도록 법으로, 제도로, 여론으로 뒷받침해 주는 이유는 이런 책임을 다해야 한다는 보이지 않는 계약이 있기 때문이다. 하지만 평범한 개인이 집단으로 움직이면서, 권력과 밀접한 관계에 있는 언론사를 상대로 맞서기는 거의 불가능하다. 언론의 자유가 '언론사와 언론인'을 위한 자유라는 비판도 많다. 언론에 의해 인격권이나 재산에 치명적인 상처를 입어도 보상받는 길은 멀고 험하다. 명예훼손과 모욕죄 같은 재판은 시간도 너무 걸리고, 비용도 많이 든다. 웬만하면 참고 사는 게 속이 더 편하다. 언론중재위원회를 통해 문제를 푸는 것도 간단치 않다. 언론사가 잘못을 인정해 '반론보도'나 '정정보도'를 해도 과거를 돌이킬 수 없을 때가 많다. 유튜브는 그런 점에서 약자가 강자를 상대로 '진실 경쟁'을 할 수 있는 선물이다. 공동체 전반에서 투명성이 높아질 수 있다는 점도 희망이다.

"낮말은 새가 듣고 밤말은 쥐가 듣는다"라고 한다. 유튜브가 일상이 되기 전에 이 역할은 주로 언론이 맡았다. 언론은 국민을 대신해 정부와 권력 집단을 감시하고 그들이 숨기고자 하는 잘못을 파헤쳤다. 언론에 대한 정부의 간섭이 줄어든 1987년의 민주화 이후 국정원, 검찰과 경찰 등의 노골적인 인권 탄압은 많이 줄었다. 감시자 언론이 이 역할을 제대로 수행하면 아무런 문제가 없다. 그렇지만 국내 언론은 오늘날 개혁의 대상이 됐다. 특히 조선일보, 중앙일보, 동아일보와 같은 거대 언론사는 정치적 이익집단이다. KBS, MBC, SBS, JTBC 등의 방송사도 취재 과정은 물론 보도의 원칙 등을 제대로 밝히지 않는 경우가 많다. 유튜브가 있어 이런 문제가 개선되고 있다. 〈유시민의 알릴레오〉란 방송을 통해 KBS의 인터뷰 왜곡이 밝혀지고 전후좌우 사정이 알려지게 된 사례가 대표적이다. 뉴스 생태계 차원에서 또 하나의 긍정적인 부분은 '뉴스'에 대한 소비가 늘고, '뉴스'가 좀 더 구독자의 눈높이에 맞도록 개선되고 있다는 점이다.

뉴스는 공공(公共) 지식이다. 공동체에 관한 지식으로 권력과 돈이 없어도, 직업과 종교의 차별도 받지 않고 이용할 수 있는 공공재다. 공중보건, 학교, 도로망, 인터넷망과 같은 존재다. 많이 배우지 않은 사람도 누구나 쉽게 이용할 수 있다는 의미도 갖는다. 공(共)은 또 물과 공기처럼 함께 나눠 쓴다는 뜻이 있다. 공론장이라는 가상의 무대에 등장한 뉴스가 두고두고 구성원 사이에서 유통된다는 점에서 그렇다. 저널리즘의 진화는 이런 기대치를 더욱 잘 충족시키기 위한 과정이었다. 단신 뉴스에서, 인터뷰로, 기획과 분석 기사로, 텍스트 중심에서 음성으로, 다시 영상으로 진화해 왔다. 유튜브는 진화의 가장 최근 단계일 뿐이다. 국제 관계, 복지 정책, 검찰 개혁과 같은 복잡한 주제라도 그렇게 어렵지 않게 전달해 준다. 영상과 해설, 구독자의 눈높이에 맞는 어휘 선택 덕분이다. 인내를 갖고 읽을 필요도 없다. 재미있고 알아듣기 쉬운 설명이다. 게다가 너무 길지도 짧지도 않은 분량으로 편집을 거치지 않고 있는 그대로 전달하는 현장 중계 또는 생중계가 많다. 뉴스를 보는 게 즐거워졌고, 뉴스 수용자의 저변은 넓어졌다. 국민의 지적 수준도 높아지고 있다. 생활에 필요한 지식을 얻을 기회도 늘었고, 그것을 활용해 자신의 권익을 지킬 수 있게 됐다.

공동의 목표를 위해 연대하고 조직할 수 있는 능력도 향상됐다. 덕분에!

3) 폐해

주변에 보면 특별히 잘못하지도 않았는데 "주는 것 없이 밉다"는 소리를 듣는 사람이 있다. 본인의 잘못이 전혀 없지는 않겠지만 평판 관리에 실패한 것과 관련이 있다. 작은 잘못을 해도 큰 오류가 있는 것처럼 전달되고, 남을 돕거나 선행을 베풀어도 묻히기 때문이다. 유튜버도 이런 억울함이 없지 않다. 문재인 정권이 집권하면서 재승인을 받아야 하는 종편에서 보수적인 정치 평론가는 밀려났다. 그들이 유튜브로 자리를 옮기게 된 것은 자연스럽다. 한때는 한편이었지만 중도 세력을 포용해야 하는 자유한국당으로서도 열혈 독자층만 챙기는 유튜브는 미운 오리 새끼다. 게다가, 광고 수익을 둘러싸고 기존 매체와 경쟁 관계에 있다. 정부는 한편으로는 기성 언론의 압력을 외면할 수 없고, 다른 한편으로는 뉴스 생태계의 건전성을 지켜야 한다. 학계의 지속적인 비판도 정부로서는 부담이다. "가짜 뉴스로 인해 합리적인 의사 결정이 방해를 받아 궁극적으로 민주주의를 위협한다", "편 가르기와 거짓 선동으로 사회 갈등을 유발하고 통합을 방해한다", 또 "표절을 하거나 검증을 하지 않거나, 경제적 이익을 위해 광고를 뉴스로 둔갑시킴으로써 언론의 신뢰를 하락시킨다" 등이 대표적이다(양선희, 2020). "맞춤형 정보를 제공하면서 이용자는 제 입맛에 맞게 '걸러진 정보'만 접하게 되고, 그로 인해 정치·사회적 이슈에서 자신의 고정관념과 편견만 더 강화하게 되는 현상"을 뜻하는 '확증편향'도 무시할 수 없는 병폐다(황상진, 2019). 국민 다수가 이런 상황에 놓이게 되면 건전한 소통이 가로막히고, 급기야 공동체는 분열한다. 그간 덜 주목받았지만, 더 심각한 문제도 있다. 특정한 세력이 이념 전쟁의 도구로 활용한다는 점이다.

독수독과(毒樹毒果)는 독이 있는 나무는 열매에도 독이 있다는 논리다. 불법적인 방법으로 수집한 증거는 재판에서 인정하지 않는다는 「형사소송법」에 등장한다. 2016년에 폭발적으로 성장한 국내 보수 유튜브에 적용될 부분이 있다. 목적 자체가 '공익'의 대변과 거리가 멀다. 대중보다 우수하고, 대중을 이끌 책임이 있고, 그들을 가르쳐야 한다고 믿는 선동가 중심의 매체로 출발했다. 진보 진영이 장악한 인터넷 언론과 팟캐스트도 비슷하지만, 그들은 사회적 약자였다는 점이 다르다. 분단체제의 기득권이면서 질서의 변화 자체를 가로막으려는 목적이 앞선다. 특별히 주목해야 할 부분이 상위권에 있는 채널 중 상당수가 '냉전 복합체'와 관련이 깊다는 점이다.

"기독교인들이 신앙과 자유를 위해 싸우는 것은 당연한 일." 북한에 대한 노골적인 적대감을 나타내고 문재인 정부를 비롯한 진보 정권과 대척점에 서 있는 ≪월간조선≫ 2009년 11월호에 실린 강남교회 김성동 목사의 인터뷰 기사 내용이다. 김 목사는 북한민주화위원회 상임고문이다. 나중에 〈신의한수〉로 탈바꿈하는 신혜식의 독립신문 사무실은 이 교회 3층에 있었다. 교회 홈페이지에 송대성(전 세종연구소), 김동길(전 연세대), 조갑제(전 월간조선) 등의 강연 동영상이 올라가 있다. 영상 중에는 "金正日(김정일)이 쳐들어와서 대한민국이 공산국가가 되면 기독교가 말살될 텐데, 그런 일을 당하기 전에 미리미리 싸워야죠. 金大中(김대중) 정권 시절, 연평해전 보세요. 대통령이 우리 군인들 손을 묶어놓아 어어 하다가 당했잖아요. 햇볕정책 하는 것을 보니, 북한하고 불가침조약이나 평화조약이라도 맺었다가 100만 명이 넘는 북한군이 쳐들어올 경우를 생각하니 아찔하더군요. 월남이 그랬잖아요. 설마가 아니죠. 그 설마가 현실이 되어 가는 것이 눈에 보이는데 어떻게 침묵을 지키겠습니까"라는 내용도 나온다. 김성동 목사의 모친은 순복음교회를 시작한 고(故) 최자실 목사고, 매부는 조용기 목사다. 박정희 정권 때 반공주의에 앞장선 대표적인 교회 중 하나다. 〈신의한수〉의 구독자 중 교인이 많을 수 있다는 점은 보수적 교회가 어떤 식으로든 연관되어 있다고 추측할 수 있게 한다. 지향점이 거의 같은 〈펜앤드마이크TV〉도 정치색이 짙다.

2018년 1월 26일, 제1회 펜앤드마이크 후원 행사가 열린 한국프레스센터 20층에는 대략 1400명이 넘는 인파가 몰려들었다. 후원 행사의 목표는 "박근혜 전 대통령 탄핵 정변 과정에서 한국 언론 역사상 전례를 찾기 어려운 거짓과 과장, 선동과 선정 보도 등으로 특히 상당수 자유 우파 성향 국민 사이에서 신뢰도가 급격히 추락한 우리 언론에 새로운 바람을 불어넣어 줄 것"(장지수, 2018)에 잘 나와 있다. 참석자 중 김문수는 〈김문수TV〉를, 이영훈은 〈이승만TV〉를, 이춘근은 〈이춘근TV〉를 운영 중이다. 행사장에서 축사 또는 찬조 연설을 한 인물로는 "대한민국수호천주교인모임 이계성 대표, 자유민주국민연합 박준식 사무총장, 바른사회시민회의 조동근 공동대표, 21세기국가발전연구원 김석우 원장, 이선본 박성현 대표, 엄마부대봉사단·MFN 엄마방송 주옥순 대표, 애국단체총협의회 이희범 사무총장, 미래를여는공정교육모임 신미선 대표, 박정희대통령기념재단 김용삼 기획시장, 케이파티 이용원 대표, 자유대한청년포럼 강승은 대표, 나라지키기고교연합 김일두 대표, 구국포럼 최병구 사무총장, 기도하는애국자단체 정성희 목사, 한변 고영준 변호사, 비전코리아 최장기 회장, 한미동맹강화국민운동본부 이상열 부총재" 등이 있다(장지수, 2018). 일부에서 분석하듯 보수 유튜버가 '돈벌이'를 목적으로 하지는 않는다는 것은 이들 후원자의 경력과 칼럼 등을 통해 드러난 세계관으로 짐작할 수 있다. 공교롭게도 미국이 냉전 시기 동안 한국을 비롯해 국제 사회를 대상으로 했던 프로파간다 전략과 많이 닮았다. '특정 주체가 사실은 누군가의 의도대로 움직이면서도 정작 스스로는 자신의 의지에 따라 움직인다고 믿게 하는 것'이 목표였다.[2] 주로 60대와 20대를 공략한다는 점을 고려할 때 전혀 가능성이 없는 얘기는 아니다.

4. 열린 미래

겉으로 보면 아무 일도 일어나지 않는 것처럼 보이지만 생태계는 살아 있다. 경쟁과 협력이 일상이다. 낯선 꽃씨나 동물이 새로운 터전을 마련해 세력을 키워도 허용되는 한계가 있다. 유튜브라고 다르지 않다. 미래는 열려 있다는 것을 잘 보여주는 몇 장면이 있다. 그중 하나는 다음에 나오는 글이다.

> 더 이상 대중은 종이신문에서 정치·경제·사회·문화 면의 순으로, 혹은 역방향으로 읽었던 것처럼 뉴스를 받아들이지 않는다. 스마트폰을 손에 쥐고 포털·검색 엔진의 검색어 또는 SNS의 뉴스피드 등에 떠오르는 뉴스를 읽을 것인지 지나칠 것이지를 선택하는 방식으로 뉴스를 받아들이고 있는 것이다.

지금으로부터 겨우 6년 전인 2014년 김영주와 정재민이 작업한 『소셜뉴스 유통 플랫폼: SNS와 뉴스 소비』에 나오는 내용이다. 다음 장면도 흥미롭다.

> 2015년 5월 기준으로 모바일 검색 시장에서 네이버, 구글과 다음이 차지하는 비중은 각각 73%, 14.5%와 12.3%다. 한국언론진흥재단의 2014년 보고서에 따르

---

2 관련 자료는 다음을 보면 된다. 프랜시스 스토너 손더스(Frances Stonor Saunders), 『문화적 냉전: CIA와 지식인들』, 유광태·임채원 옮김(그린비, 2016); 김성해, 『지식패권 II: 약소국의 눈물과 잿더미 위에 피운 꽃』(민음사, 2019); Liem, Wol-San, Telling the 'truth'to Koreans: U.S. cultural policy in South Korea during the early Cold War, 1947-1967, Dissertation(New York University, 2020).

면 포털을 통해 뉴스를 접하는 비중은 무려 89%에 달한다. 지난 2012년 시사IN이 방송기자 및 PD, 작가를 대상으로 가장 영향력 있는 매체를 질문했을 때 네이버는 조선일보보다는 보다 높은 3위였다. 다음 역시 6위로, 한겨레는 물론 SBS와 YTN을 앞섰다.

2015년 9월에 발간된 ≪언론중재≫ 136호에 실린 김성해의 「포털의 뉴스정책과 공공성 제고방안」 중 일부다. 그때는 '포털'이 논란의 대상이었다. 유튜브의 존재감은 거의 없었다. 강물처럼 시간은 흘러간다. 잘 나가던 SNS와 페이스북도 절정을 지났다. 2018년 6월 14일 ≪중앙일보≫에 나오는 장면이다.

한국언론진흥재단과 옥스퍼드대학교 로이터저널리즘 연구소는 14일 '디지털 뉴스 리포트 2018'을 발표했다. …… 이번 조사를 통해 주요 뉴스 소스로 성장해 온 소셜미디어의 성장세가 멈춘 것을 확인할 수 있었다. 특히 '페이스북'의 하락세가 눈에 띄었다. 대부분의 조사 대상국에서 페이스북을 통한 뉴스 이용률이 감소했다. 특히 미국은 페이스북을 통한 뉴스 이용률이 39%로 나와 지난해에 비해 9%포인트가 감소한 것으로 나타났다. 한국도 올해 25%로, 지난해 28%에 비해 페이스북을 통한 뉴스 이용률이 다소 감소했다.

지금은 한창 위세를 떨치지만, 유튜브라고 예외일까? 그렇다고 유튜브가 당장 정점을 찍을까? 미디어가 진화해 온 과정을 보면 실마리를 얻을 수 있다. 텔레비전이 등장했을 때 많은 이들이 영화의 시대는 끝났다고 했다. 영화관은 지금도 잘 나간다. 종이신문이 소멸한다는 얘기가 나온 지도 벌써 30년이 넘었다. 유튜브 군락이 방송, 소셜 서비스, 포털의 영토를 점령하고 이들을 대체할 가능성도 크지 않다. 설득력 있는 예측은 뉴스 생태계에서 상당한 영향력을 가진 실체로 당분간은 성장할 것이라는 정도다.

그렇다면 공동체 차원에서 무엇을 해야 할까? 보이지 않는 손에 모든 것을 맡겨둬야 할까? 헌법에 보장된 '표현의 자유'에 근거해 자율적인 규제만 바라봐야 할까? 정치적 목적을 위해 '가짜 뉴스'를 확산하는 것도 서슴지 않는다는 점에서 더 적극적인 규제에 나서야 할까? 국가공동체 차원에서 개입해야 할 지점을 고민하는 건 이런 까닭에서다. 대략 세 가지 정도의 전략을 생각해 볼 수 있다.

1) 공동체의 책무

군군신신(君君臣臣) 부부자자(父父子子)다. '임금은 임금다워야 하고, 신하는 신하다워야 하며, 아비는 아비다워야 하고, 자식은 자식다워야 한다'라는 뜻이다. 제나라의 임금 경공이 정치의 본질에 대해 질문했을 때 공자가 한 말이다. 첫 번째 전략에 해당하는 것으로, 각자 자신에게 주어진 책임과 의무를 다해야 한다. 2020년 한국 사회에서 검찰과 언론에 대한 개혁 얘기가 나오는 건 검찰과 언론이 국민이 판단했을 때 자신이 잘못한 것에 대한 책임을 회피하고 '정의'를 실현하는 데 필요한 의무를 다하지 않았다는 말이다. 문서로 작성하지는 않았어도 사회적 계약을 통해 그들에게 '권력'을 줬는데 제대로 사용하지 못했다는 질책이다. 제 허물에는 관대하고 남에게, 특히 힘없는 사람에게 함부로 칼을 휘두른다는 꾸짖음이다.

잘하는 채널도 있지만, 유튜버 중 다수는 지금 이런 눈총을 받는 중이다. 외부에서 매서운 채찍을 들기 전에 자율 규제 방안을 찾아야 할 때다. 2011년 인터넷신문협의회(인신협)가 마련한 '윤리강령' 같은 것을 제정하고 이를 지키지 않는 회원에 대해서는 불이익을 주는 방법도 가능하다. 가칭 '유튜브 뉴스협의

〈표 6-1〉 유튜브에 적용할 수 있는 관련 법

- 모든 국민은 사생활의 비밀과 자유를 침해받지 아니한다(「헌법」 제17조) - 언론·출판은 타인의 명예나 권리 또는 공중도덕이나 사회윤리를 침해하여서는 아니된다. 언론·출판이 타인의 명예나 권리를 침해한 때에는 피해자는 이에 대한 피해의 배상을 청구할 수 있다(「헌법」 제21조 4항) - 공연히 사실을 적시하여 사람이 명예를 훼손한 자는 2년 이하의 징역이나 금고 또는 500만 원 이하의 벌금에 처한다(「형법」 제307조 1항). - 허위의 사실을 유포하거나 기타 위계로써 사람의 신용을 훼손한 자는 5년 이하의 징역 또는 1천 500만 원 이하의 벌금에 처한다(「형법」 제313조). - 타인의 신체, 자유 또는 명예를 해하거나 기타 정신상 고통을 가한 자는 재산 이외의 손해에 대하여도 배상할 책임이 있다(「민법」 제751조). - 이용자는 사생활 침해 또는 명예훼손 등 타인의 권리를 침해하는 정보를 정보통신망에 유통시켜서는 아니 된다(「정보통신망법」 제44조 1항) - 누구든지 정보통신망을 통하여 다음 각 호의 어느 하나에 해당하는 정보를 유통하여서는 아니 된다: 1) 음란한 부호·문언·음향·화상 또는 영상을 배포·판매·임대하거나 공공연하게 전시하는 내용의 정보; 2) 사람을 비방할 목적으로 공공연하게 사실이나 거짓의 사실을 드러내어 타인의 명예를 훼손하는 내용의 정보; 3) 공포심이나 불안감을 유발하는 부호·문언·음향·화상 또는 영상을 반복적으로 상대방에게 도달하도록 하는 내용의 정보; 4) 정당한 사유 없이 정보통신시스템, 데이터 또는 프로그램 등을 훼손·멸실·변경·위조하거나 그 운용을 방해하는 내용의 정보(「정보통신망법」 제44조의7). - 사람을 비방할 목적으로 정보통신망을 통하여 공공연하게 사실을 드러내어 다른 사람의 명예를 훼손한 자는 3년 이하의 징역 또는 3천만 원 이하의 벌금에 처한다(「정보통신망법」 제70조 1)

회'를 만들고 지향해야 할 방향, 책임으로서 받아들여야 할 일과 하지 말아야 할 일, 잘못이 있을 때 어떻게 고쳐나갈지 등에 대한 청사진을 만들어 지키면 된다. 그러나 앞서 지적한 것처럼 자율이 갖는 한계는 엄연히 있다. 신문협회, 방송사, 인터넷 등에서 온갖 윤리강령을 만들었지만 제대로 지켜지지 않는다. 공동체의 약속에 해당하는 법을 엄격하게 적용해 '잘못'한 부분에 대해서는 책임을 지도록 만들어야 한다. 두 번째 전략이다. 굳이 새로운 법을 만들지 않아도 〈표 6-1〉에 나오는 것처럼 기존의 법을 제대로 활용하면 유용한 것이 많다.

전략 중 마지막은 자신을 스스로 구제하는 방법이다. "법은 멀고 주먹은 가깝다"라는 현실과 관련이 깊다. 유튜버를 상대로 법적 소송을 준비하거나 언론중재위원회에 중재를 요청해도 시간과 돈이 많이 든다. 명예와 신용은 한번 망가지면 다시 복원하는 것이 거의 불가능하다. 치밀한 계획으로 접근하는 이념 공세를 쉽게 이길 수도 없다. 독수리의 눈으로 자신에게 위협이 되는 콘텐츠를 찾아내 확산되기 전에 조처해야 한다. 뉴스를 소비할 때마다 '누가 이익을 보고, 누가 비용을 내는가'를 따지는 퀴보노(Cui bono)라는 질문을 던질 수 있어야 한다. 최근 국회나 학계에서 강조하는 '미디어 리터러시'를 통해 가능하다. 미디어를 제대로 활용하고 이를 비판적으로 받아들여 삶을 더욱 풍요하게 만들어가는 능력이다.

"내가 그의 이름을 불러 주기 전에는/ 그는 다만 하나의 몸짓에 지나지 않았다/ 내가 그의 이름을 불러주었을 때/ 그는 나에게로 와서 꽃이 되었다/ …… 너는 나에게 나는 너에게/ 잊혀지지 않는 하나의 향기가 되고 싶다." 앞서 소개했던 김춘수의 시 「꽃」의 전문이다. 만약 유튜브 생태계가 말을 할 수 있다면 이렇게 소망하지 않을까? 공동체가 함께 답을 줘야 한다.

▸ 참고문헌

고은상. 2020.7.17. "'조국 명예훼손' 유튜버 법정구속 … "심각한 허위"." MBC, https://imnews.imbc.com/replay/2020/nwdesk/article/5845710_32524.html

김동인. 2019.6.5. "보수 유튜브를 움직이는 원동력은?" ≪시사IN≫, https://www.sisain.co.kr/news/articleView.html?idxno=34736

김보연. 2019.10.21. "野 "보수 유튜버 광고 없애는 '노란 딱지' 급증 … '블랙리스트' 의혹"." ≪조선일보≫, http://news.chosun.com/site/data/html_dir/2019/10/21/2019102101400.html

김선호·김위근. 2019. 『디지털 뉴스 리포트 2019 한국』. 한국언론진흥재단.

김성해·강국진. 2019. 『천사 미국과 악마 북한: 언론복합체의 대한민국 요리법』. 생각을나누는나무.

민세영. 2016. 「한국사회에서 '다중'(multitude)의 필요성: 네그리와 하트의 현실인식을 바탕으로」. ≪윤리교육연구≫ 42호, 283~-306쪽.

민주언론시민연합. 2019.10.29. "'유튜브 노란딱지 음모론' 부풀리는 조선·중앙일보." ≪뉴스톱≫, http://www.newstof.com/news/articleView.html?idxno=2160

박주연. 2019.10.12. "조국 비판하니 노란딱지 유튜브 덮친 '노딱'공포 … 유튜브 정책에 부글부글 끓는 유튜버." ≪미래한국≫, https://www.futurekorea.co.kr/news/articleView.html?idxno=121936

박태훈. 2020.3.16. "유튜브가 정치적 의사결정에 미치는 영향력." https://hrcopinion.co.kr/archives/15120

송윤경. 2019.1.18. "20대 남성은 왜 문재인 정부에 화가 났나?" ≪경향신문≫, http://news.khan.co.kr/kh_news/khan_art_view.html?artid=201901181541001&code=940100#csidx8f6050810c1aec396c70089a47fcf84

심새롬. 2019.10.1. "與, "유튜브 가짜뉴스 규제" 대책 발표 … "보수 유튜버 압박" "표현의 자유 문제"." ≪중앙일보≫, https://news.joins.com/article/23592371

심재현. 2020.7.20. "경찰, 故 박원순 명예훼손 '가세연' 수사 착수." ≪머니투데이≫, https://news.mt.co.kr/mtview.php?no=2020072020100544110

앙연희. 2018.9.14. "방송법 '개악'해 우파 유튜브 규제하려는 집권여당 민주당." ≪펜앤드마이크≫, https://www.pennmike.com/news/articleView.html?idxno=9896&replyAll=

양선희. 2020. 「유튜브 저널리즘의 시대, 전통적 저널리즘의 대응현황과 과제」. ≪사회과학연구≫, 31권 1호, 245~262쪽.

오세욱·송해엽. 2019. 『유튜브 추천 알고리즘과 저널리즘』. 커뮤니케이션북스

오원석. 2019.9.23. "CNN "한국의 젊은 남자들, 페미니즘과 싸우고 있다"." ≪중앙일보≫, https://news.joins.com/article/23583827

이준웅. 2005. 「비판적 담론 공중의 등장과 언론에 대한 공정성 요구: 공정한 담론 규범 형성을 위하여」. ≪방송문화연구≫, 17권 2호, 139~172쪽.

임성호. 2020.5.14. "고 김민식군 부모, 유튜버 등 고소… "허위사실 유포로 명예훼손"." 연합뉴스, https://www.yna.co.kr/view/AKR20200514182500004?input=1195m

정용인. 2019.9.29. "'우파코인' 맛들인 우파유튜버 폭주, 따라잡을 수 있을까." ≪경향신문≫. https://news.khan.co.kr/kh_news/khan_art_view.html?artid=201909290913001&code=940100#csidxd35eca6aa6a0fe08958076b9294cacb

정지수. 2018.1.27. "이시대 바른언론 PenN 첫 후원자대회, 서울 프레스센터 국제회의장 개장 후 최대인파." ≪영천투데이≫, http://www.yctoday.net/m/view.php?idx=2846&mcode=m14cowq&page=13

정철운. 2019.7.28. "'유튜브 저널리즘'의 시대가 오고 있다." ≪미디어오늘≫. http://www.mediatoday.co.kr/news/articleView.html?idxno=201463

황상진. 2019.2.7. "[황상진 칼럼] '확증 편향' 키우는 '갓튜브'." ≪한국일보≫. https://www.hankookilbo.com/News/Read/201902071782094618

JTBC. 2019.12.16. "황교안 "보수 유튜버에 입법보조원 자격 주자" 제안 논란." http://news.jtbc.joins.com/article/article.aspx?news_id=NB11924292

제7장

개인 미디어 플랫폼의 확장과 미디어 리터러시

| 김아미(시청자미디어재단)

연구자: 디지털 미디어를 통한 사회참여가 가능할까요?

학생: (미투운동 관련 경험에 대해 이야기하면서) 미투는 기사 통해서 많이 접했던 것 같고. 국민청원은 자료 조사할 때 생각보다 막 사람들이 이런 거에 대해서 반대하는 사람도 있는 것도 많이 봤고, 원래는 사회참여가 사회를 변화시키는 거잖아요. 그런데 페이스북이나 인스타 이런 데에서도 기사보다 오히려 댓글에 사람들이 더 공감을 많이 하고, 그런 걸 통해서 사람들이 생각을 말하면 거기서 사람들이 많이 공감을 하고, 좀 뭔가 사회가 변할 수 있겠구나라는 생각도 했던 것 같아요(김아미 외, 2019: 70).

1. 들어가며

1) 개인 미디어 시대, 우리에게 요구되는 미디어 리터러시

지금 우리는 디지털 기반의 개인 미디어가 큰 부분을 차지하고 있는 소통 환경에서 생활하고 있다. 이에 디지털 테크놀로지에의 접근성과 그를 기반으로 한 정보 및 다양한 미디어 콘텐츠의 사용과 생산, 공유 능력이 중요한 환경이 되었다고 볼 수 있다. 또한 우리가 접하게 되는 미디어 콘텐츠와 정보를 분석·평가하는 동시에, 누가 어떤 의도로 만들어 공유 혹은 유통하는지 그 맥락을 이해하는 것 역시 필수적인 능력으로 간주된다.

미디어에 대한 비판적 이해와 창의적 제작을 의미했던 대중매체 시대의 미디어 리터러시는 이처럼 디지털 리터러시, 정보 리터러시 등과 접점을 지니며 그 영역을 확장하고 있고(Leaning, 2019), 유네스코에서는 미디어 정보 리터러시라는 개념으로 이를 포괄하고 있다(Wilson et al., 2011).

앞으로 다가올 사회에서 요구되는 핵심 역량을 규정하고자 하는 많은 연구기관은 21세기의 핵심 역량 중 하나로 미디어 리터러시를 꼽는다. 또한 '가짜뉴스'나 온라인상의 혐오 표현 등 여러 사회 문제에 대한 대응 방안으로 디지털 시민성을 지향하는 미디어 리터러시 교육의 의무화가 시급함이 강조되고 있기도 하다.

그렇다면 개인 미디어 시대의 미디어 이용자이자 동시에 미디어 생산자인 우리에게 어떤 미디어 리터러시가 필요할까? 개인 미디어 시대를 살아가고 있는 우리는 우리의 의견을 자유롭고 다양하게 표현하고 공유할 수 있는 테크놀로지와 플랫폼에 쉽게 접근할 수 있다. 그러나 이처럼 자유로운 소통과 생산이 가능해진 동시에 그만큼 다양한 개인이 만들어내는 정보들을 주도적으로 판단하고 분별해 내야 할 책임도 부여되는 상황이다.

2) 책임감을 지닌 이용자이자 생산자

개인 미디어가 활성화되면서 누구나 이용자이자 생산자로서 미디어를 대하게 되었다. 지금까지의 미디어 리터러시가 책임감 있는 미디어 이용, 다시 말해 공동체에 대한 책임감을 기반으로 한 미디어 콘텐츠와 정보의 이용 및 공유에 주목했다면, 개인 미디어 시대에는 일상적인 미디어 생산자로서 우리가 만들어내는 미디어 콘텐츠나 정보가 우리 사회에 주는 파급력을 이해하고 이에 대한 성찰을 기반으로 미디어를 통해 소통·표현·참여하는 것을 중요시한다.

예를 들어, 많은 개인 미디어 플랫폼은 자체 알고리즘을 통해 맞춤형 정보를 이용자에게 제공함으로써 미디어 이용자의 확증편향을 증폭시키고 필터 버블에 미디어 이용자를 가두어놓는 성향이 있다. 비판적인 미디어 이용자가 되기 위해서는 개인 미디어 플랫폼에서 만들어진 필터 버블에서 벗어나기 위해 자신과 의견이 다른 사람과도 의도적으로 소통하면서, 자신이 접하는 정보와 의견을 다양하게 하려는 노력이 필요하다. 자신과 다른 의견을 가진 정보를 의도적으로 찾고 그런 의견을 가진 이들과 소통하는 데에 시간과 공을 들이기는 쉽지 않다. 하지만 비판적 미디어 리터러시를 갖추기 위한 이와 같은 노력은 디지털 환경을 함께 살아가야 하는 시민으로서의 책임일 수도 있다.

생산자로서의 개인에게는 다양한 플랫폼 환경에 맞추어 자신의 목소리를 들어줄 청중을 확보할 수 있는 능력이 요구된다. 동시에 개인은 정보 생산자로서 책임감을 가져야 한다. 디지털 공론장에 자신의 의견을 표현할 때 혹은 정보를 생산하고 공유할 때 그 영향력에 대해 인지하고, 일회성 놀이처럼 공론장에 참여하는 것이 아니라 책임감을 가지고 지속적으로 사안에 관심을 기울이려고 노력하는 것이 지금의 미디어 환경에서 개인에게 요구되고 있다.

이처럼 집단지성의 일원으로서 가져야 하는 사안에 대한 지속적 관심과 공적 책임감 외에도, 일상적으로 미디어 콘텐츠와 정보를 만들어내는 생산자로서 내가 생산하고 공유하는 콘텐츠가 개인적인 즐거움에 주목할지 혹은 불특정 다수에게 공유되므로 사회적 공익성 추구를 고려해야 할지에 대한 고민이 있을 수 있다.

경기도교육청 청소년방송국인 '미디어경청'에서는 경기 지역 중고등학생을 대상으로 '좋은 미디어 만들기 온라인 토론회'를 개최했다. 이때 미디어의 이용자이자 생산자로서 개인 미디어 환경을 경험하고 있는 청소년들은 '거짓이 없으면서도 재미있고 시청자에게 유익한 정보를 주는 창작물'을 제작하는 것이 중요하다고 제안했다(이민선, 2020).

이처럼 개인 미디어 플랫폼의 확장과 더불어 개인 미디어 플랫폼에서 활발히 소통하고 표현, 참여하는 개인들에게 요구되는 능력과 책임, 즉 미디어 리터러시도 다양한 방면으로 확장되고 있음을 알 수 있다. 이 장에서는 개인 미디어 플랫폼 시대에 미디어 리터러시는 어떤 역량을 포괄하고 있고, 미디어 리터러시 논의가 어떠한 이슈에 주목해야 하는지 생각해 보고자 한다.

2. 허위 조작 정보에 대처하는 능력

1) 인포데믹에 대응하는 미디어 리터러시

앞서 언급했듯이 개인 미디어 시대에 미디어 이용자는 개인부터 미디어 기관까지 여러 미디어 콘텐츠 생산자가 쏟아내는 정보에 둘러싸여 생활하게 된다. 최근 우리는 코로나19의 확산을 경험하면서 정확한 정보의 중요성과 신뢰할 수 있는 정보에 접근하는 것이 생존권과도 직결되는 상황일 수 있음을 실감하고 있다(Posetti and Bontcheva, 2020). 미국의 미디어 조사 기관인 퓨리서치센터에서 2020년 4월 발표한 연구 결과는 정치 뉴스를 주로 소셜미디어를 통해 접하는 미국인의 절반 이상이 코로나19와 관련된 '가짜 뉴스'를 접한 경험이 있음을 보여주었다(Mitchell et al, 2020). 이처럼 우리는 개인 미디어 환경에서 빠른 속도로 많은 정보를 접하는 반면, 정보의 신뢰성을 판별해 내기가 어려운 상황에 처하기 쉽다. 세계보건기구(WHO)가 지금과 같은 허위 조작 정보의 확산을 정보 팬데믹이라 할 수 있는 인포데믹(infodemic)이라 강조했듯이, 믿을 수 있는 정보에의 접근과 그 공유가 개인의 생존권과 직결되는 이러한 시기에 정보 접근성을 높이고 올바른 정보를 공유하는 태도를 강조하는 미디어 리터러시가 인간의 기본권이자 기본적인 사회적 역량임을 알 수 있다.

그렇다면 정보의 진위를 분별하고 정보에 대해 판단할 수 있는 미디어 리터러시는 어떻게 키울 수 있을까? 〈그림 7-1〉은 2020년 초 미디어 리터러시 교육자 모임인 전국 미디어 리터러시 교육교사협회(Korean Association of Teachers of Media literacy: KATOM)와 교육부가 공동으로 발표한 '코로나19를 이겨내는 미디어 리터러시 백신 10가지'라는 제목의 자료다.

이 자료에서 제시하고 있듯이 정보 판별을 위해서는 먼저 개인이 접하게 되는 다양한 정보에 대해 그 정보의 출처를 확인하고 신뢰도를 파악하는 것이 중요하다("① 뉴스, 유튜브 등 미디어에서 다루는 정보의 출처가 믿을 수 있는 곳인지 확인합니다", "③ 의학 정보는 전문가의 공신력 있는 발언을 토대로 하는지 확인합니다"). 더불어 미디어 콘텐츠 혹은 정보에 생산자의 관점이 어떻게 반영되어 있는지 혹시 그 과정에서 생산자의 선입견이 작용하지 않았는지 사진, 헤드라인 등 미디어 콘텐츠를 구성하는 요소들을 점검하며 정보를 비판적으로 평가하는 것이 중요하다("② 미디어 생산자가 가지고 있는 특정한 관점이 정보를 왜곡하고 있는지 확인합니다", "④ 사진, 영상, 이미지 자료 등이 정확한 내용을 담았는지, 편견이 반영되진 않았는지 확인합니다").

특히 코로나19의 확산 상황처럼 정보에의 접근이 생존권과 직결되어 여러 정보가 빠른 속도로 공유되는 상황에서는 우리가 공유하는 정보에 혹시라도 혐오 표현이나 소수자에 대한 차별이 포함되어 있지 않은지 성찰하며 정보를 함부로 공유하지 않는 태도를 취하는 것이 중요함을 강조하고 있다("⑤ 특정 지역이나 집단에 대한 차별, 폭력을 부추기는 혐오 표현이 있는지 확인합니다").

〈그림 7-1〉 코로나19를 이겨내는 미디어 리터러시 백신 10가지

코로나19를 이겨내는 미디어 리터러시 백신 10가지

코로나19는 처음이라...

코로나19의 확산으로 그 어느 때보다 미디어 속 정보에 관심을 기울이게 되는 시기입니다. 정보의 홍수 사이에서 우리는 유용한 정보를 얻기도 하지만, 왜곡된 정보에 흔들리기도 합니다. 어떤 정보는 불필요한 공포심과 혐오를 조장하기도 합니다.

미디어 리터러시를 바탕으로 한 건전한 미디어 생활을 통해 코로나19를 잘 이겨냅시다.

1 뉴스, 유튜브 등 미디어에서 다루는 정보의 출처가 믿을 수 있는 곳인지 확인합니다.

2 미디어 생산자들이 갖고 있는 특정한 관점이 정보를 왜곡하고 있는지 확인합니다.

3 의학 정보는 전문가의 공신력 있는 발언을 토대로 하는지 확인합니다.

4 사진, 영상, 이미지 자료 등이 정확한 내용을 담았는지, 편견이 반영되진 않았는지 확인합니다.

5 특정 지역이나 집단에 대한 차별, 폭력을 부추기는 혐오 표현이 있는지 확인합니다.

6 SNS를 통해 전파되는 부정확한 소문과 거짓 정보를 공유하지 않습니다.

7 미디어를 보는 시간을 정해놓고 휴식 시간을 가집니다.

8 관련 뉴스와 영상을 지나치게 반복하여 보면서 불안감을 느끼지 않도록 합니다.

9 전염병, 공중보건, 심리적 불안 등과 관련된 영화, 책, 웹툰, 다큐멘터리 등을 감상하며 생각을 나누어 봅니다.

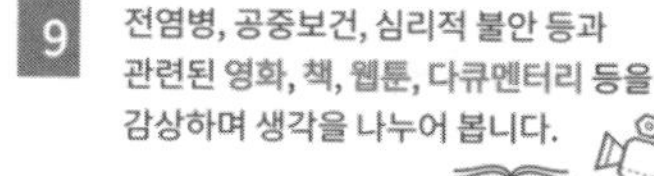

10 보건소, 선별진료소 등을 알아두고 비상연락망을 확보합니다.

2) 정보를 신중히 받아들이고 공유하는 태도, 정보를 기반으로 판단한 사회적 사안에 대해 지속적으로 관심을 기울이는 태도

정보에의 접근과 그 공유가 용이해진 미디어 환경에서 우리는 정보에 대한 판단을 하지 않은 채 쉽게 정보를 공유하곤 한다. 그러나 지금의 미디어 환경에서 미디어 리터러시는 정보를 비판적으로 이해하고 판별해 내는 능력뿐 아니라, 정보를 신중하게 공유하고 이를 기반으로 이해한 사안에 대해 지속적으로 관심을 기울이는 태도를 포괄한다.

〈그림 7-2〉는 2017년 고등학생을 대상으로 진행한 청소년의 '가짜 뉴스' 경험에 대한 연구 결과물이다. 중학생을 위해 '뉴스 사용 설명서'를 만들어보는 활동이었는데, 설명서의 내용을 보면 뉴스를 "무조건적으로 믿지 말 것", "기사의 출처를 확인"할 것, "똑같은 주제의 여러 기사를 찾아"볼 것 등을 뉴스 정보를 판단하는 기준으로 제시하고 있다. 또한 온라인 뉴스를 접할 때 해당 페

〈그림 7-2〉 청소년들이 만든 뉴스 사용 설명서

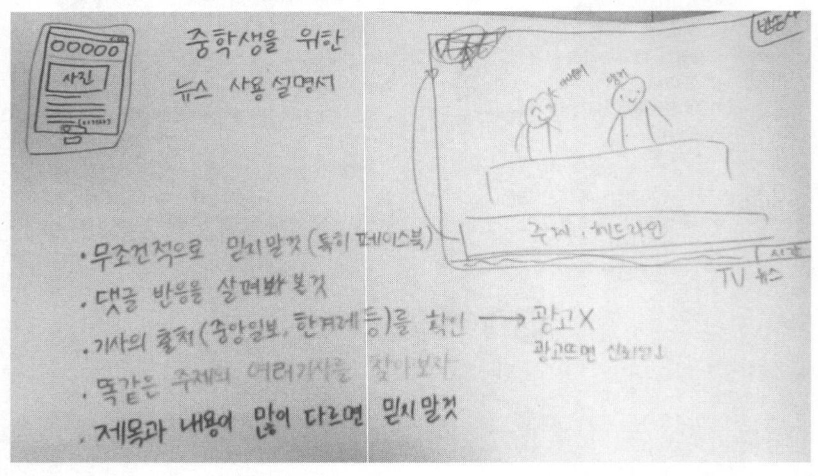

자료: 김아미(2017: 24).

이지에 광고가 너무 많이 뜨면 신뢰하기 어려운 것으로 보아도 된다는 설명도 덧붙였다.

이처럼 개인 미디어를 통해 뉴스와 정보를 접하는 경향이 강한 청소년들은 뉴스를 무조건적으로 신뢰하기보다, 그 뉴스 혹은 정보의 신뢰도도 신중하게 평가하고 이를 위한 다양한 기준을 경험적 지식을 통해 쌓아가고 있음을 알 수 있다.

3) 맥락에 대한 이해를 수반한 정보 분별, 생산, 공유 능력

미디어 리터러시 교육자들은 전통적으로 미디어가 생산되고 공유·유통되는 사회경제적 맥락을 이해하는 것이 중요하다고 강조해 왔다(Buckingham, 2019). 지금의 개인 미디어 환경에서도 맥락에 대한 이해는 여전히 중요하다. 미디어가 생산, 이용, 공유되는 사회경제적 맥락 그리고 덧붙여 문화적·테크놀로지적 맥락에 대한 이해는 미디어 이용자뿐 아니라 생산자에게도 필요한 미디어 리터러시라 할 수 있다.

미디어 콘텐츠를 접했을 때 이 미디어 콘텐츠가 생산된 맥락과 소비되는 맥락을 이해하는 것이 중요하다. 예를 들어, 내가 찾아본 미디어 콘텐츠는 누구에 의해, 어떤 경제적인 지원을 받고 무슨 의도로 만들어졌는지, 그리고 나는 어떤 경로로 이 미디어 콘텐츠를 보게 되었으며 내가 미디어 콘텐츠를 이용하는 맥락이 나의 이해에 어떤 영향을 미치는지를 파악할 수 있어야 한다.

특히 개인 미디어 플랫폼이 확장되는 상황에서 미디어를 이용함에 있어 그 미디어 콘텐츠가 만들어지고 유통되는 경제적 맥락에 대한 이해가 필수적이다. 대부분의 개인 미디어 플랫폼은 미디어 기업에 의해 운영되며 상업적 이윤을 추구하고 있다. 이와 같은 개인 미디어 플랫폼을 기반으로 공유된 미디어 콘텐츠가 어떤 경제적 지원을 받고 만들어졌는지, 동시에 미디어 콘텐츠를 제작한 사람은 어떤 방식으로 이윤을 추구하고, 해당 콘텐츠의 공유 채널이 된 개인 미디어 플랫폼은 어떤 방식으로 이윤을 추구하고 있는지, 나의 미디어 이용이 이와 같은 이윤 추구에 어떠한 방식으로 기여하고 있는지 등을 이해하는 것도 미디어 리터러시의 영역에 포함된다. 개인 미디어 플랫폼을 통한 제작물의 공유, 제작, 이용의 사회경제적 맥락을 파악하기 위해 다음과 같은 질문을 던져볼 수 있다.

— 개인 미디어 제작자는 자신이 만든 미디어 제작물에 대해 어떤 경제적 보상을 받고 있는가?
— 만약 경제적 보상을 받았다면 그것이 제작자의 관점에 영향을 끼치고 있다고 생각하는가?
— 해당 미디어 제작물의 메시지에 영향을 미친 다른 권위자 혹은 기관이 있는가?

또한 개인 미디어 플랫폼의 미디어 콘텐츠 생산자 입장에서 경제적 맥락을 이해하고 생산하는 방식에 대해 생각해 보기 위해서는 다음과 같은 질문을 던져볼 수 있다.

— 생산자로서 나는 어떤 개인 미디어 플랫폼을 이용할 것인가?
— 나는 이 미디어 콘텐츠를 통해 이윤을 추구하고자 하는가?
— 그렇다면 해당 개인 미디어 플랫폼의 이윤 창출 방식은 무엇인가?
— 해당 개인 미디어 플랫폼에서 주로 미디어 콘텐츠를 이용하는 이용자의 특성은 어떠한가?

이와 같은 질문을 던지면서 개인 미디어 플랫폼에서 미디어 콘텐츠나 정보를 이용하고 생산·공유한다면 그것들이 전달하는 메시지가 구성되는 배경에 어떤 요인들이 작용하는지 이해할 수 있고, 그리고 이러한 이해를 토대로 정보의 진위나 신뢰도에 대해 보다 비판적으로 판단할 수 있다.

앞서 살펴보았듯이 개인 미디어 플랫폼에서의 생산자이자 이용자로서 정보나 콘텐츠를 만들고 받아들이는 데에는 비판적으로 정보를 판별하고 신중하게 공유하는 태도, 맥락을 이해하고 콘텐츠를 받아들이는 동시에 그렇게 만드는 능력이 중요하다. 이에 덧붙여 미디어 이용자이자 생산자인 개인은 어떤 개인 미디어 플랫폼을 통해 미디어 콘텐츠와 정보를 접할지 혹은 공유할지를 주도적으로 판단하곤 한다. 이러한 판단의 근거로 각 개인 미디어 플랫폼이 제공하는 어포던스가 주요하게 작용하게 된다.

3. 개인 미디어 플랫폼이 제공하는 기술적·문화적 어포던스를 이해하는 능력

1) 미디어 플랫폼은 우리의 어떤 행동을 유도하는가?: 어포던스에 대하여

미디어 리터러시와 유관 개념인 디지털 리터러시, 정보 리터러시 영역과의 서로 간 관계를 역사적인 접근으로 살펴본 마르쿠스 리닝(Marcus Leaning)은 미디어 리터러시가 사회적 실천에 집중하면서 소통을 가능하게 하는 디지털 미디어의 테크놀로지로서의 측면에 관심을 기울이지 않았다고 비판한다. 리닝에 따르면 지금 환경에서 미디어 리터러시는 소통의 내용, 즉 콘텐츠뿐 아니라 소통의 양식, 즉 디지털 테크놀로지의 특성에 대한 이해를 모두 포괄해야 한다(Leaning, 2019).

프랑스의 미디어 리터러시 연구자 디비나 프라우메이(Divina Frau-Meigs)는 지금의 미디어 환경에서 미디어 리터러시는 서로 다른 미디어 플랫폼의 특성을 이해하고, 그것을 토대로 서로 다른 미디어 공간을 가로지르며 길을 찾을 수 있는 능력을 의미하는 트랜스리터러시(trans-literacy)를 포괄해야 한다고 제안한다(Frau-Meigs, 2012). 이때 미디어 이용자는 자신이 원하는 맥락에 부합하는 정보를 다양한 플랫폼을 가로지르며 찾고 평가할 수 있어야 하고, 자신이 만든 메시지를 서로 다른 미디어 플랫폼의 구조에 맞게 변형해 공유할 수 있어야 한다(Frau-Meigs, 2012). 이처럼 우리가 원활히 커뮤니케이션을 할 수 있는 비판적 이해 역량을 키우기 위해서는 여러 미디어가 제공하는 구조적·기술적 특성을 고려하는 것이 적절하다고 시사한다.

개인 미디어 플랫폼을 기반으로 하는 미디어 리터러시를 고려함에 있어 테크놀로지의 특성에 대한 이해는 주요한 요소가 된다. 지금 우리가 이용하는 개인 미디어 플랫폼은 단순히 정보와 미디어를 공유하는 플랫폼이라기보다 일정 방식으로 소통·표현·참여하게 유도하는 구조와 알고리즘, 문화적 코드를 지닌 테크놀로지 기반 공간이라 보는 것이 적합하다.

이를 설명할 수 있는 개념으로 어포던스를 제시하고자 한다. 특정 공간이나 테크놀로지가 이용자의 행동 중 무엇을 가능하게 하고 무엇을 제한하는지를 설명하는 개념이 어포던스다. 앞서 논의했듯이 우리가 미디어에 접근하고 생산하고 공유하는 공간의 역할을 하는 개인 미디어 플랫폼이 이용자에게 무엇을 가능하게 하고 무엇을 제한하는지, 즉 어떤 기술적·문화적 어포던스를 지니고 있는지를 이해하는 것은 지금 미디어 환경에서 미디어 리터러시의 주요한 내용이 된다.

예를 들어, 어떤 맥락에서 특정 개인 미디어 플랫폼을 선택하는지 생각해 보면 개인 미디어 플랫폼이 지니는 어포던스와 그 영향에 대해 이해할 수 있다.

> 학생들은 트위터에 대해서는 가장 빠르게 원하는 정보를 얻을 수 있으나 그만큼 허위 정보의 확산도 빠른 특징이 있다(C-Y)고 설명하였고, 트위터상에서 특정 이슈를 부각시키고 여러 사람의 의견을 모아 참여 행동을 이끌어내기 위해서 '리트윗'이나 '해시태그' 등의 기능을 활용한다고 설명하였다(D-M). ……
> 인스타그램과 페이스북을 비교하여 설명한 D고등학교 학생들의 경우 친구들이 모두 연결되어 있는 페이스북보다는 자신이 올린 포스팅을 팔로워들만 볼 수 있는 인스타그램에서 훨씬 자유롭게 글과 사진을 올린다고 설명하였다(D-N). 그러한 이유로 페이스북이 친구와의 소통을 위한 것이라면 인스타그램은 '무언가를 올리기 위한 것'이라 설명한다(D-M)(김아미 외, 2019: 68).

이 글은 2019년 디지털 시민성 개념 연구를 위해 면담한 청소년들과의 인터뷰 자료를 바탕으로 기술한 것이다. 여기에서 볼 수 있듯이 청소년들은 자신이 이용하는 다양한 개인 미디어 플랫폼의 구조적 특성(예를 들어, 리트윗이나 해시태그 등을 통해 여러 사람의 의견을 모을 수 있도록 하는 트위터)이나 문화적 특성(예를 들어, 모든 친구들이 연결되어 있는 페이스북보다 팔로워만 자신의 포스팅을 볼 수 있는 인스타그램)을 토대로 어떤 개인 미디어 플랫폼에서 어떻게 활동할지를 취사선택함을 알 수 있다.

2) 미디어 리터러시 교육의 핵심 개념인 '테크놀로지'의 재등장

이와 같은 테크놀로지 어포던스를 다루는 미디어 리터러시 교육의 핵심 개념이 있다. 바로 '테크놀로지'라는 개념으로, 현재까지 국내외에서 자주 언급되며 활용되고 있는 미디어 리터러시 교육의 핵심 개념 여섯 가지 중 하나다 (Bazalgette, 1982). 대중매체 시대에 확립된 미디어 리터러시 교육의 핵심 개념 중 지금까지 많이 이용되는 것은 '미디어 언어', '재현', '미디어 이용자 (audience 혹은 user)', '미디어 생산자'이고, '테크놀로지'와 '장르'라는 핵심 개념은 대중매체 시대의 일반 교육 참여자에게 적합하기보다 미디어를 전문적으로 다룰 교육 참여자에게만 해당되는 개념으로 이해되어 정규 교육과정에서는 제외되는 경향이 있었다. 미디어 리터러시 교육의 핵심 개념인 '테크놀로지'는 다음과 같은 질문과 연관된 개념이다(Bazalgette, 1982).

— 미디어를 제작(혹은 수용하기 위해) 사용한 테크놀로지가 무엇을 가능하게 하고 무엇을 불가능하게 하는가?
— 이 테크놀로지는 어떤 산업적 맥락에 있는가?
— 이 테크놀로지는 어떤 방향으로 개발 혹은 개선할 수 있는가?

1980년대에 이미 미디어 리터러시 교육의 핵심 개념으로 제시되었으나 대중매체 환경에 부합하지 않아 일반적으로 사용되지 않았던 '테크놀로지'는 오히려 지금 개인 미디어 플랫폼이 활성화된 미디어 환경에서 보다 유효한 의미를 지니는 미디어 리터러시 교육의 핵심 개념이라 할 수 있다. 앞서 논의했듯이, 미디어 이용자가 어떤 개인 미디어 플랫폼을 선택하느냐에 따라 어떤 방식으로 소통하고 표현하는지 은연중에 차이가 생기게 되므로, 이러한 한계와 가능성에 대한 이해를 하고 이를 기반으로 미디어를 제작하고 평가하는 것이 개인 미디어 플랫폼 시대에 중요한 미디어 리터러시 능력으로 작용하게 된다.

실제로 호주의 미디어 교육학자 마이클 데주아니(Michael Dezuanni)는 청소년들이 즐겨 하는 게임인 마인크래프트에서 그들이 직접 게임을 만들어나가는 모습을 관찰하는 연구를 진행했다. 이 관찰 결과를 토대로 데주아니는 미디어 리터러시를 논하는 데에서 디지털 플랫폼이 제공하는 어포던스에 대한 반영이 부족하다고 지적한다(Dezuanni, 2018). 아이들이 이용하는 디지털 플랫폼이 어떤 종류의 행동을 가능하게 하고 불가능하게 하는지, 그리고 이러한 디지털 플랫폼을 이용하는 이용자 커뮤니티는 문화적 규율을 어떤 방식으로 만들어가고 있는지가 디지털 플랫폼에서 창작 활동을 하는 아이들의 방향성과 창작물의 결과에 영향을 끼친다는 것을 강조하면서, 테크놀로지 어포던스 그리고 문화 어포던스라는 개념이 미디어 리터러시 논의에 포함되어야 한다고 제안한다.

3) 포스트휴머니즘의 관점: 인간과 비인간이 함께 구현하는 어포던스

개인 미디어 플랫폼이 활성화되고 있는 환경에서 '테크놀로지'라는 미디어 리터러시 교육의 핵심 개념으로 표현되었던 미디어 플랫폼의 어포던스에 다시 주목할 필요가 있음은 분명하다. 그러나 이때 테크놀로지를 가치중립적인 도구 혹은 가치중립적인 공간으로 접근해서는 안 된다는 것에 주의해야 한다.

개인 미디어 플랫폼의 테크놀로지 어포던스는 미디어 이용자의 행동에 영향을 주지만, 동시에 미디어 이용자 역시 그들이 활동하는 개인 미디어 플랫폼의 구조에 균열을 주고 자신이 원하는 문화적 실천이 가능하도록 변화를 이끌어내기도 한다.

> A중학교에서만 언급된 '틱톡'의 경우 15초가량의 짧은 동영상을 올리는 플랫폼으로 주로 춤이나 웃긴 행동, 말이나 유행이 되는 행동을 함께하는 소통 방식이 주를 이루지만, A중학교 학생들이 설명한 것처럼 특정 사회 이슈에 대해 누군가

가 짧은 영상을 만들어 올리면 그에 대한 댓글로 이슈에 대한 자신들의 의견을 모으거나, 해당 영상에 대한 답 영상을 올리면서 해당 이슈를 부각시키는 경험을 하기도 하였다(김아미 외, 2019: 69).

이 인용문에서 볼 수 있듯이 면담에 참여한 중학생들은 '틱톡'이라는 플랫폼이 재미를 추구하는 짧은 영상의 공유를 위한 어포던스를 제공하고 있음에도, 사회적 이슈를 제기하는 영상에 댓글을 올려 여러 사람의 의견을 모으거나 해당 이슈에 대한 자신의 의견을 영상으로 표현하는 답 영상을 올림으로써 틱톡이라는 플랫폼을 사회적 행동과 참여를 위한 공간으로 해석하고 이용하고 있다. 이처럼 미디어 이용자의 개인 미디어 플랫폼에 대한 문화적 해석과 새로운 이용 모습은 테크놀로지 어포던스를 확장하거나 변형하기도 하고, 상업적 기반을 두고 있는 개인 미디어 플랫폼의 경우 이용자가 만들어낸 미디어 이용 문화를 받아들여 이를 보다 용이하게 하는 기능을 포함시킬 수도 있다.

4) 알고리즘에 대한 이해

개인 미디어 플랫폼의 테크놀로지 어포던스와 이용자들이 만들어내는 문화적 어포던스 외에도 개인 미디어 플랫폼의 구동 방식을 결정하는 알고리즘 역시 지금의 미디어 환경에서 미디어 리터러시 영역으로 포함되어야 하는 개념이다.

우리가 접근하거나 생산하는 정보의 유통은 미디어 플랫폼의 알고리즘에 영향을 받는다. 그러나 개인 미디어 플랫폼들에서 어떠한 알고리즘이 어떻게 작용하는지, 그리고 미디어 플랫폼의 구조적 특징이 무엇인지에 대한 투명성이 담보되지 않는 상황이다. 이에 대한 대응으로 한편에서는 미디어 사용자가 알고리즘을 이해하고 조절할 수 있는 대안적 플랫폼의 제작을 위한 노력도 진행되고 있다.

미국의 미디어 학자인 이선 주커먼(Ethan Zuckerman)은 MIT 대학교의 시민 미디어 센터에서 진행하는 프로젝트의 일환으로 '고보(Gobo)'[1]라는 대안적 소셜미디어 플랫폼을 개발했다. 고보의 사용자는 자신이 원하는 필터를 적용하여 페이스북과 트위터를 통해 만나는 사용자와 그 과정에서 접하는 정보를 조절할 수 있게 하는 개인 미디어 플랫폼으로, 이용자 수가 기존 개인 미디어 플랫폼에 비해 극히 소수라 할 수 있으나 대안적인 플랫폼을 상상할 수 있게 하고 실제로 구현된 대안적 플랫폼을 선택하여 활용할 수 있게 한다는 점에서 의미가 있다.

이처럼 미디어 플랫폼을 직접 제작하는 수준까지 가지 않더라도, 미디어의 전체 구조를 이해하기 위한 교육이 미디어 리터러시 교육의 영역에 포함되어야 한다.

4. 데이터의 생산과 흐름을 이해하는 능력

1) 데이터 리터러시: 나는 어떤 데이터를 만들어내고, 그 데이터는 어떻게 쓰이는가

지금 우리가 이용하는 여러 가지 소셜미디어와 개인 미디어 플랫폼은 이용자들이 만든 데이터를 수집하고 이렇게 수집된 데이터가 이윤 창출을 위해 활

1 https://gobo.social(검색일: 2020.8.18).

용되는 메커니즘을 지니고 있다. 그러나 미디어 이용자가 자신이 미디어를 이용하고 생산하는 과정에서 어떤 데이터를 만들어내고 있는지, 그리고 개인 미디어 플랫폼은 어떤 데이터를 수집하여 어떻게 활용하는지를 알기는 어렵다.

이에 분량이 길어서 읽기를 시도하기조차 힘든 미디어의 이용약관을 만화로 표현하여 여러 사람이 읽도록 한 시도도 있었고(김윤구, 2017), 미디어 리터러시 교육의 일환으로 청소년들이 주로 사용하는 미디어의 이용약관을 함께 읽어보는 활동이 진행되기도 했다. 이용약관을 이해하는 능력에서 더 나아가 데이터 자체에 대한 이해와 데이터의 흐름에 대한 이해의 중요성에 주목하는 데이터 리터러시가 강조되기도 한다.

2010년대 중반 국제연합(UN)의 주도로 빅데이터와 인공지능이 사회의 주된 인프라로 작용하고 있는 현 사회에서 '데이터'에 대한 이해가 중요함을 강조하며 '데이터 리터러시 교육'의 실천 가능성에 대해 활발한 논의가 이루어진 적이 있다(Bhargava and D'Ignazio, 2015). 그러나 그 논의가 수리적 이해에만 초점을 맞추고 있다는 비판이 제기되면서, 수리적인 이해에 집중한 데이터 리터러시의 개념을 확장하여 빅데이터 기반 사회에서의 데이터 수집, 활용, 분석 방법 등에 대한 이해를 포괄하는 교육이 진행되고 있다. 이를 데이터 '인프라' 리터러시(data infrastructure literacy)라 표현하기도 한다(Gray et al, 2018).

그레이와 동료 연구자들이 제안한 데이터 인프라 리터러시는 빅데이터 기반으로 이동하고 있는 사회적 맥락에서 데이터의 수집과 활용이 사회에 어떠한 변화를 가져오는지, 데이터의 정치적·사회적 특성은 무엇인지에 대한 이해를 돕는 것에 초점을 맞추고 있다. 이를 위해 다음과 같은 질문을 할 수 있다.

— 내가 사용하는 개인 미디어 플랫폼에서 어떤 데이터가 생성되고 어떻게 활용되는가?

— 이 데이터에 대한 나의 권리는 어디까지인가?

— 이 플랫폼에서 소외되는 사람은 누구인가?

2) 개인의 데이터 경험에 집중하는 '개인적 데이터 리터러시'

앞서 논의했듯이 데이터 리터러시는 지능정보화 사회 그리고 빅데이터가 상용화되는 사회적 맥락에서 주요한 역량으로 이해되고 있으나, 그 내용이나 접근의 전문성 때문에 교육 현장이나 실생활에 도입되기가 쉽지 않다. 데이터의 흐름과 활용에 대한 이해의 중요성을 강조하는 것이 데이터 리터러시라면, 미디어 리터러시 논의와의 접점을 찾아 개인이 알기 쉽도록 접근하기 위한 방법이 제안된다.

호주에 기반을 둔 연구자 루시 판그라지오(Luci Pangrazio)와 닐 설윈(Neil Selwyn)은 이와 같은 개인의 데이터 경험에 대한 비판적 접근을 시도하는 것을 '개인적 데이터 리터러시(personal data literacy)'라고 이름 붙여 설명하고 있다(Pangrazio and Selwyn, 2019).

연구자들은 개인적 데이터 리터러시를 적용할 수 있는 개인이 만들어낸 데이터로 미디어 이용자가 기기나 기기에서 구동하는 시스템에 제공하게 되는 위치 추적 정보부터 개인 미디어 플랫폼에 공유하는 영상이나 사진, 댓글이나 포스팅 등을 예로 들고 있다. 개인 미디어 플랫폼에 공유되는 이와 같은 개인적 데이터들은 개인을 표현하고 감정적인 요소가 풍부히 녹아 있다는 특성을 지니는데, 그로 인해 개인에 대해 깊고 다양하며 상세한 정보를 미디어 플랫폼에 양도하는 결과를 가져온다. 연구자들은 개인 미디어 플랫폼이 이처럼 개인이 생성한 데이터와 다른 데이터들을 결합하여 활용하는 경우가 많음에 주목해야 한다고 지적한다.

〈표 7-1〉 개인적 데이터 리터러시의 다섯 개 영역과 내용

영역	핵심 질문	행동
데이터 식별	개인 데이터란 무엇입니까?	개인 데이터 식별 및 유형(구체화)
데이터 이해	이러한 다양한 유형의 개인 데이터의 출처, 유통 및 사용은 어떠합니까?	- 개인 데이터가 생성되고 처리되는 방법 및 위치 식별(데이터 추적 및 추적) - 처리된 데이터(데이터 시각화, 차트 및 그래프)로 표시되는 정보 해석
데이터 성찰	이러한 다양한 유형의 개인 데이터가 나와 다른 사람에게 미치는 영향은 무엇입니까?	- 처리된 개인 데이터(예: 감정 분석, 자연어 처리)에서 생성된 프로파일링이나 예측 분석 및 평가 - 개인 데이터 관리, 제어 및 적용의 의미 이해(개인 및 집단 비평)
데이터 이용	이러한 다양한 유형의 개인 데이터를 어떻게 관리하고 사용합니까?	- 데이터 적용, 관리 및 제어 - 기술력 및 해석 능력 구축(약관 읽기, 개인정보 보호 설정 조정, 기술 차단, 공유 언어 개발) - 처리된 데이터로 표현되는 정보 적용(디지털 자아와 성과에 대한 개인적 통찰력)
데이터 전략	개인 데이터를 어떻게 다르게 할 수 있습니까?	- 저항 및 난독화 전략 사용(전술) - 개인 및 사회적 이유로 데이터 용도 변경(크리에이티브 애플리케이션)

자료: Pangrazio and Selwyn(2019: 429).

이와 같은 데이터 리터러시 혹은 개인적 데이터 리터러시와 관련된 미디어 리터러시 교육을 실행하기 위해 다음과 같은 질문을 던질 수 있다.

— 학생들은 몇 세부터 개인적 데이터를 생성하고 공유하고 있다고 판단하는가?

— 개인 미디어 플랫폼은 이용자 데이터의 수집을 위해 특정한 방식으로 혹은 특정한 구조를 가지고 운영되는가? 이것이 개인의 미디어 이용을 제한하는 부분은 없는가?

— 학생들은 개인 미디어 플랫폼을 이용하기 위해 어느 정도의 개인적 데이터를 플랫폼 기업에 넘겨도 된다고 판단하는가? 그 이유는 무엇인가?

— 학생들은 개인적 데이터를 생성하고 공유함에 있어 어떤 전략을 가지고 있는가?

이처럼 개인의 데이터 리터러시 경험에 초점을 맞춘 미디어 리터러시의 함양을 강조할 때 개인들이 경험하는 미디어 활용 능력 저하나 데이터에 대한 이해 부족을 개인의 탓으로만 돌리는 것은 지양해야 한다. 미디어 리터러시의 측정 기준을 연구한 유럽시청자이권연합(European Association of Viewers' Interests: EAVI)에서는 미디어 리터러시 측정 시 개인적 요소(기술적 능력, 비판적 이해도, 미디어를 통해 관계를 맺을 수 있는 능력)와 동시에 환경 요소(미디어 교육, 미디어 정책, 미디어 접근성, 미디어 산업체의 역할과 시민 사회의 역할)를 고려하라고 강조한다(Celot and Pérez-Tornero, 2009). 이 보고서에서는 미디어 이용자들이 보이는 미디어 접근성과 미디어 활용 능력 사이에 큰 차이가 있음을 밝히고 있는데, 이를 해결하는 방안으로 개인의 미디어 리터러시 능력을 함양하는 것에 그치지 않고 미디어 산업체, 이 경우에는 개인 미디어 플랫폼을 운영하는 기업들이 미디어 구조 디자인의 투명성을 보장할 것을 제안하고 있다. 이는 미디어 리터러시 함양이 개인의 몫일 뿐 아니라 미디어 산업체와 사회 정책 모두의 역할임을 알려준다.

5. 미디어 리터러시 '교육'에 대하여

1) 비판적 성찰과 질문 중심의 교육

미디어 리터러시는 개인의 경험적 지식을 통해서도 형성되지만 교육을 통해서도 함양될 수 있다. 미디어 리터러시 교육은 비록 산발적이고 교사 개인의 실천에 의존하는 개별적 모습으로 이뤄지고 있으나 학교 안팎에서 오랜 기간 진행되어 오고 있다.

앞서 언급했듯이 지금의 미디어 이용자가 단순한 소비자가 아니라 생산자로서도 미디어를 경험하고 있으므로, 미디어 리터러시 교육 역시 미디어 제작과 미디어 읽기를 변증법적으로 다루는 것이 중요하다. 동시에 미디어 리터러시 교육의 대상이 되는 학습자의 미디어 문화와 경험을 이해하고, 그것을 출발점 삼아 질문과 성찰 중심의 교육을 진행해야 함도 여러 학자들에 의해 강조되고 있다(Buckingham, 2019).

미디어 리터러시 교육이 무엇을 목표로 어디에 초점을 맞추어 진행되었는지 살펴보면, 해당 교육의 이론적 배경 그리고 해당 교육이 미디어와 이용자의 관계를 어떻게 상정하고 있는지 등에 따라 서로 다른 모습으로 진행되어 왔음을 알 수 있다. 이를 미디어 리터러시 교육 패러다임으로 분류하여 설명할 수 있는데, 지금까지 진행되어 온 미디어 리터러시 교육의 패러다임은 보호주의, 임파워먼트(empowerment), 문화 정체성과 즐거움, 개인 위주의 접근으로 나뉜다(김아미, 2015). 예를 들어, 2000년대 들어 국내외로 활성화된 미디어 리터러시 교육 패러다임은 개인 능력 중심 패러다임이다. 이는 개별화·다양화된 미디어를 이용하는 개인에 초점을 맞추고 개인의 미디어 활동, 개인의 역량, 개인의 자기 보호 기능 등을 강조하는 접근이다. 개인 중심 미디어 리터러시 교육은 미디어 이용자가 올바른 정보에 기반을 둔 선택을 할 수 있고 안전하게 활동할 수 있도록 자기 규제 능력을 갖추는 것을 교육 목표로 삼는다.

안전한 미디어 이용을 할 수 있도록 개인이 스스로 능력을 함양하라는 접근은 전 사회 구성원의 미디어 리터러시를 정부의 정책적 책임으로 받아들이기 시작하면서 강해진 패러다임이다(Ofcom, 2004). 이 패러다임이 가지는 정치적 중립성 때문에 정부 정책으로서 설득력과 확산성이 있다는 강점이 있다. 그러나 개인 위주의 가치중립적인 패러다임으로 미디어 리터러시 교육을 실행할 경우 비판적이고 주체적인 미디어 이용자 양성이라는 미디어 리터러시 교육의 전통적인 주춧돌이 놓이지 않고 단순히 일련의 지식만을 전달하는 일반 교과목과 다르지 않게 될 수 있다는 우려가 제기되기도 한다(Kellner and Share, 2007).

개인 미디어 플랫폼이 확장되는 맥락에서 미디어에 대해 비판적으로 성찰하고 질문을 던질 수 있게 하는 비판적 미디어 리터러시 교육과 더불어 미디어 이용자 스스로 대안적 미디어 플랫폼의 모습을 상상할 수 있게 돕는 교육 역시 중요하다(Buckingham, 2019). 미디어 플랫폼을 주어진 것 혹은 바꿀 수 없는 것으로 받아들이지 않고 내가 이용하는 미디어 플랫폼이 어떻게 개선되기를 원하는지 상상하며 대안적 사고를 하는 능력 역시 지금 사회에 요구되는 미디어 리터러시에 속한다.

2) 디지털 시민성을 지향하는 미디어 리터러시 교육

이처럼 개인 미디어 플랫폼을 통해 전 사회 구성원이 소통하고 참여하는 환경에서 행해지는 미디어 리터러시 교육은 교육 참여자들이 미디어를 이해하는 능력을 키울 수 있는 계기이자 미디어를 이용하고 생산하는 책임감 있는 태도를 키울 수 있는 기회가 된다. 더불어 미디어 리터러시 교육을 통해 교육 참여자들이 디지털 시민으로 성장하고, 개인 미디어 플랫폼들의 네트워크로 구성되는 디지털 사회가 공동체로서의 의미를 찾을 수 있도록 지원할 수 있다.

이때 디지털 시민이란 단순히 디지털 환경에서 안전하게 활동할 수 있는 시민이 아니라, 디지털 환경은 어떻게 개선될 수 있을까, 디지털 환경에서 어린이와 청소년의 권리는 무엇인가를 함께 고민하고 주도적으로 디지털 환경에서 생활해 나가는 시민이라 할 수 있다.

미디어 이용자이자 생산자인 내가 디지털 사회의 일원으로서 공동체성을 지향하는 시민으로 성장할 수 있도록 하고, 동시에 개인 미디어 플랫폼 안에서 사회화와 비공식적 학습을 경험하고 있는 어린이와 청소년이 디지털 시민으로 성장하여 안전한 환경에서 소통하고 참여할 수 있도록 지원할 필요가 있다.

6. 마치며

지금까지 살펴보았듯이 개인 미디어 플랫폼의 확장과 더불어 미디어 리터러시의 개념과 영역도 넓어지고 있다. 허위 조작 정보를 분별해 내고 정보 공유에 보다 신중한 태도를 가지는 것이 중요해졌고, 나를 표현하고 다른 이와 소통하는 미디어 플랫폼의 기술적·문화적 어포던스와 알고리즘을 이해하는 것이 중요하며, 이와 같은 개인 미디어 플랫폼과 그러한 플랫폼에 접근하는 기기를 통해서 내가 어떠한 데이터를 만들어내고 있고 그 데이터가 어떻게 활용되고 있는지, 이에 대해 나는 어떻게 행동할 수 있는지 이해하는 것도 중요한 미디어 리터러시의 영역이다.

이처럼 단순히 미디어라는 도구를 잘 활용하여 일상생활의 편의를 추구하거나 다양한 방식의 표현과 소통, 유희와 즐거움을 찾는 데서 한발 더 나아가, 미디어 환경이 나에게 그리고 우리 사회에 주는 함의가 무엇이고 우리 사회의 문화와 논의들이 미디어 환경에 어떻게 반영되어 있는지를 이해하고 성찰할 수 있는 미디어 리터러시를 키울 필요가 있다.

▸ 참고문헌

김아미. 2015. 『미디어 리터러시 교육의 이해』. 커뮤니케이션북스.

_____. 2017. 「'가짜 뉴스'와 청소년: 청소년은 뉴스를 어떻게 경험하는가」. 경기도교육연구원 이슈페이퍼.

김아미·이지영·주주자·이윤주·양소은. 2019. 「디지털 시민성 개념 및 교육방안 연구」. 경기도교육연구원 정책연구.

김윤구. 2017.3.7. "아무도 안 읽는 애플 약관, 만화책으로 나왔다." 연합뉴스, https://www.yna.co.kr/view/AKR20170307094000009?input=1195m(검색일: 2020.8.15).

이민선. 2020.5.22. ""거짓 없으면서 재미있고 유익해야 좋은 미디어"." ≪오마이뉴스≫, http://www.ohmynews.com/NWS_Web/View/at_pg.aspx?CNTN_CD=A0002642552(검색일: 2020.8.18).

Bazalgette, C. 1982. *Media education: an introduction*. The Open University: Milton Keynes.

Bhargava, R. and C. D'Ignazio. 2015. "Designing Tools and Activities for Data Literacy Learners." in Wed Science: Data Literacy Workshop. UK: Oxford.

Buckingham, D. 2019. *The media education manifesto*. Polity Press: London.

Celot, P. and J. M. Pérez-Tornero. 2009. *Study on assessment criteria for media literacy levels*. Final report.

Dezuanni, M. 2018. "Minecraft and children's digital making: Implications for media literacy education". *Learning, Media and technology*, 43(3), pp.236~249.

Frau-Meigs, D. 2012. "Transliteracy as the new research horizon for media and information literacy." *Medijske studije*, 3(6), 14~26.

Gray, J., C. Gerlitz and L. Bounegru. 2018. "Data infrastructure literacy." *Big Data &Society*, 5(2), pp.1~13.

Kellner, D. and J. Share. 2007. "Critical media literacy, democracy, and the reconstruction of education." *Media literacy: A reader*, pp.3~23.

Leaning, M. 2019. "An approach to digital literacy through the integration of media and Information literacy." *Media and Communication*, 7(2), pp.4~13.

Mitchell, Amy, Mark Jurkowitz, J. Baxter Oliphant and Elisa Shearer. 2020. "Americans Who Mainly Get Their News on Social Media Are Less Engaged, Less Knowledgeable." https://www.journalism.org/2020/07/30/americans-who-mainly-get-their-news-on-social-media-are-less-engaged-less-knowledgeable

Ofcom. 2004. "Ofcom's strategy and priorities for promoting media literacy." The Office of Communication.

Pangrazio, L. and N. Selwyn. 2019. "'Personal data literacies: A critical literacies approach to enhancing understandings of personal digital data." *New Media &Society*, 21(2), pp.419~437.

Posetti, J. and K. Bontcheva. 2020. "Disinfodemic: Dissecting responses to COVID-19 disinformation." Policy brief. UNESCO.

Wilson, C., A. Grizzle, T. Ramon, A. Kwame and CK. Cheung. 2011. *Media and Information Literacy Curriculum for Teachers*. UNESCO

제8장

미디어 플랫폼의 위상 변화에 따른 정책 및 제도 변화

| 박성순(배재대학교)

진지한 교육방송으로만 익숙했던 EBS가 올해 '펭수'라는 걸출한 스타(?)를 낳은 것은 유튜브라는 플랫폼 덕분이었다. 그러나 이 플랫폼은 동시에 미성년자에 대한 폭행, 성희롱, 욕설 논란 같은 부작용도 낳았다. 유튜브를 활용해 '교육'과 '재미'라는 두 마리 토끼를 잡는 데 나선 EBS가 숙고해야 할 부분을 명확하게 보여줬다는 지적이 나온다(이정현, 2019).

1. 들어가며

기술의 발달로 미디어 환경이 변하며 오랫동안 사회의 영역, 공적 영역에 있을 것 같았던 방송이 개인의 영역, 경제적 영역으로 넘어오기 시작했다. 앞서 제시한 기사처럼 우리가 공영방송이라고 부르는 방송에서도 개인화된 영역의 미디어 플랫폼을 활용 그 활동을 확대해 나가려는 시도를 하고 있다. 미디어 변화에 맞춰 방송 영역이 변화하는 것은 환영할 일이다. 또한 오랫동안 기득권 영역에 있던 미디어가 다양한 플랫폼으로 인해 개인들이 참여할 수 있게 확장된 것도 좋은 일이다. 그러나 이로 인해 발생하는 부작용은 기존에 미디어의 영역이 작을 때보다 훨씬 다양하고 복잡할 수 있다. 이럴 때 필요한 것이 적절한 규칙이다. 여기서 규칙을 정하는 것은 관계법을 바탕으로 한 정책이다. 특히 산업의 영역에서는 정부의 정책이 매우 중요한 역할을 한다.

이 장에서는 미디어 플랫폼의 변화에 따라 어떤 정책이나 제도가 필요할지 알아보려 한다. 기존의 미디어 산업 영역에서 변해야 할 정책부터 개인이 참여하는 미디어 영역에서 새롭게 생겨야 하는 정책적 부분까지 살펴보았다. 아직 확실히 수립되지 않은 정책이기 때문에 명확한 정의를 내리는 형태가 아니라 현상을 설명하고 우리에게 필요한 정책에 대해서 생각해 보는 형식으로 구성했다. 정책은 항상 논란이 있기 마련이다. 모든 사람이 만족하는 정책은 없을 것이다. 그렇다고 하더라도 정책이나 제도는 깊이 있는 논의 끝에 부작용을 최소화하는 할 수 있게 마련되어야 한다. 앞으로 미디어 시장은 글로벌화될 것이기 때문에 국내 사업자들에게는 지금이 매우 중요한 시점이라고 할 수 있다. 변화될 미디어 환경과 그에 따른 사업자들의 태도 변화 그리고 필요한 정책에 대해서 알아보자.

2. 미디어 환경의 변화: 플랫폼의 힘에서 콘텐츠의 힘으로

과거 드라마 제작에서는 지상파 방송사의 편성을 받는 것이 가장 중요했다. 지상파 방송사에서 편성을 해주면 그 드라마는 방송국에서 방영될 수 있었고, 어느 정도의 성공을 보장받았다. 지금은 플랫폼이 다양해지면서 지상파 방송사 외에도 tvN, JTBC 등의 채널, 그리고 외국 미디어 플랫폼인 넷플릭스까지 드라마가 방영될 수 있는 방법은 다양해졌다. 이뿐만 아니라 유튜브나 다양한 소셜미디어의 동영상 서비스를 기반으로 한 웹드라마까지 등장하면서 점점 플랫폼 중심의 시대에서 콘텐츠 중심의 시대로 변화하고 있다.

미디어 환경은 최근 몇 년 사이 급격히 변화해 왔다. 엄밀히 말하면 스마트폰이 보급된 이후, 이용자들의 미디어 이용 방식이 변화하며 격변기를 맞이했다고 할 수 있다. 이전에 초고속 인터넷이 등장하고, IPTV라는 새로운 매체가 등장했을 때와 그 변화의 성격이 매우 다르다. 초고속 인터넷의 등장은 새로운 유료 방송을 탄생시켰지만 지금의 모바일 인터넷의 확산은 이용자들의 미디어 이용 행태를 변화시켜 전통적 방식의 텔레비전에는 위기가 왔고, 스마트폰을 통해 접근이 용이한 미디어 플랫폼에는 기회가 되었다.

미디어 환경의 변화는 각종 새로운 신조어를 등장시키기도 했으며, 이것이 우리 미디어 이슈에서 중요하게 다뤄지기 시작했다. 최근 연일 포털 사이트의 검색어를 뜨겁게 달구었던 단어가 있다. 바로 '뒷광고'다. 아마 기사를 관심 있게 보지 않은 사람이거나 평소에 유튜브 등의 개인방송을 많이 보지 않는 사람이라면 매우 생소한 단어일 수 있다. '뒷광고'는 유튜브를 대표로 하는 개인방송의 계정이나 블로그나 기사 등에서 광고가 아닌 스스로의 필요에 의해서 사용하는 제품인 척 소개하고 뒤에서 금전이나 물품을 제공받는 행위를 말한다. 이는 인터넷과 개인 미디어 플랫폼의 발달로 인해 나타난 부작용으로, 주로 언론사와 기자, 유명 인터넷 방송인, 파워블로거 등에 의해서 일어난다. 대중에게 인기 있는 유명 유튜버들 중 다수가 '뒷광고'를 통해 시청자를 기만했다고 알려져 연일 논란이 일었다.

한편, 우리는 어느 순간부터 인플루언서라는 단어를 아주 편하게 사용하고 있다. 방송에서도 여러 차례 인플루언서라는 단어가 등장했으며 이제는 자연스럽게 고유명사로 취급받고 있다. 인플루언서란 영향력이라는 뜻의 단어인 '인플루언스(Influence)'에 사람을 뜻하는 접미사인 '-er'을 붙인 것이다. 즉, 인플루언서는 한국어로 '영향력 있는 사람'이라는 뜻이다. 인플루언서라는 단어가 생기고 이들의 행동에 영향력이 생기게 된 것도 바로 미디어 환경의 변화 때문이다.

과거의 미디어는 방송이라는 거대 플랫폼이 지배했고, 방송에 나오는 사람의 영향력이 가장 높았다. 따라서 방송이라는 플랫폼에 진입하지 못하는 콘텐츠는 아무리 그 내용이 좋더라도 사람들에게 알려지기 어려웠다. 그렇기 때문에 인플루언서라는 단어도 없었지만 굳이 연결시켜 보자면 연예인이나 방송에 나오는 사람이 그와 비슷하다고 할 수 있었다. 또한, 광고는 방송에서나 문제가 되었지 다른 분야에서 광고 문제로 사회적 논란이 일어난 경우는 없었다. 하지만 이제는 플랫폼이 다양화되고 사람들도 굳이 정제된 방송을 보기보다 개인이 쉽게 찾아볼 수 있는 미디어를 시청하기 때문에 기존 미디어 플랫폼의 영향력은 많이 감소했다.

물론 이렇게 다변화된 플랫폼 사이에서도 여전히 영향력 있는 플랫폼은 존재한다. 그럼에도 과거에 비해 확실히 플랫폼의 영향력이 줄어든 것은 사실이다. 앞으로는 미디어 환경이 더 다변화되면서 다양한 콘텐츠를 다양한 방식으로 접하게 될 것이다. 정책과 제도는 이럴 때 중요하다. 정책과 제도는 어떤 산업이 운영되는 데 필요한 약속과 규칙을 정해준다. 복잡하고 다변화될수록 필요한 정책과 제도는 많아진다. 따라서 앞으로 미디어 환경의 변화에 따라 어떻게 정책과 제도가 변할지 짐작해 보고 미래에 대해 예측하여 문제점 없는 규칙이 만들어질 수 있도록 생각해 볼 필요가 있다.

3. 미디어 플랫폼의 형태 변화로 인해 나타난 기존 산업의 변화와 관련 정책

미디어 환경의 변화에 따라 필요한 정책을 알아보기 전에 기존의 미디어 정책들에 대해서 간략히 알아보도록 하겠다. 미디어 정책을 하나로 정의하고 이를 명확하게 모두 설명하기는 어렵다. 정확한 기준이 정해져 있는 법률과 다르게 정책은 사안 하나하나에 따라 다양하게 적용될 수 있기 때문이다. 또한 정부 부서마다 다양하게 제시하고 있기도 하다. 그럼에도 과거 연구에서 미디어 정책은 정부가 언론을 대하는 태도로 보는 경우가 많았다. 정권별로 정부가 미디어를 바라보는 시각을 정리하면 정책의 방향성을 파악할 수 있기 때문이다. 그러나 여기에서는 정부의 미디어에 대한 정책을 중심으로 살펴보기보다는 산업적인 관점에서 정책을 바라보려고 한다. 물론 정책은 당연히 정부가 수행하기 때문에 정부의 역할이 중요하다. 그렇지만 정부를 핵심으로 한 정책의 정리는 한쪽의 입장에만 치우친 내용이 될 수 있다. 따라서 이하에서는 미디어 정책을 산업의 관점에서 살펴보면서, 산업이 어떻게 변할 것인지를 예측하고 그에 따라 필요한 정책적인 부분에 대해서 살펴보고자 한다.

1) 미디어 정책의 과거와 현재

전통적인 미디어 정책은 지상파 방송을 기본으로 하되 새로운 영역의 산업이 등장하면 이를 활성화하기 위해 새롭게 정책을 추가하는 방식으로 운영되어 왔다. 이러한 미디어 정책으로 초기 지상파 방송만 있던 산업 영역에 케이블방송이 도입되고 IPTV, 종합편성채널, 지상파 UHD 등 새로운 기술이 적용되어 산업을 확장시켰다. 이런 정책은 큰 틀에서는 방송 산업을 유지시키면서 새로운 영역의 시장이 확장되는 결과를 가져왔다. 그러나 최근 모바일 인터넷의 성장에 따라 이용자들이 미디어를 이용하는 패턴이 변화하면서 완전하게 다른 개념의 정책이 필요한 시점이 되었다. 혹자는 방송 영역의 정의도 다시 해야 한다고 말할 정도다.

기존 미디어 정책은 환경의 변화에 맞춰 알맞게 변화해 왔다. 모든 것을 아우를 만한 정책이라고 보기는 어렵지만 그래도 플랫폼, 콘텐츠, 이용자 이렇게 세 가지 기준을 중심으로 성과를 거둬왔다.

첫째, 플랫폼적인 측면에서는 앞서 제시한 바와 같이 지속적으로 새로운 기술에 적합한 미디어 플랫폼을 탄생시켰으며, 산업적으로 이에 적절한 대응을 이루기 위한 정책과 제도를 시행했다. 물론 새로운 기술을 도입하면서 기존에 기준이 되었던 「방송법」을 변화시키지 못한 채 부분적 수정에만 초점을 맞춰 정책을 실현한 부분이 있어 아쉬움이 있지만, 그럼에도 꾸준하게 플랫폼 측면의 정책을 시도해 왔다. 최근에는 세계 최고 수준의 네트워크 환경이 우리나라에 구축되면서 5G 네트워크가 세계 최초로 상용화되는 등 미디어 3.0 시대가 도래할 수 있는 기술적·물리적 환경이 구축되고 있다. 이런 기술적인 네트워크 환경이 뒷받침되면서 새로운 플랫폼이 지속적으로 등장하고 발전하는 것이다.

둘째, 콘텐츠 제작 역량에 따른 정책도 끊임없이 시도되어 왔다. 과거에는 지상파 방송사가 제작 능력까지 모두 갖추고 있었고, 지상파 방송사 외에서는 콘텐츠 제작이 활성화될 수 없었다. 그러나 이후에 외주 제작 제도가 시행되면서 제작 영역의 분리가 이루어지기 시작했고, 이제 드라마 제작 부분에서는 다양한 제작사가 등장하기 시작했다. 물론 외주 제작 정책은 양적 성장을 질적 성장이 따라가지 못하고 있다는 비판을 받기도 하지만, 그럼에도 과거에 비해 제작 시장의 확장이 이루어진 것은 엄연한 사실이다. 이를 기반으로 우리나라가 추구하는 한류 콘텐츠의 수출이 이루어진 면도 있다.

셋째, 다양한 이용자 친화 정책이 시도되었다. 미디어 환경의 변화 속에서 이용자의 권익을 보장하려고 노력했으며, 세계적 수준의 미디어 이용·활용·참여 수준을 확보했다. 이런 환경이 바탕이 되어 최근 기술의 발달과 더불어 개인 미디어가 확장되었다고 볼 수 있다.

그러나 이런 과거 정책이 모두 성공적인 성과만 거둔 것은 아니다. 과거 미디어 정책에서 가장 실패했던 부분은 구조적 혁신 없이 부분적이고 보완적인 형태의 정책을 폈다는 점이다. 기존의 방송 미디어 정책은 전체 미디어 생태계 구조의 변화나 혁신은 없는 상태에서 개별 산업이나 사업자 행위에 초점을 맞춰 사업자의 이해관계에 따라 단기적인 방법을 추가하는 데에 집중했다. 또한 전체 구조의 변화가 수반되지 못하여 올바른 정책 방향이었더라도 지속성이 부족했고, 일시적 효과만 나타나는 경우가 많았다. 그 예로 초고속 인터넷의 발전으로 IPTV가 등장했을 때 방송 미디어 산업 전반에 혁신과 융합의 활성화를 기대했지만 기존 규제 정책의 반복과 더딘 속도의 미디어 생태계 변화로 인해 사업자 간의 서비스 동조화와 저가 출혈 경쟁만 나타났다. 한류 콘텐츠 활성화 정책도 디지털 미디어 생태계를 제대로 형성하지 못해, 콘텐츠의 유통을 글로벌 사업자에 의존하고 있는 형태를 만들었다.

두 번째로 과거 미디어 정책의 아쉬운 점은 지원 중심의 정책을 시행했지만 그 성과가 미비하다는 것이다. 그러다 보니 많은 산업 당사자가 혁신보다 정책과 지원에 의존하는 모습을 보였으며, 자연스럽게 산업 생태계의 쇄신은 나타나지 않았다.

세 번째 문제점은 규제 중심 정책이 이제 한계에 도달했다는 것이다. 미디어 산업에 대한 기존의 발전 정책이 규제 중심으로 접근됨에 따라 '규제 완화를 위한 규제', '발전을 위한 규제'라는 말이 나올 정도로 모순적인 상황이 발생했다. 이는 미디어 사업자들이 정부의 정책을 믿지 못하고 특정 사안에 대한 정부의 개입을 매우 부정적으로 인식하는 결과를 가져왔다.

물론 미디어 산업은 영향력이 크기 때문에 규제 산업이라는 특징을 가진다. 하지만 디지털 미디어 환경에서는 혁신과 창의, 실험이 무엇보다 중요한 요소로 여겨진다. 그럼에도 전통 미디어에 대한 규제 방식을 디지털 미디어에 접목시켜야 한다는 시각이 존재하는 등 역효과를 가져오는 규제만 양산되었다. 최근 유튜브 등 개인 미디어의 발전이 이루어지자 미디어 산업 정책에서 진흥 목적이 아니라 외국 기업까지 함께 규제할 수 있는 방안을 고민하는 모습이 대표적인 예라고 할 수 있다. 미디어 환경의 변화는 미디어 산업이 앞으로 다양한 실험과 모험, 리스크 부담을 통해 새로운 성장 동력을 발굴하고 이를 위한 과감한 투자와 함께 공정한 분배와 재투자 등의 선순환이 이루어지기를 요구한다. 따라서 이 모든 단계는 규제보다 자율의 부분에 맡기는 것이 중요하다.

마지막으로 처음에 지적한 문제로 돌아가, 앞으로 미디어 산업은 산업별로 파편화된 정책을 시행하기보다 하나의 생태계로 본 전체적인 정책의 구성이 필요하다. 이제 방송·통신 등 산업의 영역으로 각각 구분하는 것이 무의미해지며, 생산자와 소비자의 구분도 의미가 없어질 수 있기 때문이다. 앞으로는 생산자가 소비자가 되기도 하고 소비자가 생산자가 될 수도 있으며, 통신과 방송이 하나로 구성된 생활 속에 미디어가 존재할 것이다. 미디어 3.0 시대라고도 불리는 새로운 미디어 환경에서는 C(콘텐츠) - P(플랫폼) - N(네트워크) - D(디바이스)의 가치 사슬과 연계한 종합적인 발전 계획이 필요하다.

콘텐츠 산업의 제작·유통에 대한 지원은 당연히 필요하지만 단기적이거나 1회성의 지원은 자생적 성장을 방해한다. 지속적인 산업의 확장을 위해서 혁신적인 성장 정책을 종합적으로 고민해야 한다. 우리나라는 세계 최초로 5G를 상용화하는 등 네트워크 기술에서 앞서고 있다. 그러나 정작 이런 고도화된 네트워크의 이득은 유튜브와 넷플릭스 등 글로벌 사업자가 보고 있는 실정이다. 기술의 발전을 뒷받침할 수 있는 플랫폼과 콘텐츠의 혁신을 이룰 수 있는 정책이 필요할 것이다.

2) 지상파 방송 정책의 어제와 오늘

지상파 방송은 과거 절대적 우위의 플랫폼이었고, 그에 따라 영향력도 대단했다. 또한 공적인 자원인 전파를 통해서 방송이 행해졌기 때문에 많은 사람의 이익을 도모할 수 있는 공공성을 충족시켜야 했다. 따라서 이런 여러 가지 책임감으로 지상파 방송은 매우 엄격한 규제 정책을 적용받았다.

앞서 제시한 것처럼 지상파 방송의 과거 정책의 기본은 공공성이다. 누구나 무료로 볼 수 있고 그 영향력이 강력했기 때문에 지상파 방송은 다른 방송이나 통신 영역보다 더 엄격한 규제를 받아왔다. 아래에서는 공공성, 광고 정책 등을 예로 들어 지상파 방송에 적용되었던 기본 정책에 대해서 설명한 후, 앞으로 지상파 방송에 적용될 수 있는 정책을 예측해 보도록 하겠다.

(1) 공공성

지상파 방송은 전달 수단인 전파가 제한되어 있고 사회 공유의 특성을 보인다는 점에서 규제를 중심으로 한 정책 아래에 있었다. 지상파 방송을 하기 위해서는 전파를 이용해야 하는데 전파가 공중에 떠다니고 보이지 않는다고 하여 많은 사람이 이를 이용하게 되면 소통의 혼란이 발생한다. 따라서 한 지역 내에서 가능한 방송의 수는 제한되어 있다. 이처럼 방송은 제한된 자원을 이용하여 사업을 하기 때문에 엄격한 규제를 토대로 정책이 만들어졌다(강형철 외, 2020). 그러나 이런 공공성이 조금씩 변화를 겪고 있다. 지상파 방송의 영향력도 과거와 다르고, 이제는 미디어의 공공성에 대해서도 다시 논의되어야 한다는 목소리가 크다. 특히나 여러 지상파 방송 중 공영방송을 명확히 하고 그 외의 방송은 새롭게 등장하는 미디어 산업과 경쟁할 수 있는 기회를 주어야 한다는 주장이 강하게 나타난다. 따라서 앞으로 지상파 방송과 관련해서는 공공성 문제와 함께 공영방송을 구성하는 정책이 중요하게 다뤄질 것이다. 그러나 방송의 공적 영역의 재구조화는 매우 복잡하고 어려운 문제이며, 이런 이유로 국회에서도 여러 번 관련 법안이 발의되었으나 폐기되거나 계류 중에 있다.

(2) 광고 정책

지상파 방송의 영향력과 공공성의 측면은 광고 부분에서도 다른 미디어보다 비대칭적인 규제를 받도록 했다. 그러나 현재 지상파 방송을 비롯한 방송 시장은 성장 정체 현상을 보이고 있으며, 방송 재원의 한계가 나타나고 있다. 〈그림 8-1〉에서처럼 점차적으로 온라인 광고는 증가하고 방송 광고는 감소하고 있다. 이는 미디어의 영향력을 그대로 나타내 준다. 광고는 오랫동안 미디어 산업의 자본적 근간이 되어왔다. 광고주들은 영향력이 큰 미디어에 광고를 하고 싶어 한다. 많은 사람이 보는 미디어가 당연히 광고 효과도 크기 때문

〈그림 8-1〉 매체 유형별 광고비

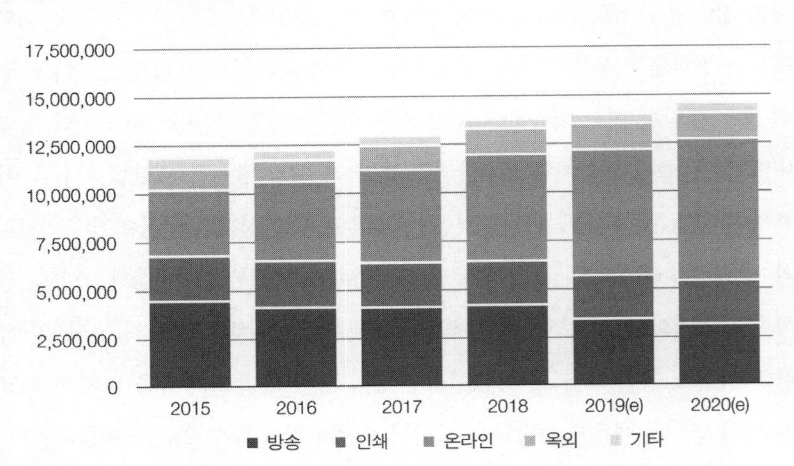

자료: 「2019 방송통신광고비 조사 보고서」(KOBACO, 2019).

〈표 8-1〉 지상파 3사 매출액, 영업이익 등 경영실적 현황(단위: 억 원)

방송사	연도	매출액	광고 매출액	영업 손익
KBS	2017년	14,326	3,666	202
	2018년	14,351	3,328	-585
	2019년 상반기	6,385	1,222	-655
MBC	2017년	6,706	2,926	-565
	2018년	6,821	2,736	-1,237
	2019년 상반기	-	1,172	-445
SBS	2017년	7,379	3,729	140
	2018년	8,727	3,509	7
	2019년 상반기	3,582	1,918	-186

자료: 방송통신위원회(2020b).

이다. 광고의 증가는 그만큼 많은 사람이 이용한다는 의미이며, 결국 그 미디어의 영향력이 크다는 것이다. 과거에는 방송 광고가 절대적인 비율을 차지하고 있었지만 최근에는 온라인과 완전히 역전되었다. 그만큼 방송보다 온라인의 영향력이 더 높은 것이다. 그럼에도 지상파 방송은 아직까지 광고 정책에서 가장 엄격한 기준을 요구받고 있다. 우리는 이것을 비대칭 규제라고 한다.

방송을 보다 보면 프로그램 중간에 광고를 하는 것을 볼 수 있다. 과거 인기 프로그램이었던 〈슈퍼스타 K〉의 진행자 김성주는 "60초 후에 공개됩니다"라는 유행어를 만들었으며, 최근 방영 중인 〈히든싱어〉에서도 진행자 전현무가 중간 광고를 프로그램의 재미로 활용한다. 하지만 지상파 방송은 이 같은 중간 광고를 할 수 없다. 공공적인 채널에 대한 시청자 복지 차원에서 금지했지만 최근에는 미디어 환경이 변하여 지상파 방송의 중간 광고 허용을 검토 중이다. 그러나 일각에서는 지상파 방송의 광고 정책을 수정하여 시장 상황을 반영하기에는 이미 늦었다는 평가도 나온다.

이 외에도 지상파 방송은 여전히 광고를 구성하는 데 여러 가지 제한이 따른다. 그러나 광고 대부분이 온라인으로 빠져나가고 있는 상황에서 이런 제한적 정책은 방송 산업 자체의 위기를 극복하기 어렵게 하는 것으로 보인다. 지상파 방송사의 영업 이익은 하락하고, 적자 방송사가 등장하기 시작했다. 〈표 8-1〉에서 보는 바와 같이 2018년 지상파 방송 매출액은 3조 7985억 원으로 전년과 비슷하나, 광고 매출 감소 등으로 영업 손실은 전년 대비 1870억 원 늘어났다.

(3) 지상파 방송의 정책 과제

유료 방송과 온라인 미디어의 성장 속에서 지상파 방송의 시청 점유율은 점차적으로 하락하는 모습을 보이고 있다. 반면 종합편성채널은 점차 증가 추세에 있다.

이는 지상파 방송의 위상이 낮아지고 있음을 보여준다. 이제 전통적 미디어인 텔레비전 안에서도 지상파 방송의 경쟁력이 약화된 것이다. 그렇다면 앞으로 지상파 방송과 관련한 정책 과제로는 무엇이 있을까?

결국 방송 주체였던 지상파 방송의 기반이 약해졌음은 명확하다. 원인은 여러 가지가 있을 수 있는데, 경쟁력 있는 지상파 방송의 제작 요소(연출, 작가, 연기자 등)가 완전 경쟁 체제의 다른 플랫폼으로 이동한 것이 하나가 될 수 있다. 또한 방송·통신·인터넷이 융합되는 미디어 환경의 변화와 방송의 신뢰성 하락 등으로 인해 방송 저널리즘의 위상이 약화된 점도 원인이라고 할 수 있다. 아무래도 의제 설정이나 속보 경쟁 등에서 인터넷에 밀리다 보니 그 영향력도 자연스럽게 하락한 것이다.

결과적으로 콘텐츠 소비 플랫폼이 풍족해지면서 지상파 방송의 미래 포지셔닝이 불투명해지고 있는 상황이다. 지상파 방송도 네트워크 범용화 시대에 '플랫폼 사업을 지향할 것인가 또는 콘텐츠 사업을 지향할 것인가'에 대한 고민이 필요한 시점이 되었다. 또한 KBS를 제외한 나머지 지상파 방송들이 과연

〈그림 8-2〉 지상파 3사 시청 점유율 현황

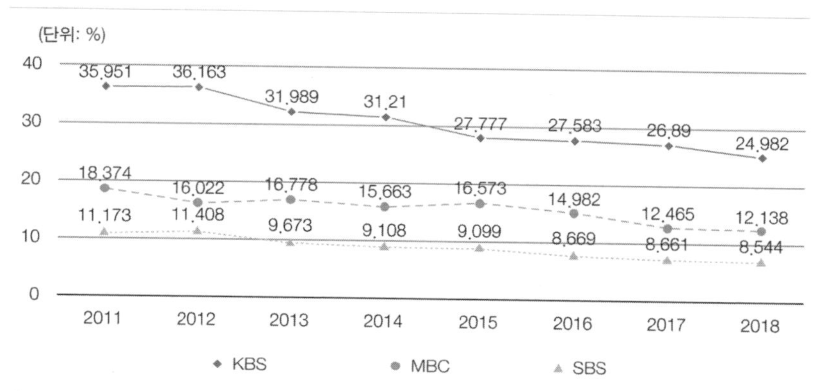

자료: 방송통신위원회(2019).

〈그림 8-3〉 종편 4사 시청 점유율 현황

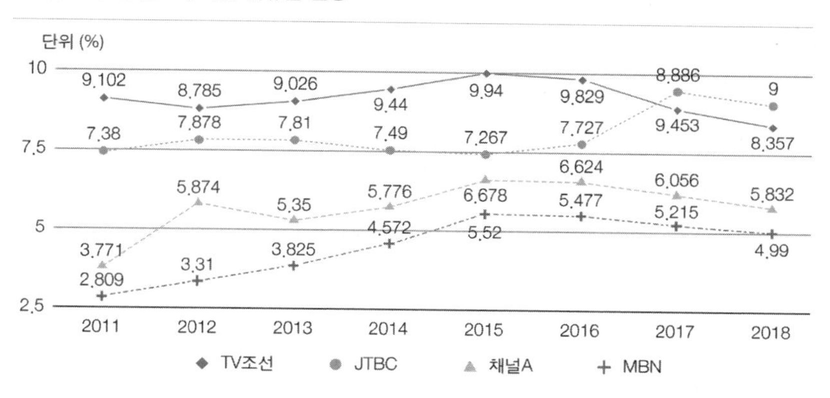

자료: 방송통신위원회(2019).

공적인 책무를 어디까지 져야 하는지도 중요한 화두가 되고 있다. 이는 결코 쉬운 결정이 아니다. 앞으로 방송사를 어떻게 포지셔닝 하느냐에 따라서 인력 운영과 배치, 거버넌스, 자산 운용, 구조의 합리화 범위 등이 결정되기 때문이다. 그러나 어렵다고 해서 하지 않을 일이 아니라면 지금부터라도 엄밀한 논의 속에 준비하여 적절한 정책적 사항을 요구할 필요가 있다.

3) 유료 방송 정책의 어제와 오늘

우리나라의 유료 방송은 케이블방송과 IPTV로 크게 구분해 볼 수 있다. 최근 유료 방송 시장의 가장 핵심적 이슈는 M&A라고 할 수 있다. 이미 통신사인 IPTV 사업자들이 케이블방송을 인수합병 하기 시작했으며, 현재도 지속적으로 추진하고 있는 실정이다.

이렇게 인수합병이 행해지는 과정만 본다면 산업 내에서 규모의 경제가 일어나고 있으며 자연스러운 산업 획정 과정을 거치는 것이라고 판단할 수 있다. 그러나 이렇게 대형화된 인수합병의 대상이 되지 않는 중소 종합 유선방송 사업자(System Operator: SO)[1]들과 관련한 문제가 발생할 수 있다. 산업 확장의 관점에서만 인수합병을 바라본다면 정책의 중요성은 그렇게 크지 않다. 그러나 아직 남아 있는 중소 SO들이 어떤 방식으로 유지될 수 있는지 살펴보고 이에 따른 적절한 대응 방안을 만들어주는 것도 정책의 주요 요소라고 할 수 있다. 중소 SO들 중에서는 제 값에 인수합병이 안 되는 곳도 있고, 계속해서 그 지역의 네트워크에 투자하며 방송을 유지하고 싶어 하는 곳도 있다. 이에 유료 방송 정책을 담당하는 과학기술정보통신부는 중소 SO와의 상생 방안을 찾으려 노력하고 있다. 이는 사업자를 살리기 위한 정책이라기보다 자칫 유료 방송이 통신 3사 위주로 재편된다면 시청자의 입장에서 다양성이나 혁신적 서비스를 받기 어려울 수 있다는 판단에서 진행되는 것으로 보인다.

이 외에도 케이블방송과 IPTV는 공통적인 고민이 있다. 바로 글로벌 OTT

---

1 케이블방송에서는 SO와 PP의 개념을 알아야 한다. SO는 종합 유선 방송국이라고도 하는데 프로그램을 직접 만드는 주체가 아니라 이 프로그램을 전달할 수 있는 시스템을 갖춘 곳이다. 반면 PP는 채널 사용 사업자(Program Provider)로 프로그램을 생산하는 주체라고 할 수 있다. 케이블의 중소 SO는 지역에 존재하는 케이블 방송국을 말하는데 JCN울산중앙방송, 서경방송 등이 있다.

〈표 8-2〉 통신사와 케이블방송의 합병 현황

인수합병 현황	인수합병 과정
LG유플러스의 CJ헬로 인수	- 2019.3.15: LG유플러스의 CJ헬로 주식 취득에 대한 인가와 최다액 출자자에 대한 변경 승인 등 신청 - 2019.12.13: LG유플러스의 CJ헬로 인수에 대한 과학기술정보통신부의 조건부 인가·변경 승인
SK브로드밴드의 티브로드 합병	- 2019.5.9: SK텔레콤과 태광산업, SK브로드밴드와 티브로드(계열법인 포함)의 인수·합병 신청 - 2020.1.21: SK브로드밴드와 티브로드 3개사의 법인 합병에 대한 과학기술정보통신부의 조건부 허가·승인
KT스카이라이프의 현대HCN 인수(추진 중)	- 2020.7.27: 현대HCN의 인수 우선 협상 대상자로 KT스카이라이프 선정

사업자와의 경쟁이다. 이는 물론 유료 방송 사업자뿐 아니라 모든 국내 미디어 사업자의 고민일 것이다. 다만 케이블방송과 IPTV의 경우 현재 비용을 지불하고 보는 미디어이기 때문에 글로벌 OTT 사업자와의 경쟁에 신경을 더 쓰고 있는 실정이다. 그러나 케이블방송과 IPTV는 앞으로 정책적으로 주력해야 하는 방법이 다를 수 있다.

먼저 케이블방송은 지상파 방송과 동일하게 포지셔닝을 명확히 할 필요가 있다. 현재 케이블방송이 가장 많은 지출을 하고 있는 부분은 프로그램 사용료다. 즉, 실시간 방송을 시청자에게 전달하는 사용료에 대한 지출이 많은 것이다. 그러나 넷플릭스나 유튜브로 대표되는 글로벌 OTT 사업자는 대부분 실시간 방송보다 VOD 형태로 서비스를 하고 있다. 그렇다면 케이블방송은 실시간 방송에 쓰는 비용을 줄이기 위한 혁신을 할 것인지, 아니면 글로벌 OTT 사업자에 대응하기 위해서 네트워크를 확장하고 VOD를 확보하는 방식으로 운영을 할 것인지에 대해 고민을 해야 한다. 전혀 다른 사업의 영역이기 때문이다.

반면 IPTV는 케이블방송과 다른 입장이다. IPTV는 통신사 기반의 서비스다. 그러다 보니 인터넷망 사용도 자유롭고, 특히나 실시간보다 VOD 서비스에 중점을 두는 형태를 보인다. 따라서 IPTV는 글로벌 OTT 사업자와 동일한 산업 영역에서 경쟁할 수 있다. 그럼에도 IPTV가 가지고 있는 고민 중 하나는 바로 모바일 부분일 것이다. 대부분의 이용자들이 현재 모바일 인터넷에 의존하고 있는데 IPTV는 모바일 플랫폼에서의 확장이 매우 더디다. 물론 이러한 점은 IPTV뿐 아니라 국내 미디어 사업자들이 모두 고민하는 부분일 테지만, 서비스의 형태부터 콘텐츠 확보까지 모두 글로벌 OTT 사업자에 비해서 부족한 것이 사실이다. 이는 결국 소비자의 선택을 받지 못하는 결과를 가져온다.

결과적으로 현재 일어나고 있는 현상에 대한 정책적 대응도 중요하지만 유료 방송 시장의 사업자들도 변화된 환경에서 살아남기 위한 방안을 고민해야 할 시점이다. 특히 각자가 가진 현재까지의 산업적 위치를 점검하고 앞으로 어떤 노력을 기울여야 할지 현명하게 판단해야 할 것이다. 그리고 방송이기 때문에 가지고 있는 공적 영역 역시 지켜가야 할지에 대한 부분도 생각해 봐야 한다.

4) 플랫폼 혁신과 정책

디지털 미디어 생태계는 이제 미디어 3.0 시대로 접어들고 있다. 미디어 1.0 시대가 일방향적 아날로그 방송의 시대였다면 미디어 2.0 시대는 쌍방향적인 디지털 시대고 미디어 3.0 시대는 이제 개방형의 4차 산업혁명 시대라고 할 수 있다. 개방형 네트워크를 기반으로 하는 미디어 산업이 활성화되면서 글로벌 OTT 산업이 자연스럽게 국내로 유입되었고, 국내 미디어 사업자들은 이제 내부 경쟁뿐 아니라 글로벌화된 경쟁을 하기 시작한 것이다.

한편 현재 국내 미디어 산업에서는 전통적 미디어의 성장이 정체되어 있으며, 유튜브와 넷플릭스 등 글로벌 OTT 서비스가 빠르게 확산 중에 있다. 따라

〈그림 8-4〉 미디어 환경의 진화

구분	미디어 1.0		미디어 2.0		미디어 3.0
기술 환경	아날로그	⇨	디지털	⇨	5G 기반의 4차 산업혁명
특성	일방향		양방향		초연결, 개방
정책	규제 위주 [포지티브(Positive) 규제]		규제 완화 및 진흥		네거티브(Negative) 규제
주요 매체	지상파, 케이블, 위성방송		IPTV(기술 중심의 융합 서비스)		OTT, SNS 등 각종 미디어

〈표 8-3〉 유럽 주요 국가의 넷플릭스 점유율(2018년 7월 기준)

국가	넷플릭스 점유율(%)
영국	74
독일	70
이탈리아	64
프랑스	60
스페인	56

서 이에 대한 적절한 정책적 대응이 이루어지지 않으면 미디어 3.0 시대의 국내 미디어 시장은 앞으로 글로벌 사업자 중심으로 개편될 가능성이 있다. 이미 유럽의 경우, 사실상 넷플릭스가 VOD 시장을 장악한 상태다.

이런 위기의식에도 불구하고 현재 국내 미디어 산업의 기술적 발전은 성공적으로 이루어지고 있으나 이를 잘 활용할 수 있는 미디어 산업 생태계를 이루는 정책은 부재한 실정이다. 이에 결국 글로벌 미디어 사업자와의 경쟁에서 조금씩 뒤처지는 모습을 보이고 있다. 글로벌 OTT 산업의 성공 요인은 기술적인 요소가 아니라 기술을 이용해 이용자들이 개별적 주체로서 참여할 수 있는 디지털 생태계를 구축했다는 데 있다. 자연스럽게 이용자들이 필요로 하는 서비스를 제공해 주는 것이 성공의 핵심이라고 할 수 있다.

또한 국내 미디어 시장은 전통 미디어의 창구 역할만 하고 있을 뿐 미디어 시장의 혁신을 선도할 스타트업 사업자도 부족한 것이 사실이다. OTT라고 불리는 국내 사업자 중 비미디어 사업자는 왓챠(watcha)가 사실상 유일하다고 할 수 있다. 물론 기존 미디어 사업자의 참여도 중요하지만 기존 사업자들은 아무래도 과거의 산업 구조에서 혁신적으로 변하기 어렵기 때문에 한계점이 있을 수밖에 없다. 지상파 사업자들이 SK와 협력하여 아예 새로운 플랫폼인 웨이브(wave)를 런칭한 것도 이 같은 이유다. 물론 웨이브도 기존 미디어 사업자들 간의 결합에 의한 새로운 서비스의 시작이기 때문에 매우 혁신적인 형태는 아직 보이지 않고 있지만, 새로운 영역의 시도는 앞으로도 계속 있을 것으로 예측된다.

이미 이용자들은 변화된 미디어 환경에 적응하고 있다. 소비와 생산을 동시에 영위하는 프로슈머의 영향력이 증대되고 있고, 이용자들의 자기표현과 사회참여에의 욕구가 확대되고 있으며, 개인화된 서비스와 참여형 미디어가 확산되고 있는 것이 그 증거다. 사실 전통적인 영역의 미디어 사업자에게는 방송·통신·인터넷이 융합하는 이런 환경 변화가 위기이기도 하지만 기회일 수도 있다. 기술은 중립적이기 때문에 새로운 서비스를 발굴할 기회를 줄 수 있다. 물론 앞서 제시한 바와 같이 시장의 측면에서는 혁신적 기술을 중심으로 새로운 시장이 형성되어 기존에 기득권을 가지고 있던 사업자들은 어려움을 겪을 수 있다. 이런 이유로 결국 방송의 공적 책무 구현보다는 이익 추구, 경쟁 지향으로 나갈 가능성이 높다. 또한 참여형 미디어의 확대는 무분별한 정보 유통과 개인정보 도용 등 부정적 사회 문제를 발생시키며 미디어의 공적 영역을 약화시킬 수 있다. 이는 결국 정책적·제도적 보완이 필요하다는 것을 보여준다.

4. 새로운 미디어 혁신 과정의 과제와 정책

1) 미디어의 공적 영역 vs 기술 혁신 부분

미디어 환경의 변화는 기존의 방송·통신 네트워크를 보유한 사업자 간 융합에서 망을 갖지 않은 플랫폼 사업자들의 융합으로 확대되어 가는 추세를 보인다. 그에 따라 전통적 방송 영역 간의 갈등이 확대되고 있다. 예를 들면 방송의 사회적 책임과 인터넷의 자율성과의 갈등, 인허가 사업자로서의 공적 책임 및 의무와 등록사업자로서의 최소 책무 등이 부딪치는 것이다. 결국 방송의 공공성과 방송 미디어의 혁신 사이에서 일어나는 갈등이 기존 사업자 내부에서 발생하고 있다. 따라서 앞으로의 방송 분야, 더 넓게는 기존에 존재했던 미디어 사업 분야에서는 환경 변화에 따라 방송을 대표로 하는 미디어의 공공성·공적 책무 등을 어떻게 유지할 것인가와 미디어 분야가 혁신을 이룰 수 있는 환경을 어떻게 조성할 것인가가 정책의 핵심이라고 할 수 있다.

과거에는 절대적 사업자였고 비용을 집행하는 데도 여유가 있었기 때문에 방송의 공적 책무가 유지되었지만, 경쟁 환경이 조성되면서 공적 책무에 대한 비용 보전이 어려워진 것이 가장 큰 문제다. 따라서 융합 환경에서도 방송의 공적 영역이 존재해야 한다면 이를 보조할 수 있는 새로운 시스템을 형성할 정책이 필요하다. 최근 코로나 사태로 인해 방송 시청률이 올랐다는 조사가 있다. 이는 코로나로 인해 집에서 텔레비전을 많이 이용했다고 볼 수도 있지만 국가적 재난 사태나 위기 상황에서는 아직까지 사람들이 방송에 의존하고 있음을 보여주는 결과이기도 하다. 따라서 공적 영역의 확보와 이를 유지할 수 있는 비용 부분에 대한 정책은 반드시 필요해 보인다.

다음으로 방송·미디어의 혁신을 도모하기 위해 기술 서비스의 혁신과 공정

〈그림 8-4〉 방송 통신 규제 체계 정비 현황

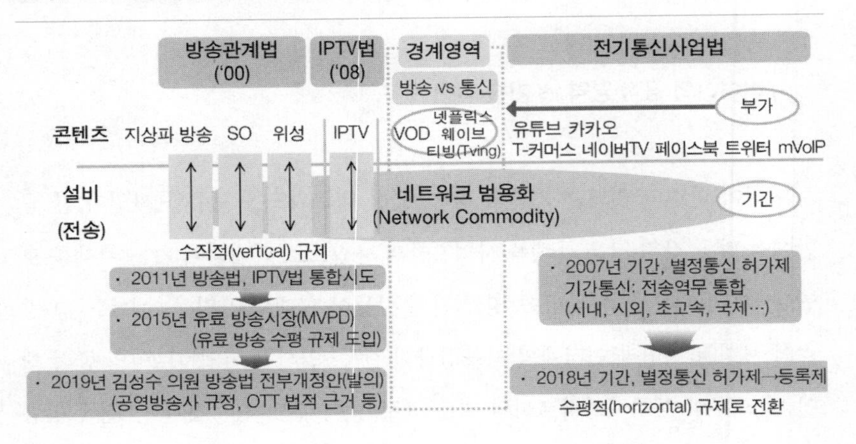

자료: 박수형(2020).

경쟁 환경을 조성할 수 있는 정책이 필요하다. 통신은 2018년 수평적 규제 체계를 완성했으나 방송은 아직도 지상파와 신규 융합형 미디어에 대한 정책 방향이 없다. 2019년 「방송법」의 개정을 통해 현재 방송·통신의 경계 영역에 있는 사업을 규정하려 했으나 관련 업계로부터 비판을 받았고, 특히나 새로운 혁신 서비스를 규정하여 규제 체제를 완비하려고 하는 것이 오히려 규제를 받지 않고 있는 글로벌 사업자와의 경쟁을 어렵게 한다는 지적을 받았다. 결국 현재 새로운 미디어 서비스의 많은 부분이 방송과 통신 어느 영역에도 속하지 않아 정책적 판단을 받지 않고 있다. 따라서 정책을 명확히 설정하기 위해서라도 방송 통신의 규제 체계를 정립할 필요성이 있다.

결과적으로 기존의 방송·통신 서비스 영역에 대해서는 공적인 영역을 명확히 구분하여 이를 확보하고 유지하는 데 필요한 비용 문제를 해결할 방법을 강구해야 한다. 이것이 정부가 정책적으로 확립해야 할 요소다. 또한 새롭게 등장하는 미디어 영역을 뚜렷하게 규정하고 이에 대한 제도를 정비해야 한다.

글로벌 OTT 사업자의 영향력 확대에 효과적으로 대응하면서 국내 사업자의 경쟁력 확보를 위한 정책도 마련해야 할 것이다.

2) 망중립성

글로벌 OTT 사업자 중 가장 영향력 있다는 넷플릭스와 한국의 SK브로드밴드가 논쟁을 벌이고 있는 사항이 있다. 2005년 팀 우(Tim Wu)가 논문에서 제기한 망중립성 문제다(Wu, 2005). 망중립성의 핵심은 네트워크를 소유하고 있는 소유자와 여기에 정보를 제공하는 정보 제공자를 명확히 분리하는 데 있다. 즉, 네트워크를 소유하고 있을지라도 여기에 전달되는 내용에는 관여할 수 없다는 것이다. 이는 사적인 이익보다 공적 이익이 우선시되는 개념이라고 할 수 있다(강형철, 2016).

엄밀히 말하면 현재 넷플릭스와 분쟁이 일어나고 있는 부분은 망중립성보다 망이용료 쪽에 가깝다. 거대 용량의 동영상 서비스를 제공하는 외국 기업이 통신사에 망이용료를 지불해야 한다는 주장이다. 쉽게 설명하면, 통신사의 입장에서 큰 용량의 동영상 서비스를 제공하기 위해서는 망에 막대한 투자를 해야 하는데 외국 OTT 사업자들은 무료로 망을 이용하며 본인들의 콘텐츠를 서비스한다는 것이다. 물론 OTT 사업자들은 망접속료를 낸다. 하지만 외국에서 내기 때문에 국내 통신사와는 연관성이 없다. 그렇기 때문에 통신사업자와 콘텐츠 사업자 사이에 논쟁이 생긴다. 물론 네트워크를 유지하고 여기에 투자하는 것은 네트워크 사업자의 당연한 의무다. 이를 콘텐츠 사업자에게 전가하는 것은 어찌 보면 불합리해 보인다. 하지만 국내에 서버를 두고 안정적인 운영을 할 수 있음에도 여러 사업적 부담 때문에 외국에서 동영상 서비스를 제공하는 외국 OTT 사업자들도 책임을 다하고 있다는 생각은 들지 않는다. 이미

국내 포털 사이트는 망이용료를 내고 있는 실정이기 때문에 이에 대한 역차별 문제도 발생한다. 이를 해결하기 위해 국회에서 정책 구성을 위한 법안을 논의하고 있지만, 쉽게 결론이 나기는 어려워 보인다.

최근 이슈가 된 망이용료 이전에 망중립성에 대한 논쟁이 있었다. 망중립성처럼 네트워크에 관한 이슈가 최근 정책에서 핵심이 되는 이유는, 이전에는 미디어 이용이 전파나 그 외의 다른 방법으로 이루어졌지만 이제는 거의 대부분 인터넷망을 활용하고 있기 때문에 관련 법, 정책, 제도에 대해 관심이 높아지는 것이다.

망중립성을 찬성하는 사람들은 공정경쟁을 하기 위해서라도 중립성이 존재해야 한다고 주장한다. 통신사가 이해관계에 따라 일부 트래픽을 차단하거나 지연시켜 이용자를 차별할 우려가 있기 때문이다. 이는 결국 망중립성이 없다면 통신사업자의 지배력이 높아지고 시장을 교란시킬 수 있다는 말이다. 그러나 이에 대해 망중립성을 반대하는 사람들은 이미 다양한 대체 망이 있기 때문에 통신사업자의 횡포가 있을 수 없고, 상업적 포털이나 검색 엔진이 존재하기 때문에 인터넷은 중립적일 수 없다고 주장한다. 또한 이미 기존 법상에서 경쟁법이나 통신법을 통해 불공정 행위의 규제가 가능하기 때문에 망중립성을 유지할 필요가 없다고 한다.

이 외에 망 투자를 위해서라도 망중립성 원칙은 사라져야 한다고 반대론자들은 말한다. 이들은 서비스나 요금을 차별화하고 사용자들에게 망 이용 대가를 부과하게 되면 사업자들이 아무래도 망 투자에 더 적극적으로 나설 것이라고 한다. 그러나 망중립성을 찬성하는 사람들은 통신사업자들이 경쟁력 제고를 위해서라도 망고도화에 대한 투자를 계속할 것이라고 주장한다. 오히려 전송 차별화를 묵인한다면 수익성 측면에서 유리한 곳에만 투자하는 부작용이 생길 수 있다고 말한다(김성환·이내찬·김형찬, 2008).

이처럼 네트워크망이 중요해지면서 각 사업자 사이에서 이를 어떤 방식으로 이용할 것이냐를 놓고 논쟁 중이다. 정책이라는 것은 사실 결론이 나기 어려운 부분일 수 있다. 아무리 법으로 규정한 후 정책을 수립한다고 해도 각 사업자의 이익 여부에 따라서 찬성과 반대가 나뉘기 때문이다. 그럼에도 정책이 필요한 이유는 최소한의 약속을 통해 산업의 부작용을 최소화하기 위해서다.

앞으로 망에 대한 논란은 더욱 심화될 것으로 보인다. 특히나 최근 논의되고 있는 망이용료 관련 논의는 주목해서 살펴볼 필요가 있다. 우리가 직접 이용하는 사용자이기도 하며, 국내 사업자와 해외 사업자의 역차별 문제도 엮여 있는 부분이기도 하기 때문이다.

3) 개인 미디어 정책

유튜브의 인기로 개인 미디어를 활용하는 사람들이 증가하고 있다. 길을 걸어가다 보면 카메라를 들고 촬영하면서 방송을 하는 사람을 아주 쉽게 찾아볼 수 있다. 하지만 이런 개인 미디어 방송의 활성화는 부작용도 동반한다. 이용자가 생산자 역할까지 하는 개인 미디어가 등장했던 초기만 해도 개인정보 유출, 일반인의 초상권 침해 등 개인적 차원의 문제가 많이 발생했다. 그러나 최근에는 인기 있는 유튜버들이 생기면서 개인의 영역이 아니라 산업적 영역인 광고 쪽에서도 부작용이 나타나기 시작했다. 앞서 설명한 '뒷광고' 논란이 바로 그것이다. 뒷광고는 관련 입법이 필요하다고 할 정도로 과장 광고, 허위 광고, 기만 광고라는 비판을 받고 있다. 하지만 법률 전문가들에 따르면 이와 같은 시청자 기만 행위에 대한 처벌 기준이 없어 법적 처벌은 어렵다고 한다. 또한 정책적으로도 이를 규제할 조항이 없어 어려움을 겪고 있다.

유튜브는 최근 논란이 된 광고 사건이 터지기 전에도 가짜 뉴스를 양산하고 부정확한 정보의 온상이 되고 있다는 비판을 받았다. 또한 유튜브의 추천 알고리즘이 비슷한 성향의 콘텐츠만 골라주어서 다양한 시각의 의견 청취를 방해한다는 지적도 있다. 하지만 이런 부작용에도 불구하고 유튜브는 모바일 인터넷 환경에 최적화된 다양한 콘텐츠를 기반으로 그 사용자를 늘려가고 있다.

결국 새로운 미디어 기술의 부작용에 대한 대책도 정책으로 세워야 한다. 가장 장기적으로는 이용하는 이용자 스스로가 '미디어 리터러시' 수준을 높여야 한다. 하지만 이용자들 스스로가 어렵다면 정부가 정책적 차원에서 관련 교육을 활성화할 필요도 있다. 많은 정보와 뉴스가 범람하는 상황에서 가짜 뉴스를 구분하는 안목과 기준을 갖출 수 있는 여건을 조성해야 한다. 이와 함께 법제도적으로 가짜 뉴스와 유튜버들의 위법 행위를 금지할 수 있는 장치를 만들어야 한다. 가짜 뉴스는 여론의 다양성 차원이 아니라 사회에 심각한 악영향을 줄 수 있는 문제다. 또한 유튜버들의 영향력을 고려하면 시청자들에게 잘못된 정보나 허위 사실을 전달하는 행위는 매우 위험할 수 있다. 따라서 이 같은 위반 행위를 관리할 수 있는 정책이 필요한 시점이다. 이 외에도 개인 미디어 분야의 부작용은 앞으로 더 증가할 것으로 예측된다. 따라서 산업 분야에 관심을 기울여 대한 대응책을 시급히 마련해야 한다.

앞으로 미디어 분야는 더 고도화될 것이고 특히나 개인의 참여가 두드러질 것이다. 이때 발생하는 문제점을 정책으로 보완하지 않고 그냥 둔다면 사업자뿐 아니라 개인도 큰 피해를 볼 우려가 있다. 특히나 미디어의 공공적 영역은 약해지고 재산권적인 부분이 강화되고 있는 만큼 실질적으로 개인이 경제적 피해를 볼 수 있다. 따라서 최근 부각되고 있는 저작권 등의 사항에 대해서 잘 살펴보고 이에 적절히 대응할 필요가 있다. 또한 정보를 유통하는 영역에서도 불법이 일어나지 않도록 신경 써야 하며, 이를 보완해 주는 정책적 장치가 꼭 있어야 한다. 이 장에서는 산업적 관점에서의 정책 사항이나 논의 사항에 대해서 중점적으로 언급했지만, 앞으로 개인 미디어 시대가 더 활성화되면 이에 따른 개인 이용자 보호를 위한 정책이 필요하게 될 것이다.

5. 마치며

지금까지 미디어 환경 변화에 따른 기존 미디어 사업자와 새로운 미디어 사업자, 개인 미디어 영역에 필요한 정책적 사항에 대해서 알아보았다. 엄밀하게 말하면 정책이나 제도를 정확하게 제시한 것은 아니고, 상황을 설명하고 이를 조정하기 위한 정책이 필요하다는 점을 기술했다. 정책을 제안하거나 혹은 만들기 위해서는 매우 여러 과정이 필요하다. 특히 정책에 영향을 받는 이해당사자의 의견을 충분히 수렴해야 하며 최대한 부작용이 없도록 중립적인 정책을 수립해야 한다. 하지만 정확하게 중립적인 정책이라는 것은 존재하기 어렵다. 그렇기 때문에 되도록 다양한 의견을 바탕으로, 산업의 발전을 이룰 수 있고 규제가 적은 정책의 수립이 필요하다. 미디어를 이용하는 사람의 입장에서 정책이나 제도는 사업자에게만 해당하는 개념이라고 생각했을 것이다. 그러나 이제 개인이 미디어를 운영하고 직접 콘텐츠를 만드는 시대가 도래했다. 앞으로 미디어 정책은 사업자뿐 아니라 우리 개개인이 잘 살펴보아야 할 영역이 되었다.

▸ 참고문헌

강형철. 2016.『융합 미디어와 공익: 방송통신 규제의 역사와 미래』. 나남.

강형철·심미선·윤석암·최선영·김문연·강신규·홍종윤·오하영. 2020.『방송영상미디어 새로 읽기』. 나남.

김성환·이내찬·김형찬. 2008.「망중립성의 배경 및 이론의 이해」. ≪정보통신정책연구≫, 15권 1호, 95~133쪽.

박수형. 2020.3.11. "공영방송 체계 고치고 OTT 대응방안 만든다." ≪지디넷코리아≫, https://zdn et.co.kr/view/?no=20200311175546(검색일: 2020.8.8).

방송통신위원회. 2019.9.18. "주요 방송사업자 시청점유율 현황." http://www.index.go.kr/potal/main/EachDtlPageDetail.do?idx_cd=3058

_____. 2020a.「2019년 방송시장경쟁상황평가」.

_____. 2020b.「2019 회계연도 방송사업자 재산상황」.

KOBACO. 2019.「2019 방송통신광고비 조사 보고서」.

Wu, T. 2005. "Network Neutrality, Broadband Discrimination." *Journal of Telecommunications and high Technology Law*, 2(1), pp.141~176.

제언

도전과 대응

| **이강형**(경북대학교)

지금까지 살펴본 개인 미디어 플랫폼의 산업적 도전, 문화적 확장, 정치·사회적 응용 사례들은 새롭게 시작된 미디어가 미디어 생태계에 던지는 산업적 파장과 사회문화적·정치적 영향력이 어떠한지를 단적으로 보여준다. 또한 새로운 미디어의 기술적 속성으로 인해 생산되고 유통되는 콘텐츠가 기존 미디어 콘텐츠와 어떻게 다른지, 또한 그것이 이용자들에게 어떠한 방식으로 다가가는지도 분명하게 말해준다. 이러한 결과들은 새로운 커뮤니케이션 기술의 출현이 미디어 생태계 내에서 벌어지는 게임의 규칙을 근본적으로 바꿀 수 있을 정도로 파괴력이 있음을 암시한다. 기술사적으로 보면, 20세기 중반 이후부터 개발된 네트워크 기술(흔히 TCP/IP라고 부르는), 새로운 정보교환 프로토콜(HTML)의 확립, 그리고 텍스트의 디지털화 과정이 20세기 후반 월드와이드웹(WWW)을 출현시켰고, 이것이 현재 개인 미디어 플랫폼 제국의 출현 기반이 되었다.

개인 미디어 플랫폼은 지금 다양한 측면에서 미디어 생태계를 변형시키고 있다. 새로운 비즈니스 모델의 창출, 수용자의 분절화와 재분배, 이용자 생산 콘텐츠의 등장, 창조적인 공적 문화의 창출, 새로운 저널리즘 유형의 탄생 등이 그것이다. 김병선(2012)이 지적한 대로 하나의 미디어는 현존하는 다른 모든 미디어, 그리고 후행하는 모든 미디어에 영향을 미친다. 기존 미디어, 새로운 미디어, 미디어 이용자, 사회문화적 환경 등이 만들어내는 생태학적 순환 고리 속에서는 다음과 같은 일이 벌어진다. 새로운 미디어는 낡은 미디어가 새로워진 미디어 환경에 맞는 새로운 형태와 자리를 발견하는 순간까지 쉬지 않고 압박을 가하기도 하고, 기존 미디어가 새로운 미디어 속으로 포함되기도 하며, 매체의 사용에 의해 감각 비율과 신체의 변화가 발생하기도 한다(김상호, 2016).

한편, 개인 미디어 플랫폼의 새로운 콘텐츠와 비즈니스 모델, 이용자 포섭 전략, 창조적 문화 등은 사실상 기존 미디어에 대한 모방(mimicking)의 결과물이다. 요하네스 구텐베르크(Johannes Gutenberg)의 인쇄술을 이용해 기계적으로 찍어낸 책이 글자체, 디자인 양식, 페이지 내에서의 글자 배치 등에서 중세 필사본의 모든 요소를 모방했듯이 새로운 미디어는 항상 오래된 미디어의 콘텐츠를 모방한다. 지금도 예외는 아니다. 하지만 모방이 항상 새로운 미디어의 몫만은 아니다. 개인 미디어 플랫폼의 출현으로 전통적인 고정 수용자들을 빼앗겨 경영에 어려움을 겪고 있는 텔레비전이나 신문과 같은 레거시 미디어 또한 지금 생존을 위해 개인 미디어의 콘텐츠를 자신의 문법에 맞게 변화시켜 수용하기 시작했다. 모방은 새로운 커뮤니케이션 기술이 미디어 생태계에서 출현할 때마다 기존 미디어와 새로운 미디어의 헤게모니 쟁탈 과정에서 매번 일어나는 생존적인 의례라고 해도 과언이 아니다. 모방은 콘텐츠의 재료, 콘텐츠의 문법과 장르 및 텍스트 구조, 생산 행위(생산 양식, 생산 관행, 비즈니스 모델 등)와 이용자의 소비 행위(소비 양식, 소비 관행, 해석 전략 등) 등에서 기존 미디어와 새로운 미디어 모두에서 다양한 수준으로 일어난다. 기존 미디어의 것이 모방되기도 하고 개인 미디어의 새로운 유형이 기존 미디어에 의해 모방되기도 한다는 것이다.

마지막으로, 개인 미디어 플랫폼의 출현을 미디어 생태계 내에서의 헤게모니 쟁탈전으로 해석하는 것은 어쩌면 그 영향력을 과다하게 본 것일 수도 있다. 기존 미디어는 아직까지도 자신이 그동안 축적해 놓은 콘텐츠 생산의 노하우와 수용자에 대한 믿음이 굳건하고, 다만 유튜브와 같은 개인 미디어 플랫폼을 어떻게 대안적으로 활용해 자신의 콘텐츠와 수용자를 확장시킬 수 있는가를 고민하고 있다는 것이 더 현실적일 수 있다. 현재의 진단이 어떻든 간에 앞으로 미디어 생태계 내에서 다양한 미디어가 어떠한 방향으로 공진화할 것이며 어떠한 방향이 바람직할 것인지에 대한 규범적 논의와 고민은 필요하다고 보인다. 공진화의 방향성은 미디어 산업계 내에서 향후 진행될 상황에 따라 달라질 수 있기 때문에 쉽게 예단할 수 없다. 다만, 미디어 생태계 내에서 기존 미디어와 개인 미디어가 공존하고 공진화하기 위해서 서로에게 어떠한 규범을 요구할 것이냐의 문제는 생각해 보아야 할 시점이라고 생각한다.

일반적으로 공적 커뮤니케이션 영역으로 간주하고 콘텐츠와 그것의 소유 등에서 규제를 행했던 지상파 방송에 대한 정책 방향과 유튜브 같은 사적인 개인 미디어 방송에서의 표현과 허위 정보에 대한 규제 문제 등은 시급하게 논의되어야 할 주제라고 생각된다. 임한솔·정창원의 연구에 따르면, 현재 성장 단계에 있는 인터넷 개인방송은 플랫폼 사업자별로 상이한 자율 규제 방침을 가지고 있고 운영 정책과 대응 방식도 매우 다르다. 유튜브와 같은 대형 사업자는 자정 노력을 기울이지만, 영세한 플랫폼 사업자는 수익과 같은 다양한 이유로 인해 부적절한 콘텐츠에 대해 뚜렷한 조치를 취하지 않고 있다(임한솔·정창원, 2020: 260). 이 연구자들은 인터넷 개인방송 산업의 발전과 양질의 콘텐츠 생산을 위해서 최소한의 공적 규제를 통해 규제의 부작용을 줄이고, 플랫폼 사업자, 크리에이터, MCN 사업자 등 다양한 이해 관계자들이 협력하여 자율규제안을 마련해야 하며 수평적 규제 제도를 통해 자율성을 높이도록 권유한다.

이처럼 지상파 방송과 다르게 개인 미디어를 자율적 규제 수준에만 머무르게 하는 것이 바람직한지, 개인 미디어 내에서 방송의 성격이 강한 형식에 대해서는 통신이 아닌 방송의 개념으로 접근하여 또 다른 수준의 규제를 해야 하는지에 대해 진지하게 고민해야 할 시점에 이르렀다. 또한 지상파 방송의 개인 미디어 플랫폼 활용이 활성화되고 있는 상황에서 지상파 방송에 대한 규제가 앞으로 어떠한 방향으로 진행되어야 하는지에 대한 논의 또한 필요하다고 생각한다.

▸ 참고문헌

김병선. 2012. 「진화론의 관점에서 본 미디어 변이에 관한 연구: 매클루언의 미디어 이론과의 연관성을 중심으로」. ≪커뮤니케이션 이론≫, 8권 1호.

김상호. 2016. 「미디어 존재론: 시몽동의 '개체화'를 통해 본 매클루언의 미디어론」. ≪언론과사회≫, 24권 2호, 143~190쪽.

임한솔·정창원. 2020. 「국내외 인터넷 개인방송 규제현황 및 규제 방향성 제언」. ≪한국콘텐츠학회논문지≫, 20권 2호, 248~264쪽.

찾아보기

지은이

김성해

대구대학교 미디어커뮤니케이션학과에 재직 중이다. 대학은 신문방송학과를 졸업했지만 사회에서의 첫발은 동부증권이라는 곳에서 시작했다. 외환위기 이후 미국에서 제2의 인생을 살았다. 미국 조지아 대학교에서 언론학 및 정치학 석사를, 펜실베이니아 주립대학교에서 박사학위를 마쳤다. 그 후 모교에서 박사후 연구원으로 지냈고, 한국언론진흥재단에서도 연구위원으로 일했다. 국제정치, 남북문제, 담론, 프로파간다, 뉴스리터러시, 저널리즘 등에 관심이 많다.

김아미

현재 시청자미디어재단 연구위원이다. 2020년 3월까지는 경기도교육연구원에서 부연구위원으로 근무하며 어린이 청소년의 미디어문화와 미디어 리터러시 교육을 주된 주제로 연구를 수행했다. 영국 런던 대학교 교육연구대학원(UCL-IOE)에서 미디어 리터러시 교육으로 박사학위를 받은 후 미디어 리터러시 교육, 어린이·청소년의 미디어 문화, 포스트휴먼 논의 등에 관심을 두고 있다.

박성순

현재 배재대학교 미디어콘텐츠학과 교수이다. 서울예술대학교에서 방송연출을 전공했으며, 한양대학교에서 언론학 박사학위를 받았다. 한국방송협회 연구위원(2016~2018), 중국 산둥예술대학교 멀티미디어학과 교수(2018~2020)로 재직했다. 주로 관심 있는 연구 분야는 미디어 산업 정책과 미디어 법제 등이며, 미디어 영상 제작의 이론화 작업도 꾸준히 진행 중이다.

송해엽

군산대학교 미디어문화학과 교수이다. 서강대학교에서 신문방송학을 전공하고 KAIST 경영공학부에서 IT경영 전공으로 박사학위를 받았다. 새로운 기술이 이용자에게 미치는 영향과 산업에 가져오는 변화를 연구한다. '유튜브 알고리즘', '로봇 저널리즘', '온라인 뉴스 과잉', '플랫폼 경쟁', '음악 스트리밍 서비스', '포털 뉴스 유통', '인터넷 개인방송'처럼 기술을 중심으로 하는 다양한 분야에 관심이 있다.

윤현정

현재 인하대학교와 숭실대학교에서 강의하고 있다. 이화여자대학교 언론홍보영상학부 광고홍보학과를 졸업하고 동 대학교 디지털미디어학부에서 석사학위와 박사학위를 받았다. 디지털 스토리텔링, 디지털 게임, 문화콘텐츠, 소프트웨어 연구 등에 관심을 두고 있다.

이강형

경북대학교 신문방송학과 교수이다. 미디어와 정치, 연구방법론, 영상문화론, 방송론을 가르치고 있다. 경북대학교 신문방송학과를 졸업하고 서울대학교 언론정보학과에서 「뉴스 '객관성' 담론에 관한 '지식-권력론'적 분석」이라는 논문으로 석사학위를 받았다. 펜실베이니아 대학교 아넨버그 커뮤니케이션 스쿨에서 석사학위와 박사학위를 받았고, 박사후 연구원을 거쳤다. 미주 동아일보 기자로 활동했고 대구대학교 신문방송학과 교수를 지냈다.

이규탁

한국조지메이슨대학교 교양학부 교수로 재직 중이다. 케이팝과 대중음악을 집중적으로 연구한다. 저서 『케이팝의 시대』, 『갈등하는 케이, 팝』을 비롯해 케이팝과 대중음악에 관해 다수의 글을 썼다.

이설희

현재 용인대학교 문화콘텐츠학과에 재직 중이다. 기술의 발전과 함께 변화하는 미디어 환경에서 고군분투하는 젊은 미디어 이용자/생산자들의 노동, 일상, 젠더의 문제에 관심을 가지고 꾸준히 연구를 진행하고 있다. 특히 이들의 생생한 일상에 구체적으로 접근하여 어떠한 사회문화적 변화의 조짐이 나타나고 있는지에 대해 홍미를 가지고 추적하고 있다.

한선

호남대학교 신문방송학과에 재직 중이다. 전남대학교 사범대학을 졸업하고 신문방송학과 대학원을 졸업했다. 대학원에서 접한 문화연구에 깊은 흥미를 느껴 대중문화 연구에 관심이 많다. 또 대학 졸업 후 지역신문에서 기자로 근무한 경험 때문에 저널리즘과 언론에도 계속 관심을 기울이고 있다

한울아카데미 2259

미디어 플랫폼 제국의 도전과 대응

엮은이 _ 한국언론학회
지은이 _ 김성해·김아미·박성순·송해엽·윤현정·이강형·이규탁·이설희·한선
펴낸이 _ 김종수
펴낸곳 _ 한울엠플러스(주)
편집책임 _ 최진희

초판 1쇄 인쇄 _ 2020년 10월 7일
초판 1쇄 발행 _ 2020년 10월 16일

주소 _ 10881 경기도 파주시 광인사길 153 한울시소빌딩 3층
전화 _ 031-955-0655
팩스 _ 031-955-0656
홈페이지 _ www.hanulmplus.kr
등록번호 _ 제406-2015-000143호

Printed in Korea.
ISBN 978-89-460-7259-6 93070(양장)
978-89-460-6964-0 93070(무선)

* 책값은 겉표지에 표시되어 있습니다.
* 이 책은 교재를 위한 강의용 교재를 따로 준비했습니다.
강의 교재로 사용하실 때는 본사로 연락해 주십시오.